フランス現象学の現在

PHÉNOMÉNOLOGIE FRANÇAISE À L'ŒUVRE

米虫正巳［編］

ディディエ・フランク
池田裕輔
ドミニク・プラデル
ヴァンサン・ジロー
杉村靖彦
ミカエル・フェッセル
落合　芳
服部敬弘
エマニュエル・カタン
フランソワ＝ダヴィッド・セバー

法政大学出版局

はじめに

米虫 正巳

『フランス現象学の現在』と題された本書は、フランスと日本の研究者、計十一名の寄稿からなる、フランス現象学に関する論集である。

ただし「フランス現象学に関する」という点には、若干の注記が必要かもしれない。なぜなら、この「フランス現象学」なる名称を、自らの研究ジャンルを表すものとして、十一名の執筆者全員が揃って積極的に受け入れているわけでは必ずしもないからである。しかしまたそれ以上に、そもそも〈フランス現象学なるもの〉が存在すると単純に言うこともできないからである。

フッサールとハイデガーに端を発する、いわゆる「現象学運動」というものが存在するのは確かだとしても、それは自らの内にさまざまな問題圏や着想や視点を含むことによって、あるいはさまざまな歴史的背景やコンテクストを前提とすることによって成り立っている、きわめて幅広い運動のことであって、確固たる統一性を有した一枚岩のものでは決してない。そして「フランス現象学」というものが存在し、それがこうした現象学運動の一翼を担うものだとしても、それもまた、明確な統一性やはっきりとした輪郭を欠いた、多様で異質な要素からなる漠然とした集合に対して、あくまでも説明の便宜上与えられた名称にすぎないとしたらどうだろうか。

例えば「フランス現象学」ということで、仮に〈フランス的な現象学〉のことを言い表しているのだとしても、フッサールやハイデガーという、現象学の〈ドイツ的な〉二重の始源との関係——たとえその批判や乗り越えという形での関係であれ——抜きにこの〈フランス的な現象学〉というものは決して生じ得なかったし、また存続することもあり得なかった以上、〈フランス的〉という形容が可能であるためにも、その前提として〈ドイツ的〉という形容をまず受け入れていなければならないという主張も成り立つ。そうすれば、〈フランス的な現象学〉ということの意味を明らかにするためにも、〈ドイツ（的な）現象学〉というものがそもそも何を意味するのかが問われねばならないことになってしまうだろう。だが〈ドイツ（的な）〉というのは、「ドイツ語（圏）での」ということ以上の意味を持ち得るだろうか。そうだとすれば、また同様に、〈フランス的な〉というのは、〈フランスにおける〉、あるいは〈フランス語で行なわれた〉ということ以上の意味を持ち得るのだろうか。

では「フランス現象学」ということで、仮に〈フランスにおける現象学〉や〈フランス語で行なわれた現象学〉のことを言い表しているのだとしよう。ところで本論集に寄稿している執筆者たちは、たとえフランス人であるにしても、フランスの中だけではなく、しばしばフランスの外、例えばドイツ、イタリア、ギリシア、ロシア、アメリカ、イギリス、そして日本などでもその研究活動を行なっており、フランス語以外にも、ドイツ語、イタリア語、英語などを用いることもある——そして、その中には単に一時的に日本に滞在するだけではなく、活動の拠点を日本に置き、日本語を用いて研究を行なっている者もいる。同様に、日本人の執筆者たちもまた、日本に在住しつつ、フランスをはじめとする上記の国々でも、フランス語、ドイツ語、英語などを用いて研究活動を行なっている。

だから〈フランスにおける現象学〉や〈フランス語で行なわれた現象学〉という言い方が可能であるとしても、そのようなものはやはり、地理的・言語的・国籍的な意味での〈フランス〉ということにはもはや限定されない広がりを持つものであると言わざるを得ない。つまり、「フランス現象学」が存在するとしたら、それは、フランス（語）においてこれまで営まれてきた現象学的探究の営みだけではなく、それも含めて、フランス（語）やドイツ（語）や日本（語）などを通して横断的な仕方で形成されている、多様で異質な諸探究の総体、それもそうした諸探究の間の、それ自体が多様なネットワークの中での現在進行形の営みとしてしか存在しないとも言える。

実際、本書の執筆者たちも、全員が一つの明確な学派を形成していたり、党派的で固定的なグループに属していたりするわけではなく、各人がたまたま互いに現在進行形で繋がっているネットワークの中の一時的な成員としてのみ、この論集に参加している。だから本書のタイトルの『フランス現象学の現在』も、「フランス現象学」すべての現在ということを決して意味しているのではなく、「フランス現象学」を形成する、無数に重なり合いつつ存在するネットワークのうちの、あくまで局所的で限定的な一つの場面を切り取って提示しようとするものにすぎない。つまりこのタイトルは、本書自体が、そのようなネットワークの一つとして、横断的かつ一時的に集うことになった者たちによる探究の成果であり、それがやはり常に現在進行形のものであることを示している。

本書全体の構成と概要を示しておこう。本書は全体で三つのパートに分かれる。

第一部「フッサールとハイデガーへの回帰／からの出発」では、「フランス現象学」がそこから出発した現象学の二重の始源、つまりフッサール及びハイデガーとの関係が問題となる。フッサールとハイデガーという始源との関係抜きに「フランス現象学」はあり得ない以上、フッサールとハイデガーからいかに出発するのか、あるいはフッサールとハイデガーにいかに回帰するのかという形で、両者との間の距離が「フランス現象学」にとって常に問われざるを得ないだろう。

冒頭のディディエ・フランクの論文「真理のための呼び名」は、存在と時間と言葉とのあいだの本質的な関係をめぐる後期ハイデガーの言葉を提示することから始めて、一九六二年の重要なテクスト「時間と存在」の読解を行ない、それを通して後期ハイデガーの核心にある諸概念としての「現前すること」、「空け開け」、「性起」等の意味やそれら概念間の関係を解明しようとするものである。その結果、哲学の根底にあり、またその可能性にも関わるであろう、或る根本問題が浮上することになるが、これはフランクが現在準備中の後期ハイデガーについての著作で論じられるはずであり、本論文は言わばその著作への導入となっている。

続く池田裕輔の論文「フッサールとフィンクにおける世界の必然性と偶然性」では、フッサール現象学における「世界」という着想に潜む難点を、晩年のフッサールの協力者であったフィンクの前期現象学との対比を通して明らかにし、フィンクが独自の現象学的記述を通じて「世界」という着想のより深い解明や正当化を試みていることが示される。このような前期フィンクにおける「後期フッサール思想の徹底化」に基づいて、フィンクの後期現象学も展開されていることが示唆されるが、フィンクが「フランス現象学」（例えばメルロ＝ポンティやデリダ）に対して与えた影響を考慮に入れれば、このようなフィンク現象学の（再）検討も当然不可欠な課題となろう。

ドミニク・プラデルの論文「数学の現象学――理念性と歴史性」は、理念的な数学的対象の身分をめぐってフッサールが行なった現象学的分析を取り上げつつ、フランスの数理哲学者であり現象学の内在的批判者でもあるジャン＝トゥサン・ドゥサンティの数理哲学を、フッサールに対置する形で提示する。ドゥサンティのフッサール批判を通して、数学をめぐるフッサールの現象学的テーゼに変更が加えられるべきなのか否か、さらには放棄されるべきなのか否か、問いは開かれているが、プラデルが意図するように、フッサール現象学のうちにドゥサンティ的なエピステモロジーを統合しようという試みは、現象学の可能性を開くための一つの方向性を示していると言えるだろう。

ヴァンサン・ジローの論文「「全体的時間」の概念を哲学のなかで維持するための試み」は、現前の本質と時間への問いから出発して、プロティノスやアウグスティヌスからアンセルムスやトマス・アクィナス、さらにはクザーヌスへと至る「全体的時間」の長期にわたる概念史を描き出しながら、それをハイデガーの「現前」をめぐる問いへと関係づけるという仕方で、西洋哲学史を縦走すると共に、そこからこの「全体的時間」の概念を日本哲学、ここでは道元の『正法眼蔵』における時間の概念へと横断的に架橋するという、きわめて大胆な試みである。

第二部「物語と文学の現象学に向けて」では、〈語ること〉と〈読むこと〉という基礎的な人間的現象、あるいはそれらを不可欠の契機として含む文学、こうした主題をめぐる考察を収めた。

杉村靖彦の論文「「語る」とは何をすることか――リクールのミメーシス論再考」では、人が「語る」ということについての、つまり「物語」についての問いが提起される。リクールの著作の細部にまで分け入りながら、その解釈学における「ミメーシス」概念の掘り下げを通して、物語と物語る自己との絡み合いが明らかにされ、さらにそれが、証し、喪と記憶、歴史と時間といった哲学上の重要な諸問題へと接続されていく。とりわけ死者と生者の生／死の問題は、第三部の議論とも繋がるものであり、さらにミメーシス論や物語論は、「フランス現象学」との関係の中での日本哲学の可能性の問題とも密接に連関するものである。

ミカエル・フェッセルの論文「テクストの世界と生の世界　矛盾する二つのパラダイム？――ポール・リクールと〈読むこと〉の現象学」は、ハイデガーとプルーストに見出されるテクストや本のメタファーを導きとしながら、杉村論文と同様にリクール解釈学に即して、〈読む〉という行為の本質に現象学的に迫ろうとするものである。主に一九七〇年代から八〇年代にかけてのリクールに依拠しつつ、また杉村論文と同じく「ミメーシス」の問いも取り上げながら、フェッセルは、リクール解釈学とフッサール現象学の交わる地点で、物語を行為の一カテゴリーとして規定することによって、当初の問いに回答を与えようとしている。またここでも「生」の問題が第三部と繋がる形で現れている。

落合芳の論文「知覚的経験における両義的なものと注意――メルロ＝ポンティにおけるプルーストの現象学的読解について」では、フェッセル論文でも取り上げられていたプルーストの文学作品そのものが取り上げられ、『失われた時を求めて』がメルロ＝ポンティの現象学にとっていかなる本質的な意味を持っていたのかが問われる。文学作品の生成の場面で働く作家の注意という現象に着目することで、『失われた時を求めて』のように両義性＝曖昧さを本質とするタイプの文学作品を現象学的に解明するための手段をメルロ＝ポンティから獲得すると共に、その応用可能性を日本文学に即して立証することがここでは目指されている。

第三部「生の問題をめぐって――アンリ／デリダ／レヴィナスと現象学」では、デリダが指摘するように、現象学が「生」の哲学でもある以上、フッサール以来絶えず現象学につきまとってきたはずのこの生の問題をめぐる論考四本をまとめている。また同時にこの第三部は、アンリ、デリダ、レヴィナスという、二十世紀後半の「フランス現象学」の主要人物三名を主題的に論じるパートでもある。そして、これら三名がフッサールやハイデガーとの間に絶えず取り持っていた関係を考慮に入れるならば、この第三部は第一部とも密接な関係を持つことになる。

服部敬弘の論文「アンリの超越理解とサルトルの影」は、サルトル批判を含む形で行なわれるアンリ哲学の展開において前提とされている哲学史理解が、また同時に、両者の間の奇妙な平行関係を示していることを指摘しつつ、アンリによるハイデガーの超越概念の意図的誤読の持つ意味を明らかにしようとするものである。アンリとサルトルとのあいだのねじれた関係を浮かび上がらせることによって、アンリ現象学の成立に関わる逆説的な帰結が導き出されるが、そのことはアンリ的な「生」の概念を再考する必要性をも引き起こすことになるだろう。

エマニュエル・カタンの論文「いまだかつて見た者なき神」も、服部論文と同様にアンリの現象学について論じるものだが、ここではとりわけその後期のキリスト教の哲学が主題的に論じられる。キリスト教の真理と世界の真理を対置するアンリの身振りを、彼が立脚する『ヨハネ福音書』、さらには『創世記』

や『出エジプト記』にまで立ち返って検討しながら、ヘーゲルのキリスト教理解、ヘルダーリン、さらにはローゼンツヴァイクへの目配せも交えつつ、世界と対比される形で強調されるアンリ的な肉の生や彼のキリスト教理解にまつわる困難が指摘される。

米虫正巳の論文「内在の内の非内在的なもの――出会い損なったアンリとデリダの遅ればせの対話?・」は、アンリとデリダという、互いに疎遠であったように思われる二人の哲学者の関係を論じるものである。デリダは初期からアンリの読解を行ない、アンリもデリダを決して知らないわけではなかった。そのような事実を念頭に置くならば、一方から他方を一方的に批判して単純に切り捨てるわけには決していかない。では両者の哲学はいかにして出会い、どのように交わるのだろうか。こうした問いが「生」という問題に即して検討される。

フランソワ゠ダヴィッド・セバーの論文「生き残る者の有罪性としての倫理」は、このタイトルが示す通り、レヴィナス哲学における倫理が、「生き残る者の有罪性」に他ならないことを示そうとするものである。ただしそのためには、この生き残る者の有罪性としての倫理が、「生き残る者」としての「幽霊」や、死者についての思い出に対してレヴィナスが抱いていた警戒心とどのように密接に結びついていたのかを明らかにしなければならない。その上で、他者の死のあとに、歴史家として生き残る者ではなく、「証言者」として生き残る者の経験こそが、倫理的経験゠試練の成就そのものとして理解されることになる。

以上が、「フランス現象学」の現在を、ただしその中のあくまで一つの現在を描こうとする十一本の論考の概要である。三つのパートに分けられてはいるが、それぞれのパートが互いに連関し合っていることは理解いただけると思う。おそらく他のさまざまな「フランス現象学」の現在も進行形で存在していることだろうし、それらはここで描かれた一つの現在とも複数の経路によって直接的ないしは間接的に連関していることだろう。たとえ局所的で暫定的なものにすぎないとしても、そうした「フランス現象学」の地図の一部分をひとまず作製できたであろうことをわれわれは願っている。

目次

フランス現象学の現在

第一部

フッサールとハイデガーへの回帰／からの出発

第一章　真理のための呼び名

ディディエ・フランク

「存在（Sein）は元初的にことば（Wort）へと自らを与える」。そして〔こう述べたあと〕ハイデガーは、他のどんな関係とも比較不可能なこの〔存在とことばの〕関係の射程を際立たせるために、西洋の本質の歴史を、三つの表題のもとに、すなわち、〈存在とことば〉、〈存在と理性〉、〈存在と時間〉という三つの表題のもとに要約することを直ちに提案している。第一の表題はギリシア的元初についてのものであり、第二の表題はプラトンからニーチェに至る形而上学に当てはまる。そして第三の表題において、時間は「アレーテイア（ἀλήθεια）のより根源的な本質のための〔先立つ〕呼び名（Vorname）」であり、「また理性の、思惟することと語ることとすべての、本質根拠を名ざしている」。さらにハイデガーは以下のように付け加えている。「いかに奇妙に聞こえるに違いないとしても、〈存在と時間〉〔という表題〕における「時間」は、ことばの元初的な根拠のための〔先立つ〕呼び名である。〈存在とことば〉、つまり西洋の本質の歴史の元初は、より元初的な仕方で経験される」(1)。これらの表題は、存在史の決定的諸契機を——たとえ暫定的な仕方においてであれ——表しているというよりは、存在史がそこから在るようになる領域、つまりアレーテイアの領域を垣間見させる役割を持っている。したがって、しかも時間が存在の真理と結びついているのであれば、われわれが存在の真理に——ことば（parole）への、言葉（langue）へのその関係において——到達することができるようになるのは、時間から出発することによってではないだろうか。

存在の真理のための〔先立つ〕呼び名として、時間は脱自的な時間性とは区別される。一つ〔後者〕は、存在を理解することがその存在に属している存在者の意味であり、もう一つ〔前者〕は、存在それ自身の意味である。脱自的時間性（Zeitlichkeit）が現存在の存在論的意味を構成することをいったん確立し、「存在の時間性（*Temporalität*）」を仕上げることで、「存在の意味についての問いへの具体的回答[2]」をハイデガーが与えようとしていた以上、こうした〔存在の真理のための呼び名としての時間と脱自的時間性の間の〕区別が『存在と時間』に欠けているというわけではない。〔もっとも〕存在の時間性の提示は、〔『存在と時間』の〕第一部、「時間と存在」と題された第三編で行なわれるはずだったが、その計画は第三編にさしかかったところで中断してしまった。

この中断は、消極的には、現存在の時間性から存在の時間性に接近することは不可能であるということを意味している。またこの中断は、積極的には次のことを意味している。つまり、存在の真理の領域に到達するためには、存在と時間（l'être *et* le temps）を元初的に結びつけているものから出発して、この両者の連関の根拠へと、両者の関係を保持するものへと、存在と時間がそこから在るようになるものへと、存在と時間、時間と存在を与えるものへと、遡行しなければならないということである。すると、こうした道を通ることは、いかなる資格で時間は、存在の真理のための〔先立つ〕呼び名にして、ことばの根拠

〔のための呼び名〕であり得るのか、また同時に、いかなる意味で存在は、元初的にことばへと自らを与えるのかを理解することになるのではないだろうか。

I

ギリシア的な元初以来、存在すること、*εἶναι*〔存在すること〕は、*παρουσία*〔パルーシア〕、*Anwesen*〔現前すること〕、現前すること（présance）を意味するからという理由でなければ、存在と時間、時間と存在というようにこの両者を結びつけて何になろうか。日常語の中に取り込まれてしまった『コヘレト書』の一節を取り上げつつハイデガーが指摘するには、「どんな物も自らの時間を持つ、とわれわれが言う時」、われわれはこの〔存在と時間との〕結びつき＝接続詞〔「と」〕を経験し続けている。「それは次のことを意味する。そのつど存在するどんなものも、どんな存在者も、しかるべき時に到来して去るが、それに割り当てられた時間の間、しばらくの時間とどまり続ける(3)」。しかし、それが各々の物のための時間ならば、つまり、もし各々の物が自らの時間において到来するならば、時間が規定する存在は、一つの物でもなければ一つの時間内的存在者でもない。時間の中にあるものは、時間において生まれて滅び、過ぎ去る。過ぎ去ることをやめない時間の方は、変化することなくとどまり続ける。「諸現象のどんな変化もそこにおいて考えられるべき時間は、とどまり続け、変化しない(4)」が、変化することなくとどまり続けることとは、存在（Anwesen、つまり現前すること）そのものではないだろうか。

存在はそれゆえ、時間の中の一存在者ではないが、それは時間によって規定される。諸々の存在者がそのただ中で絶えず変化する時間は、とどまり続け、その限りで、存在によって規定される。存在と時間は、いずれも存在者ではないが、一方が他方によって互いに規定されている。「存在と時間は相互に規定し合っているけれども、それは、前者――存在――が時間的なものとは呼ばれ得ず、後者――時間――も存在者とは呼ばれ得ないようにである[5]」。

では、この相互的な規定をどのように考えるべきなのだろうか。こうした問いは別の問いを前提としている。つまりその問いとは、存在と時間の間の関係は、両者に対して高次の統一性の中に探し求められるべきなのだろうか、つまり、〈存在と時間〉は、存在と時間がそこから出発して在るようになる次元を表しているのだろうか、という問いである。存在と時間の間の関係は、その関係が関係づける項〔存在と時間〕の後に来るのだろうか、それとも、「存在と時間は、存在も時間もそこから最初に生じるような一つの事態（Sachverhalt）を名ざしている[6]」のだろうか。後者の可能性の検討が、前者の可能性の検討に先立つべきである。というのも、仮に〈存在と時間〉がこうした事態を成しているはずだとしたら、その統一性を別のところに探し求めるのは、空しいことになるだろうからである。

しかしながら、Sachverhalt について、事態（état-de-chose）について語ることは、存在と時間を事柄＝事物（Sachen）とみなし、それゆえ存在者とみなすことではないだろうか。その古い意味に従うなら、Sache とは係争、訴訟、法的な意味での事件＝問題（affaire）を表している。存在と時間を Sachen とみなすことは、するとどんな他の規定にも先立って、存在と時間をまさしく係争中のものとみなすことである。というのも、存在は存在者的なものではまったくなく、時間は時間的なものではまったくないにしても、時間は存在の中で、存在は時間の中で輝き現れ、両者はどんな存在者においても輝き現れることに変わりはないからである。「存在――一つの事柄（Sache）、おそらくは思惟の事柄そのもの。時間――一つの事柄、もし現前することとしての存在において、時間のような何かが語っているとするならば、おそらくは思惟の事柄そのもの。存在と時間、時間と存在は、これら二つの事柄の関係（*Verhältnis*）を、つまりこれら二つの事柄を互いに対して保持し（*hält*）、両者の関係を支えて保持する（aus*hält*）ような、〈事態を保持するものという事態〉（Sachver*halt*）を名ざしている。思惟が自らの事柄を持ちこたえようとするつもりであり続けるならば、この事態を深く考えることが、思惟に課せられている」[7]。

　われわれの不注意がこうも大きい限りは強調しておかねばならないが、思惟の事柄とは、一方で存在ではなく、また他方で時間でもなく、〔存在と時間（être *et* temps）の間の〕〈と〉（*et*）である。この〈と〉は、存在と時間に先立ちながら両者を互いに関係づけ、そのように両者を関係づけながら、そのいずれによっても定義され得ないある次元に属している。われわれはこうしてある領域を認めるが、この領域は、『存在と時間』が、その企図においてではなくとも、少なくともその企図の部分的実現において、その内にある領域であるとはいえ、『存在と時間』が固執する領域ではない。だからその表題が既に『存在と時間』の中に〔第一部第三編の予告された表題としてのみ〕姿を見せている〔一九六二年の〕講演「時間と存在」は、事象そのものに照らせば、「時間と存在」が繰り広げられる次元が、『存在と時間』が位置する次元に先立つ以上、『存在と時間』には「繋がり」[8]得ないだろう。〔リチャードソンに応じて〕「ハイデガーⅠ」と「ハイデガーⅡ」を区別することに同意しつつ、ハイデガーⅡ〔後期ハイデガー〕が語るのはまさにそのことであり、ハイデガーⅡはさらに次のように明言している。「ハイデガーⅡのもとで思惟すべきものがまず何よりも接近可能となるのは、まさにハイデガーⅠのもとで思惟されたことからのみである。しかし、ハイデガー

Iは、ハイデガーIIの内に含まれている場合にしか可能ではない」[9]。

これは後からの再解釈なのではない。一九三〇年、ハイデガーは、人間的自由の本質を扱った講義の中で、真理の本質についての講演を行なった際に、以下のように述べている。存在者としての存在者に関わる形而上学の主導的な問いとは異なり、哲学の根本的な問いは等位接続詞を問い尋ねるのであり、存在と時間を結びつけるこの等位接続詞〔「と」〕は、「存在と時間の本質の根拠から出発しての、存在と時間の根源的共属（*Zusammengehörigkeit*）のための表題である」[10]。こう説明した後で、この時のハイデガーは既に次のように述べていた。「われわれが自由の本質を、現存在の可能性の根拠として、存在と時間に先立つものとして探究する場合に初めて、自由の本質は本来的な仕方で眼差しにもたらされる」[11]。こうして存在と時間に先立つものの方へ向かう＝転回すること（se tourner）とは、『存在と時間』から既に離れること（se détourner）ではなかっただろうか。

〈存在と時間〉という事態に、両者の関係を保持するものに接近するために、いかなる出発点といかなる道を採るべきなのだろうか。この存在と時間の関係を保持するものは、その限りで、存在でも時間でもなく、両者がそこから生じるもの、存在と時間を与えるもの、そこから出発して存在と時間が在るようになるものである。「Es gibt Sein und es gibt Zeit、存在と時間が在る（il y a être et temps）［文字通りには、それ（il）が存在と時間を与える（il donne être et temps）[12]］」という定式が、ある意味では、かの事態を明示しているとすれば、それは次のような道を示している。すなわち、まず、存在が本来的に意味し、時間が本来的に意味しているものを明らかにすること、次に、存在を与えることと時間を与えることが実現する様態を記述すること、最後に、存在と時間を与え、少なくとも以上の理由から、大文字で表されるべき〈それ〉（II）に達すること。ハイデガー自身、こうした進展の概要を描き直しているが、それはある意味で、彼の思惟の進展の、あるいはむしろ彼が思惟すべく呼び求められたものの進展を「反復している」。「「時間と存在」と題された講演は、まず、存在に本有的なもの（das eigene）を問い、次に、時間に本有的なものを問う。存在も時間も存在するのではないということがそうして示される。〈それは与える〉（*Es gibt*）への移行が獲得されるのはこのようにしてである。〈それは与える〉は、まず、与えること（Geben）を顧慮して解明され、次に、与える〈それ〉（Es）を顧慮して解明される。この〈それ〉は性起（Ereignis）として解釈される。簡単に言えば、この講演〔「時間と存在」〕は、〈存在と時間〉から、〈時間と存在〉に本有的なものを経由して、与える〈それ〉へと移行し、与える〈それ〉から性起へと移行する」[13]。すると、このように指示された進展を再び実現することによってこそ、いかなる意味で時間が、ことばの元初的根拠のための〔先立つ〕呼び名、存在の真理のための〔先立つ〕呼び名であるのか[14]、いかなる意味で存在が元初的にことばへと自らを与えるのか、いかなる意味で言葉と性起が堅く結びついているのかを、われわれは理解することができるようになるのではないだろうか。

II

存在に本有的なものと時間に本有的なものについて問い尋ねる前に、「本有的なもの（propre）」ということで少なくとも暫定的には何を理解すべきかを示しておくことが必要である。「同一性の命題」についての講演でハイデガーは、パルメニデスのテーゼ「*τὸ γὰρ αὐτὸ νοεῖν ἐστίν τε καὶ εἶναι*」を「同じものはすなわち思惟することであると共に存在することである」と翻訳し、「この同じものの意味への問いは、同一性の本質への問いである」と主張した後で、この講演の余白に次のように書き込んでいた。「「本質」が本有性（Eigentümlichkeit）へと変わること［性起（Ereignis）］」[15]。「本有的なもの」が存在の真理に対して持つ関係、すなわち性起に対して持つ関係は、それゆえ「本質」が存在者の存在としての存在に対して持つ関係に等しく、またどんなものも存在それ自身の真理に基づく限りで、本有的なものはどんなものにも帰するものであるなら、本有的なものの意味は存在それ自身の真理の領域を踏破することによって明確になるだろう。

存在、つまり現前すること（présance）は、存在者、つまり現前するもの（présant）がそれによって存在する、ないしは現れるようになるもののことである。現前するものから見れば、現前することは、非覆蔵性（non-retrait）の中に〔現前するものを〕到来させる。したがって、「現前するようにさせること（anwesen lassen）は次のことを意味する。すなわち、開蔵すること（Entbergen）、開かれた所（Offene）の内へもたらすこと」、そして「開蔵することの内には、一つの〈与えること〉（Geben）が働いており、それはつまり、現前するようにさせることの内で現前することを、すなわち存在を与えるものである」[16]。このように開蔵（décèlement）に強調点をおくということは、存在者の根拠としての存在から眼差しをそらして、開蔵に内属する与えることの方へ、そして与える〈それ〉の方へ眼差しを向けることである。しかし、存在の真理への問いがそこで成就するこのような眼差しの転換は、われわれのイニシアチヴに属すものではなく、存在それ自身の変容に呼応している。それはいかなるものだろうか。現前することから思惟されれば、現前することは現前性へと到来させること（laisser-venir-en-présance）であることが明らかになる。現前性へと到来させることは、二重の意味を、あるいはむしろ二重の展開を含む。すなわち、それは存在するようにさせること（laisser-*être*）、あるいは存在するようにさせる（*laisser*-être）ことである。前者の場合、存在は存在者を生じさせ、存在は存在者の存在であり、またそれは存在論的差異の支配の世界である。後者の場合、存在は〈それ〉によって与えられる——〈…されるに任せる〉——が、〈それ〉が存在を与える以上、〈それ〉は存在には属していない。存在するようにさせることは、それゆえ、存在するようにさせることから自らの可能性を受け取るのであり、この存在するようにさせることから出発して、存在は、〈それは与える〉から与えられるものとして自らを現す。「現前するようにさせることとして、存在は、与えることの内に、その賜物（Gabe）としてとどめ置かれ続ける。存在は存在するのではない。現前することを開蔵することとして、〈それ〉が存在を与える」[17]。

けれども以上のことは、恣意的なことによって歪められていないだろうか。というのも、「現前することとして存在を特徴づける権利を、われわれはどこから引き出すというのだろうか」[18]。もう一度言うならば、〔それをわれわれが引き出したのは〕哲学という名でわれわれに伝えられ、送り遣わされたものから、いずれにせよ、われわれがそれについて行なう聴取に応じて、われわれがそれに対して絶えず応答しているものからである。ギリシア的思惟が根源的に存在者と存在に専心しているのであれば、その時には何よりも、εἶναι〔存在する〕とὄν〔存在するもの〕という語が元初的に語っていることを見えるようにすること、これらの語をAnwesenとAnwesende、現前すること（présance）と現前するもの（présant）と翻訳するのを正当化することが問題となるのではないだろうか。〔例えば〕山脈がわれわれの前にそびえ立っている。それは存在する、つまり現前性へと到来している（anwest）。こう語る時、われわれはanwesenという語を、実詞〔所有物や所有地〕としてではなく、〔現前することという〕動詞的な意味で使用している。ところで、「動詞として用いられた語「wesen」は、古高ドイツ語の wesan である。それは「währen」と同じ語であり、とどまり続けること（bleiben）を意味する。wesan は古代インドの vāsati、すなわち彼は住む、彼は滞在するという語幹に属する。住まわれたものは世帯（Hauswesen）と呼ばれる。wesan という動詞は、とどまり続けながら滞在すること（bleibendes Weilen）を意味する。では、なぜわれわれは、ギリシア語の *εἶναι*〔存在する〕と *ἐόν*〔存在するもの〕を現前‐すること（an-wesen）と翻訳するのか。なぜなら、ギリシア語の *εἶναι* において、*παρεῖναι*〔現前する〕と *ἀπεῖναι*〔不在となる〕が常に共に思惟されるべきであり、またしばしば語られるからである。*παρά* は〈そばに〉を、*ἀπό* は〈遠くに〉を意味する」[19]。

そうしたことは、山脈の現前性（présance）をいかなる点で見えるようにするのだろうか。この現前性は、その動詞的な意味に差し戻されるなら、まず覆蔵性から非覆蔵性へとやって来ることであり、次に、山脈はそこで、非覆蔵性の中に滞在してとどまり続けつつ、それを取り巻く海、その中腹に建てられた家々、近くにあるものを現れさせるように現れる。最後に、この同じ山脈は、雲によって覆われたり、夜に包み込まれたりすることもあるので、次第に消え去り、遠ざかってゆくかもしれない。覆蔵性から非覆蔵性への移行であり、各々の現前するものがそこで安らう、取り集める現前性は、覆蔵性と不在となることと（absance）に抗して発現し（se déployer）、その結果、「ギリシア人たちの思惟が現前するものの現前することを考慮に入れるところでは、至るところ、既に述べられた現前することの諸特徴が次のような語となる。すなわちそれらは、非覆蔵性、非覆蔵性から出現すること、非覆蔵性へと入ること、〈そばに〉と〈遠くに〉、つかの間の滞在、取り集め、輝き現れること、安らい、可能な〈不在となること〉の覆蔵された突然さである」[20]。現前すること（Anwesen）というただ一つの語によってまとめられる、これらの互いに連関した諸特徴は、われわれが後ほど立ち戻ることになる元初のギリシア的思惟の解釈を通して、記述的な仕方で明らかになったのだが、それら諸特徴は、ギリシア人たちが経験していたものの、本来的な仕方では思惟することのなかったような存在に、つまり、その真理へと、つまり〈存在と時間〉を与えるあの〈それ〉へと連れ戻すことが重要である存在に属している。

　現前することとしての存在の規定が記述的な仕方で確証されるということは、けれども、〈それは与える〉から存在を思惟する必然性を保証するわけではない。この必然性は、それが確立されるためには、存在の元初的な経験自身からわき起こるのでなければならない。ところで、「存在の開蔵の始まりにおいて、存在、*εἶναι*〔存在すること〕、*ἐόν*〔存在するもの〕は確かに思惟されているが、しかし〈それは与える〉は思惟されていない。その代わりに、パルメニデスは言う。*ἔστι γὰρ εἶναι*、「すなわち存在は存在する」[21]。〔パルメニデスの〕断片六のこの箴言は、〈それは与える〉を露わならしめるだろうか。〈存在は存在する〉〔それは存在である〕（*Il est être*）〔という言葉〕は、存在が一つの存在者であるということを意味し得ないし、不定形を伴う*ἔστι*は、〈それは……を可能にする〉ということを意味するので、*ἔστι γὰρ εἶναι*は、〈それは与える〉（*Il donne*）がそこで現れ出る言明である、〈それは存在することを可能にする〉（*Il est capable de l'être*）と翻訳できる。すると*ἔστι*は〈それは与える〉を覆蔵しているので、以下のように主張することが可能である。「西洋の思惟の始まりにおいて、存在は思惟されているが、「それは与える」はそのものとしては思惟されていない。「それは与える」は、〈それ〉が与える賜物［Gabe, donum、つまり与えられるもの］のために自らを退去させ（sich entziehen）、この賜物は以後、存在者を顧慮した存在として、もっぱら思惟され概念の内にもたらされる」[22]。このように理解されたパルメニデスの箴言は、「あらゆる思惟にとっての元初的な秘密を覆蔵している」[23]。というのも、一方で、現前することとしての存在という元初的な規定は、この規定がその歴史を開く存在の、後続するすべての諸規定を支配するからであり、他方で、存在それ自身を、存在の真理を、つまり〈存在と時間〉を与える〈それ〉を思惟することは、われわれがそれを本来的な仕方で聴取したことがあるならば、われわれに伝えられ、送り遣わされたものそのものによって求められているからである[24]。それゆえ、ギリシア的な元初にまで遡行し、そのものとしてはもはや、あるいはいまだにギリシア的ではない本質、その本来的に元初的な本質を思惟することがわれわれの課題となる。

与えられるものが存在である時、どのような仕方で存在は与えられ、どのようにして存在を与えることは実現されるのだろうか。先ほどわれわれが述べたように、〈それは与える〉は、存在のために自らを退去させる。「その賜物のみを与えるが、それ自身を押しとどめ、自らを退去させる〈与えること〉、このような〈与えること〉を、われわれは〈送り遣わすこと〉（Schicken）と名づける。〈与えること〉のこのように思惟されるべき意味に従えば、それが与える存在は、送り遣わされたもの（Geschickte）である。存在の諸々の変遷のいずれも、このように送り遣わされている。存在史の歴史的性格は、送り遣わすことの命運的特徴から規定されているのであって、無規定的に考えられた出来事から規定されているのではない」[25]。

存在史は、自分がその歴史であるものから、そしてただそれだけから自らの歴史性を受け取り、〈与えること〉を〈送り遣わすこと〉として発現させる（déployer）。こうして、与える、もしくは送り遣わす

〈それ〉は、送り遣わされるものそのもの、すなわち存在を前にして自らを退去させる（se retirer）。存在史はその覆蔵性の歴史であり、存在のどんな送り遣わし（destination）も、送り遣わす〈それ〉を自らの内に引きとどめている。そして、引きとどめること（retenir）、あるいは自らを引きとどめることが、実詞 ἐποχή〔エポケー〕がそこに由来するギリシア語の ἐπέχειν〔止める、抑える〕の内で自らを語っているのなら、その時は存在のどんな送り遣わしも、存在の命運（destin）の一つのエポックであり、エポックとはここで、〈それ〉が送り遣わすもののために自らを保留し退去させる、〈送り遣わすこと〉の実現の様態を表している。

与える〈それ〉にもっぱら由来する〈存在の命運史〉というこうした規定は、ギリシア的元初と存在の真理に接近するために進むべき道についての指示を与えてくれる。存在の諸々のエポックが、単に線のような順序に従ってではなく、相次いで生じながら互いに絡み合っているとして、それらエポックの系列や連関は、すべての送り遣わしを生じさせることでますますこれらの送り遣わしによって覆い隠されるものの痕跡を担わざるを得ないであろうことに変わりはない。それゆえ、「ある特定の根源的なものがいかにして廃棄されて覆い隠されてしまったのかを理解するよう、われわれがこうした廃棄の中に身を置いていることを理解するよう、ギリシア哲学に、アリストテレスに回帰する[26]」ために、存在論の歴史を解体しなければならない。換言すれば、存在の命運が、与える〈それ〉に自らの起源を負っているのでないとしたら、「存在者の存在についての存在論的な学の解体[27]」は不可能であろう。そして、まずアリストテレスへの、次にとりわけアナクシマンドロス、ヘラクレイトス、パルメニデスへの回帰は、要するに、元初的にギリシア的であるものについての解釈は、なぜ存在の真理が性起（Ereignis）という名を受け取り得るし、また受け取らねばならないのかをわれわれに理解させてくれることによって、われわれを存在の真理へと導くことができるはずである。プラトンのイデアから〔ヘーゲルの〕絶対的理念や〔ニーチェの〕力への意志にまで至る、ハイデガーが解釈しているような存在のあらゆる規定はそれゆえ、「それ自身を覆蔵する〈送り遣わすこと〉において、つまり「〈それ〉は存在を与える」において語っている、ある呼びかけに応答することとして」理解されねばならない。「自らを退去させる送り遣わしの中にとどめ置かれるたびごとに、存在はそのエポック的な変遷の充実さと共に、思惟へと開蔵される。存在自身がそのつど、自らに本有的な規定を、いかにして、どこから受け取るのかを、すなわち、〈それは存在を与える〉から受け取るのかということを、思惟が銘記している場合にさえ、しかもまさにその場合にこそ、思惟は存在の命運（Geschick）の諸々のエポックの伝統へと結びつけられ続けている。〈与えること〉は〈送り遣わすこと〉として自らを示したのである」(28)。

存在の命運がそこに由来するが、存在の命運には属さない〈それは与える〉へと思惟が召還されるとしても、思惟は存在史に結びつけられることをやめるわけではない。そのようなことはいかにして可能なのだろうか。また、形而上学に対する、それ自身は形而上学的ではない関係とは、どのようなものであり得るだろうか。こうした問いに対してハイデガーは答えることをせず、〈それ〉によって、つまり存在の真理の本質のための名を示す性起によって引き起こされた眼差しは、「それなりの仕方でギリシア的である」としても、この眼差しが見るものは「もはや、決して二度とギリシア的ではない」と説明している(29)。あるいは、性起と共に思惟されるものがもはやギリシア的でないならば、「最も驚くべきこととは、ギリシア的なものが、その本質的な意義をなおも持ち続けており、しかも同時に、言葉（Sprache）として語るに至ることはもはやまったくない、ということである」と明言している。[30]

Ⅲ

われわれはいかなる道をたどってきたのだろうか。またわれわれはその道をいかなる方向へと追跡しなければならないのだろうか。存在がそれに属しているが、「存在といった類のものではない」[31]、存在に本有的なものを規定した後では、〈それ〉が存在を与える、つまり送り遣わす様態を記述した後では、今や〈それ〉自身の方へ、〈それは存在を与える〉（Es gibt Sein）の〈それ〉（Es）の方へ向かうべきではないだろうか。そして、現前することとしての、現前性へと到来させることとしての存在が、時間の跡をとどめているのであれば、〈それ〉を探し求めるべきなのは、時間の中にではないだろうか。そして、そのようなことは、時間をそれに本有的なものにおいて明らかにすることなしに、どのようにして行なうことができるというのだろうか。

時間ということでわれわれは通常、現在・過去・未来の統一を理解している。現在は存在する今（Jetzt）として規定され、過去はもはや存在しない今として規定され、未来はいまだに存在しない今として規定される。このように理解された時間が、今としての現在（Gegenwart）のまわりを取り巻いているとするなら、その時には、現前性（Anwesenheit）を今としての現在へと連れ戻し、この今としての現在を現前性の、つまり存在の時間的意味とみなさなければならないのだろうか。もはや存在しない今といまだに存在しない今が完全に何ものでもない＝無であるというわけではなく、それらがそれらなりに現前性へと到来して存在している以上、まったくそのようなことはない。「時間について存在するもの、つまり現前するものは、そのつどの今であるとアリストテレスは既に言っている。過去と未来とは、μὴ ὄν τι〔存在しないもの〕、すなわち存在しないが、確かに、単に何ものでもないものというのではなく、むしろあることを欠いている現前するもの（Anwesendes）であり、この欠いているということは、「もはや」今で「ない」と「いまだ」今で「ない」によって名ざされている」(32)。

現前性（présance）が今としての現在のみに還元不可能であるということは、この今としての現在が現前性に属するということをいささかも妨げるものではない。(33)〔ドイツ語の〕Anwesen〔現前すること〕とGegenwart〔現在〕は、ラテン語の同じ同義語 praesentia を持つし、われわれは同じ意味で、〈誰それの出席＝現前のもとに〉（en présence de）や〈誰それが出席・現前している＝現在的である〉（présent）と言うことができる。それでは、現在が今と関係づけられるのをやめ、現前することと関係づけられる時、現在とは何を意味するのだろうか。あるいは、より正確に言うなら、現在、及び現在が属する時間は、存在の一特徴のように、現前することから思惟されるのだろうか。

存在に、ただ存在だけに戻ろう。既に述べたように、存在は現前することであり、現前性へと到来させることである。すなわち、それは開蔵（décèlement）である。各々の語、各々の前置詞が、記述的な射程を持つ定式に従って言い換えれば、「現前することは、覆蔵から出て開蔵へととどまり続けること（aus der Verbergung her in die Entbergung vor währen）を意味し、そしてこのことによって、〈開蔵し覆蔵しつつ空け開くこと〉（entbergend-verbergende Lichten）が、諸々の現前するものの現前することに関わる」(34)。このとどまり続けること（demeurer）は、諸々の今の間の隙間を埋めるような持続や存続として理解されるべきではなく、非覆蔵性の中でのつかの間の滞在（*séjour*）として理解されるべきである。それはどうしてなのか。ホメロスがそこで、*τά τ'ἐόντα*、つまり単に存在しているもの、*τά τ'ἐσσόμενα*、つまり存在するものになるもの、*πρό τ'ἐόντα*、つまりかつて存在していたものを次々と名ざしている詩〔『イリアス』〕を導きとして、*ἐόντα*〔諸々の存在するもの〕の元初的な意味を明らかにするなかで、存在者のこれら三つの様態の間の差異は、*ἐόντα* の本質そのものとの関連で思惟されねばならないとハイデガーは説明している。というのも、過ぎ去ったものも来たるべきものもまた存在者だからである。「これら二つは、現前するものの、すなわち非現在的に現前するもの（ungegenwärtig Anwesenden）のある様態である。ギリシア人たちは、現在的に現前するもの（gegenwärtig Anwesende）を明確にして *τὰ παρεόντα*〔そばに存在するもの〕とも名づける。*παρά* は「そばに」、つまり非覆蔵性へ到達して、ということを意味する。gegenwärtig〔現在的〕の中の「gegen〔…に対して〕」は、ある主観との向かい合い（Gegenüber）を意味するのではなく、到達したものがそこへ入り込み、その内でとどまり続けながらつかの間滞在している（verweilen）、非覆蔵性の開かれた対域（Gegend）を意味する。したがって、*ἐόντα* の性格としての〈現在的〉ということは、非覆蔵性の対域のただ中でのつかの間の滞在（Weile）の中に到来して、というのと同じようなことを意味している[35]」。

現在と存在の意味を一変しつつ、現在を存在、すなわち現前することへと連れ戻すこととは、現前する現在・過去・未来の間の差異を、上記の対域、つまりアレーティアに対する関係の差異へと連れ戻すことである。そして、現前するもの――存在者――が非覆蔵性の外に存在するということもあり得るからには、現前するものはこの対域に固定されているわけではなく、そこに一時的に立ち寄り（transiter）、そこでつかの間滞在し（*séjourner*）、そこでつかの間滞在しつつとどまり続ける（demeurer en séjour）。こうして存在を動詞的に特徴づけることに、完全な正当性が与えられる。しかし、存在すること、すなわち現前することが、覆蔵の外へと進み出て、開蔵の対域の中にとどまり続けることを意味するならば、現前するもの、存在者がこの対域の外に存在するということが、どうしてあり得るのだろうか。過去や未来の現前するものは、非現在的な現前するもの、不在となるもの（Ab-wesende）であり、不在となるものである〔不在になるものとして存在する〕限りで、それは非覆蔵性に属している。「不在となるものもまた現前するものであり、非覆蔵性から不在となるものとして、非覆蔵性の内へと現前している」[36]のであって、それは対域には存在しないものとして、対域の内に存在する。それゆえ、過去と未来が等しく現前することに属している以上、現前することはまったく現在とは混同されない。

　われわれによってこそ、現前することがそのようなものとして現れる以上、現在的もしくは非現在的な諸々の現前するもの、諸々の存在者が、そこで現前性へと到来する非覆蔵性は、われわれが本質上そこに属す対域である。現前することはそれゆえ、〈そばに到来すること〉であり、〔ラテン語の〕occurro が向かって到来すること（venir à l'encontre）を意味するのであれば、〈向かって来ること〉（occurence）である。そこで、Gegenwart という語を〔向かって来て滞在することと〕文字通りに受け取りつつ、現在（Gegenwart）と今を分離し、――また他の場合と同様にここでも、文字はより根源的な記述的次元への接近を可能にするのだが――近さ、近づきを示す前置詞 an を強調しつつ、ハイデガーは次のように書くことができた。「Anwesen geht uns an, Gegenwart heißt : uns entgegenweilen, uns — den Menschen、現前することはわれわれへと関わってくるのであり、現在は次のことを意味する。われわれに向かって到来してつかの間滞在すること、われわれ——人間たちに[37]」。しかしながら、われわれは、まず人間であり、次に現前することと、つまり存在によって関わられるというわけではない。われわれは、自分が現前するものであるよう、現前することによって関わられるのであって、この現前するものは、そのようなものとして、すべての現前するものにもすべての不在となるものにも関係し、この関係がわれわれの存在そのものなのである。われわれはこのように〔現前することによって〕関わられ、近づかれながら、〈それ〉が与えて送り遣わす、現前することを絶えず受け取っている。「仮に人間が、「〈それ〉は現前性を与える」ことからの賜物（Gabe）の絶えざる受け取り人でないとしたら、仮に人間に、賜物のうちで人間に差し出されるもの（Gereichte）が届けられ（erreichte）ないとしたら、その場合には、この賜物が姿を現さないことによって、存在が単に覆蔵され、さらに閉鎖されたままになるだけではなく、人間が〈それは存在を与える〉ことの射程範囲（Reichweite）から除外されたままにとどまることになろう。人間は人間でないことになろう[38]」。

こうして明らかになったように、諸々の現前するものが現前することは、「人間に関わってきて、人間に届き、人間に差し出される、絶えずつかの間滞在すること（Verweilen）[39]」である。この存在することの捧げものは、いかなる様態で生じるのか。いずれにせよわれわれは、諸々の現在的存在者と非現在的存在者に常に関係している。過去の存在者の場合はどうなるだろうか。「もはや現在的でないものは、その不在となることにおいて直接に現前する（west in seinem Abwesen unmittelbar an）、すなわち、われわれに関わってくる既在という様態で現前する[40]」。直接にというこの副詞は本質的なものである。というのも、それは、再生や想起という何らかの形式なのではなく——フッサールの〔時間〕講義〔教え〕は〔ハイデガーに〕維持〔把持〕されていた——、既在性それ自身の、またそのものとしての既在性の、存在の現前性への到来だからである。つまりは、「既在において、現前することは差し出されている」[41]。そして、過去の存在者に当てはまることは、未来の存在者と現在の存在者に対しても当てはまるので、その結果、過去・未来・現在はいずれも、現前すること——存在——がわれわれに差し出され、捧げられる様態となる。属格の二重の意味で、時間とは存在の捧げもの〔存在が捧げるもの＝存在を捧げるもの〕なのである。あらためて言うと、不在となることは、それ自身不在になることとして現前性へと到来し、非覆蔵性の開かれた対域においてわれわれに向かって到来する以上、現在は現前することとぴったり重なり合うのではない。「奇妙なことであるが、どんな現前すること（Anwesen）も、現在（Gegenwart）であるわけでは必ずしもない[42]」。

しかし、ここで「差し出す（tendre）」とは何を意味するのだろうか。問いは二重である。この問いはまず、ドイツ語の reichen の訳語であり、そのラテン語の同義語が porrigo であるこの動詞〔tendre〕が帯びる意味に関わる。つまりその意味とは、前に向けることや前に伸ばすこと、手を差し出すこと、つまり、腕を広げて、無防備で、自らをあらわにすること、提示すること、捧げることである。この問いは次に、この〈差し出すこと〉が規定されるべき仕方に関わる。「〈差し出すこと〉（Reichen）は、それがわれわれに届いている（erreicht）ということに存しているのか。それとも、この〈差し出すこと〉は、それ自身において〈差し出すこと〉であるがゆえに、われわれに届いているのだろうか[43]」。あるものがわれわれにあらかじめ差し出されており、いずれにせよ捧げられていたのでなければ、そのあるものはわれわれに届けられたりはしないのであるからには、二者択一ははっきりしており、この〈差し出すこと〉が発現する仕方を明確化する必要がある。過去・未来・現在が、現前することがわれわれに差し出され、捧げられる様態であるなら、その時、「いまだ現在ではないこととしての将来は、もはや現在ではないものを、すなわち既在を、同時に差し出しもたらす。また逆に、後者つまり既在は、自らを未来に差し出す。両者の相互連関は、現在を同時に差し出しもたらす。「同時に」とわれわれは言うが、そのことはこうして、未来と既在と現在が〈互いに自らを差し出し合うこと〉に、つまりそれらに本有的な統一に、ある時間的性格を帰属させている[44]」。

存在が、すなわち現前することが自らを捧げる三つの様態〔既在・未来・現在〕は、互いに自らを差し出し合うが、こうした〈互いに自らを差し出し合うこと〉の統一が時間という名称を受け入れるべきだというのは、正当なのだろうか。そうではない。というのも、時間が時間内的という意味での時間的なものではまったくないならば、同時性はそれらの統一を構成し得ないだろうからである。では、〈差し出すこと〉の諸様態が互いに自らを捧げ合うことにおいて以外のいったいどこに、この統一を探し求めるべきだろうか。そして、それら諸様態自身がなければ、つまりこれら諸様態において、またこれら諸様態によって差し出され、捧げられる現前することがなければ、どうしてそれら諸様態が互いに自らを差し出し合う、あるいは捧げ合うだろうか。「こうしたことをもって、われわれが時－空（Zeit-Raum）と名づけるものが自らを空け開く（sich lichten）[45]」。この時－空（espace-temps）は、『存在と時間』第八十一節が暗黙のうちに参照させていたニュートンの区別を取り上げ直すならば、数学的な時－空でなければ、通俗的な時－空でもなく、明らかにまったく別のものであり、「未来が既在性をもたらし、既在性が未来をもたらし、そして両者の相互連関が、開かれた所の空け開け（Lichtung des Offenen）をもたらすような、〈空け開きつつ差し出すこと〉（lichtenden Reichen）[46]」である。

開かれた所とはどういうことだろうか。未来・過去・現在は、互いに自らを差し出し合うことで互いに関係し合うものであり、互いに開かれ合うことがなければ、互いに関係し合うことはできないだろう。過去はもはや現在ではない限りにおいて、現在へと隅々まで開かれ、未来はいまだ現在ではない限りにおいて、現在へと隅々まで開かれ、過去と未来の〈不在となること〉がそれぞれ現在において現前性へと到来する以上、現在は過去と未来に開かれている。この現在は〈今〉から切り離されて、非覆蔵性の対域においてわれわれに向かってつかの間滞在しに到来するものの本質的特徴となる。未来・過去・現在はこうして、互いに隅々まで貫いて通過し合うのであり、したがって、「本来的時間に、そして本来的時間にのみ、われわれが容易に誤解を招く仕方で次元(Dimension)、横断測量(Durchmessung)[つまり横断して、もしくは隅々まで測量すること]と名づけているものが属している」。それゆえ、次元はもはや「可能な計測の区域」としてではなく、「横断して届かせること(Hindurchlagen)として、〈空け開きつつ差し出すこと〉として」もちろん思惟されるのだから、「この三重の〈差し出すこと〉から思惟されれば、本来的時間は三次元的なものとして明らかになる(47)」。

要約しよう。すべてはこの点にかかっているのだが、現在(Gegenwart)を ἐόντα〔諸々の存在するもの〕の一特徴、現前すること(Anwesen)の一特徴ないしは一様態とした——このことは現在的な今から存在を理解する伝統に反している——後で、現前することがわれわれに差し出され捧げられる他の二つの様態をわれわれは記述した。すなわち、未来と既在性である。現前することがそれにより自らを空け開くこれらの様態は、次の場合、時間の、さらには時-空の三つの次元として互いに結びつけられている。その場合とは、この時-空という語が、「未来・既在性・現在が、〈互いに自らを差し出し合うこと〉において自らを空け開くような、開かれた所を今や名ざしている」[48]場合であり、こうした言明において、未来・過去・現在はもはや空虚な時間形式を表しているのではなく、到来する存在者・存在していた存在者・現在的な存在者の存在を表している。

各々の存在者は、自らの時間を持つ。あるいは、おそらく別の観点から言い直すと、どんな物も自らの時間において到来する。しかし、時間と共に、また時間によって到来するのでなければ、どうして自らの時間において到来することができようか。こうした命題は、ソフォクレスの箴言に呼応している。それは「時間についてのギリシアの箴言」[49]であり、時間についての元初の経験がそこで主張されている箴言である以上、この箴言には本来的な時間についての先行的な規定が本質的に結びついている。『アイアス』には次のように書かれている。*ἄπανθ᾽ ὁ μακρὸς κἀνα-ρίθμητος χρόνος φύει τ᾽ ἄδηλα καὶ φανέντα κρύπτεται*〔悠久無量の時は、隠れているものをみな明るみに出し、明るみに出されたものをまた自ら隠す〕、「広大ではかりしれぬ時間が出現させるのは、あらゆる物であり、明らかでない物である。しかし同様に、時間は現出した物を（再び）それ自身の内に覆蔵してしまう」[50]。どんな存在者も、自らの場を持つのと同様に自らの時間を持ちつつ、自らの時間において現出しては消え去るのであって、それは、数がその共通の分母である、無差別な一連の諸々の今のただ中においてではない。時間は開蔵し（*φύει*）〔明るみに出し〕、またそれが開蔵したものを覆蔵する（*κρύπτεται*）〔自ら隠す〕。そこでハイデガーが指摘するには、ソフォクレスはアレーテイアという語は使っておらず、「時間について、*φύει τὰ λαθόντα*〔気づかれずにいるものを明るみに出す〕」、時間は覆蔵されているものを出現させる、と言うのではなく、*φύει τὰ ἄδηλα*〔明らかでないものを明るみに出す〕と言っている——つまり、現出するよう定められているが、いまだ *δῆλον*〔明らかなもの〕ではないもの、*ἄ-δηλον*

〔明らかでないもの〕、開示されていないもの（Un-offenbare）を、時間は現出することへと進み出るようにさせると言っている」。ソフォクレスは、*τὰ λαθόντα*〔気づかれずにいるもの〕ではなく*τὰ ἄδηλα*〔明らかでないもの〕と言う時に、アレーテイア以下のことではなく、アレーテイア以上のことを語っている。というのも彼は、アレーテイアの本質を示唆しているからである。すなわち、「覆蔵されたものとしての開示されていないものに対して、覆蔵されていないものは、開示されたもの（Offenbare）、つまり開かれた所（Offene）へと進み出て、開性（Offenheit）へと現出したものである。非覆蔵性の中で開性が本質として発現する（*In der Unverborgenheit west die Offenheit*）。開かれた所とは、あの最も近いものであり、われわれは、非覆蔵性の本質の内で、それに特に注意を払うことになしに共に思念してはいるが、本来的には熟思しておらず、ましてや、本質として発現する開かれた所自身から、存在者のすべての経験が送り遣わされて導かれ得るようには、その固有の本質において前もって発見してはいない、あの最も近いものである[51]」。

　そのただ中で諸々の現前するものと、不在になるものが現前性へと到来する次元が時間に属していない限り、時間はあらゆる存在者を現れさせたり消え去らせたりはできないだろう。そして、非覆蔵性の対域においてつかの間滞在するものがそこで開示されている、または別の仕方で言うと、むき出しになっている以上、問題となっている次元は、開かれた所という名称を受け入れることができる。かくして、この開かれた所とは、「純粋空間、脱自的時間、それらの内で現前するものと不在となるものすべてが、そこにおいてまず、すべてを取り集めつつ保蔵する場所（Ort）を得るものである[52]」。非覆蔵性の中で開性が本質として発現する。強調されたこの命題は、以下のことを意味している。つまり、どんな開蔵も自らの可能性をそこから引き出す開かれた所は、非覆蔵性の、つまりアレーテイアの本質であり、ギリシア人たちが決して本来的には思惟しなかった本質だということである。だとすると、未来・既在性・現在が〈互いに自らを差し出し合うこと〉において自らを空け開くのは、この開かれた所ではないだろうか。また、時間がいかなる意味で、存在の真理のための、アレーテイアの根源的本質のための先立つ名前＝名前以前のもの(l'avant-nom) であり得るのかを、われわれは理解し始めているのではないだろうか。

しかし、仮に時間の三つの次元が、それらを互いに開き合う統一を形成していないのであれば、いかにして開かれた所――その外では、何ものも決して現れること、現出すること、透け出るように現れること、あるいは消え去ることはできないだろう――は、三つの次元が〈互いに自らを差し出し合うこと〉において自らを空け開くことができるだろうか。こうした統一は、三つの次元に対して外的ではあり得ないだろうし――それが〔外の〕どこからやって来ることができるだろうか――、したがって、この統一は、「各々の次元の各々の次元に対する送り渡しの働き (Zuspiel) に基づいている。この送り渡しの働きは、時間に本有的なものの内で働いている〈本来的に差し出すこと〉として、それゆえ言わば、第四の次元として明らかになる――単に言わば、ということではなく、事柄からして、そのように明らかになる[53]」。ここで、すなわち、どこであれ、形式的に語ることがしばしば許されるならば、諸々の項の間の関係は、関係づけられる諸項に先立つ。したがって、問題となっている事柄に関して言えば、この第四の次元、つまり「一切を規定している〈差し出すこと〉[54]」は、第一の次元なのではないだろうか。その実現の様態とはいかなるものなのだろうか。思い起こしておくが、存在者の特徴である未来・既在性・現在は、一方が他方の外で、また一方が他方のために、互いに自らを保ち合うのでなければ、そのつど自らに本有的なものである、現在的もしくは非現在的な現前することをもたらし得ないだろう。しかしこの〈一方が他方の外で、また一方が他方のために〉とは、近さ（proximité）と名づけられるものでなければ何だろうか。簡単に言えば、「時間は四次元的である」し、「すべてを取り集めている第一の次元は近さ（*Nähe*）である」[55]。動詞的に理解するなら、近さは、遠ざける限りにおいて近づける。つまり、近さは、過去が現在として到来するのを拒絶することで過去を開かれたままに保ち、未来の到来が現在へと到着するのを引きとどめることで未来の到来を開かれたままに保つ。「近づける近さは、拒絶すること（Verweigerung）と引きとどめること（Vorenthalt）という特徴を持っている」[56]のであり、最終的にこの近さにこそ、時間に本有的なもの、本来的時間は存しているのである。

開蔵の内に、存在に本有的なものを、また〈送り遣わすこと〉の内に、〈与えること〉が実現する様態を認めたからには、また近づける近さの内に、時間に本有的なものを認めたからには、今や同時に、この近づける近さから出発して、時間の与えること〔時間を与えること＝時間が与えること〕を規定する必要がある。もし近さが、「時‐空という開かれた所を授け、既在において拒絶され続け、未来において引きとどめられ続けるものを保護している」[57]ならば、または別の仕方で言うと、もし、*τά τ'ἐόντα*、つまり現在存在するもの、*τά τ'ἐσσόμενα*、つまり存在するものになるもの、*πρό τ'ἐόντα*、つまりかつて存在していたもの、これらが、開かれた所――時間はその空け開け（éclaircie）である――において現前性へと到来し、開かれた所につかの間滞在し、つかの間滞在しつつ開かれた所で保蔵されるならば、その場合、本来的時間を与える〈与えること〉は、「〈空け開き覆蔵しつつ差し出すこと〉[58]」として実現されるし、差し出すことはまた常に捧げることを意味する以上、時間はそれに本有的な〈与えること〉に確かに属しているのである。

それゆえ時間は、現前することとしての存在から思惟されるなら、自らの起源を人間に負っているのではない。時間と人間との関係とはどのようなものだろうか。人間が自らの存在を存在そのものから得ており、三重の〈差し出すこと〉のただ中にとどまらざるを得ない以上、「本来的時間が、現在・既在性・未来から出発して現前することとの近さ、その三重の〈空け開きつつ差し出すこと〉を統一する近さである[59]」とすれば、この近さは常に既に人間に届けられていたことになる。繰り返すと、近さとはある関係であって、Anwesen、つまり現前すること（présance）という語において、この語を特徴づける an〔…の方へ〕という前置詞は、少なくとも wesen〔という部分〕と同様に重要なのである。

Ⅳ

今やわれわれは、〈それ〉が時間と一つになっているのかどうかという問いに答えることができるのだろうか。〈それは時間を与える〉の〈与えること〉が、四次元的な〈差し出すこと〉——現前することがそのただ中で在るようになる開かれた所は、この〈差し出すこと〉において自らを空け開く——として思惟されるのであれば、時間を、存在を与えて送り遣わす〈それ〉とみなす権利があるのではないだろうか。「まったくそんなことはない。というのも、時間それ自身は、〈それは与える〉からの賜物にとどまるからであり、〈それは与える〉の〈与えること〉は、その内で現前性が届けられる領域（Bereich）を保護している。それゆえ、〈それ〉は、なおも無規定で謎めいたままにとどまり、またわれわれ自身も困惑したままである[60]」。

こうした困惑は、少なくともその一部は、われわれが事を行なってきたそのやり方に起因しているのではないだろうか。われわれは、存在に本有的なものを規定し、次に時間に本有的なものを規定することで、それらを切り離して考察してきた。両者を与える〈それ〉の意味を定めるために同じ手続きを踏むこととは、〈それ〉が与えるものとは無関係に〈与える〉という動詞の主語＝主体を探し求めることであり、また、そうすることで、言語の論理的‐文法的解釈の中に組み込まれることである。ところで、そうした解釈は、どんな〈語ること〉をも命題に還元するわけではないが、命題を導きとしてどんな〈語ること〉をも理解し、また述語が主語＝主体に帰属することとして命題を理解することに変わりはない。そして主語＝主体（ὑποκείμενον）は、一人の〈私〉や一人の人格を必ずしも示すわけではなく、存在が在る、時間が在る（*es gibt Sein, es gibt Zeit, il donne être, il donne temps*）〔それは存在を与える、それは時間を与える〕のような言明は、あるいは、…が在る（*il y a*）、…しなければならない（*il faut*）、雨が降る（*il pleut*）などのような言明は、非人称命題、すなわち言葉の広い意味での主語＝主体なき命題として文法的に理解されてきた[61]。

〈それ〉の意味は、以上のことから明らかになっているのだろうか。*es gibt* や *il y a*〔…が在る〕といった言い回しが主語＝主体なき命題である以上、*es* や *il*〔非人称の主語としてのそれ〕は、不在であるものとしての主語＝主体である。ところで、こうして主体が不在となること自身が現前性へと到来するのであり、また、「〈それ〉は存在を与える」の〈それ〉の中で、こうした不在となるものが現前するようなことが語っており、それゆえ、ある意味で、存在のようなものが語っている」[62]。しかし、〈それ〉は言わば存在のようなものであると語るならば、それはここで――存在それ自身は「存在といった類のものではない」[63]にもかかわらず――、存在が存在を与える、さらには、存在が存在すると語ることになってしまうのではないだろうか。おそらくそうであり、だからこそ、「〈それ〉は［…］不在となることが現前するようなこと(ein Anwesen von Abwesen)を名づけている[64]」という点を見失うことなく、〈それ〉を「分離して」、「対自的に」規定することをやめなければならないのである。

〈それ〉を切り離して規定することをやめるということは、ただちにどんな規定も放棄するということではない。ところで、あれやこれやをあれやこれやとして規定することは、それらを述語の主語とすることであり、一つないしは複数の命題の主題とすることである。したがって、また存在論的に命題の構造を成す主語‐述語関係に基づいて、どんな命題もその存在における存在者に関わるのであって、決して存在それ自身に関わるのではない。それゆえ、〈それは存在を与える〉と〈それは時間を与える〉は、厳密に言えば命題なのではなく、ゆえに〈それ〉は命題を対象とすることもできず、命題の主題となることもできない。つまりは、〈それ〉、すなわち、それ自身としては存在には属さない存在それ自身は、命題論的な、さらには思弁的な命題によっては本来的に語られることができず、〈語ること〉の変容を要請するということである。

〈語ること〉の変容は、どのようなものであらねばならないのだろうか。この問いに答えることはまだ不可能であるけれども、アリストテレスがあらゆるロゴスを理解したのは、*λόγος ἀποφαντικός*〔ロゴス・アポファンティコス＝命題論的ロゴス〕、証示的言説を尺度とすることによってである以上、アリストテレスにとってもやはり、語ることは原理的に示すことを意味していたということを喚起することは、既にもう可能である。それゆえ最初に、〈それは存在を与える〉と〈それは時間を与える〉において語っている〈それ〉に眼差しを向けようとすることができるのではないだろうか。しかしそれはいかにしてなのだろうか。「単に、〈それ〉に属している〈与えること〉の諸様態の方から、すなわち命運として〈与えること〉、〈空け開きつつ差し出すこと〉として〈与えること〉の諸様態の方から、〈それ〉を思惟するという仕方で。前者つまり命運が、後者つまり〈空け開きつつ差し出すこと〉に基づく限りで、両者は共属し合っている(65)」。

このように時間はアレーテイアとの関係で明らかに思惟されているけれども、開かれた所――存在はそのただ中で発現する――がそこで自らを空け開く時間は、存在の真理のためのあらかじめの呼び名でしかない。では、存在の真理の固有名＝本来の名前とはいかなるものだろうか。そして、存在と時間の共属（co-appartenance）の方へと向かう＝転回することなしに、いかにして〔この問いに〕答えることができるだろうか。しかるに、「〈存在の命運を送り遣わすこと〉において、〈時間を差し出すこと〉において、〈本有的なものとして与えること〉（Zueignen）、〈本有的なものを譲り渡すこと〉（Übereignen）が、すなわち〈現前性としての存在〉と〈開かれた所という領域としての時間〉を、〈本有的なものとして与えること〉、〈本有的なものとして譲り渡すこと〉が自らを示している。両者を、つまり時間と存在を、それらに本有的であるものの内へ、すなわちそれらの共属（Zusammengehören）の内へと規定するもの、われわれはそれを性起（*Ereignis*）と名づける(66)」。

思惟の本来的＝本有的な事柄を名づけるこの〔Ereignis という〕語は、その通常の意味〔出来事〕を持ったままでいることはできないであろうし、ハイデガーもそのことを必ず強調していた。彼は次のように述べている。「われわれは、「性起（Ereignis）」という名前で名づけられたことを、この語の普通の意味を導きとして表象することはもはやできない。というのも、この語の普通の意味は、「性起」を、事件や出来事という意味で理解しており、空け開き保護しつつ〈差し出すこと〉と〈送り遣わすこと〉としての〈本有化すること〉(Eignen)から理解するのではないからである」[67]。あるいはまた彼は次のように述べている。「性起という語は、自然な言語から借用されたものである。Er-eignen〔性起－すること〕は根源的には、er-äugen、すなわち眼差しで捉える(erblicken)、見る＝輝く眼差しにおいて自らに呼び出す(im Blicken zu sich rufen)、〔空け開けの内へと〕本有的なものにする(an-eignen)ということを意味する。性起という語は、既に述べられた事柄から思惟されると、今や、思惟のために働く主導語として語るべきである。このように思惟された主導語として、性起という語は、ギリシア語のロゴスという主導語や中国語のタオと同じく、ほとんど翻訳されることがない。性起という語は、出来事や事件とわれわれが通常名づけるものをもはやここでは意味しない。この語は今や〈端的に唯一のこと〉(Singulare tantum)として用いられている」[68]。

しかし、性起がどのように思惟されてはならないかということは、性起がどのように思惟されねばならないかということとは別のことである。現状では、また〔ここまで〕実現された道程のみに照らせば、存在と時間を互いに属し合うようにするもの、それのおかげで時間が存在において語り、存在が時間において語るようになるもの、思惟がそれへと身を捧げるこの〔存在と時間の〕関係を保持するもの、つまり〈事態を保持するものという事態〉(Sach-Verhalt)として、性起は明らかになった。性起は、「存在としても時間としても維持され得ないように思惟されるべきである。性起は言わば、ある「端的に中立的なもの(neutrale tantum)」であり、「時間と存在」という表題の中の〔時間に対しても存在に対しても〕中立的な「と」

である」[69]。性起はそれゆえ、存在を時間に、時間を存在に、後から再び結びつけにやってくるのではない。性起は、「初めに、存在と時間を、それらに本有的なものへと、両者の関係から出発して性起＝本有化し(ereignen)、しかも命運と〈空け開きつつ差し出すこと〉の内に覆蔵されている性起＝本有化することを通してそのようにする。したがって、「〈それ〉は存在を与える」において、「〈それ〉は時間を与える」において与える〈それ〉は、自らを性起＝本有化として表す[70]」。それが互いに関係づける項、つまり存在と時間に先行するので、性起＝本有化とは「あらゆる諸関係の関係＝関係の中の関係」である[71]。しかも、ハイデガーは言葉について同様に、それが「あらゆる諸関係の関係＝関係の中の関係[72]」であると言っているのだから、われわれがそこから話を始めた存在とことばとの結びつきは、存在の真理の本質、すなわち性起＝本有化と、言葉すなわちSpracheの結びつきへと〔われわれを〕再び連れ戻さざるを得ないのである。

V

〈空け開きつつ時間を差し出すこと〉において存在を送り遣わす性起は、存在にも時間にも属してはいないが、存在と時間は性起に属している。「〈時間を差し出すこと〉によって授けられる、現前性という送り遣わしの賜物」として存在があらわになったとして、そして、この賜物が、「性起＝本有化すること(Ereignen) に本有のものである」として、存在を与えるものは存在には属していない以上、その時、「存在は性起の中では消え失せる」。同じことを別な仕方で言うならば、その時、「性起としての存在」という言い回しの中の〈…として〉は、プラトンからニーチェへと継承されてきた諸規定と入れ替わるような、存在つまり現前するものの現前性についての形而上学的規定をもはや示すのではなく、今や以下のことを意味している。「存在、つまり性起＝本有化することにおいて送り遣わされた〈現前するようにさせること〉、性起＝本有化することにおいて差し出された時間」。つまりは「時間と存在は、性起＝本有化において、性起＝本有化する（ereignet）」(73)。

しかし、性起、〈それ〉はいかにして生じるのか。〈送り遣わすこと〉において、〈それ〉は、自らが送り遣わすもののために、自らを留保するのであり、時間のただ中で行なわれる〈差し出すこと〉、つまり近づける近さは、〈拒絶すること〉と〈引きとどめること〉という性格を持っている。〈送り遣わすこと〉に本有的な留保（réserve）、差し出すことに本有的な拒絶（repoussement）と引きとどめ（retenue）は、〈送り遣わすこと〉と〈差し出すこと〉——これらによって〈それ〉は存在と時間を与える——が性起に存する以上、いずれも性起自身に属すはずの退去（retrait）の様態である。したがって、「性起＝本有化すること（Ereignen）において、次のような本有のことが自らを告知している。すなわち、性起＝本有化することは、その最も本有的なものを、無制限の開蔵から退去させる（entziehen）。このことは、性起＝本有化することから思惟されるならば、次のことを意味する。すなわち、性起＝本有化することは、上記の意味で、自ら自身を脱性起＝脱本有化する（sich enteignen）。性起＝本有化（Ereignis）そのものには、脱性起＝非本有化（Enteignis）が属している。この脱性起によって、性起は自らを放棄するのではなく、自らに本有のものを保存している」(74)。性起に脱性起が属しているということ——不在となることが現前することという〈それ〉の規定はこれに対応している——、性起への脱性起のこの帰属こそが——「性起はそれ自身において脱性起である」ならば、この〔脱性起という〕語には「覆蔵することという意味での初期ギリシアのレーテーが、性起に即して含まれている」[75] 以上——、アレーテイアとレーテーの統一、つまり存在の真理の本質が実現される非ギリシア的な様態である。

しかしながら、脱性起は、性起の唯一の本有性ではない。Anwesen〔現前すること〕という語において、〔an という〕前置詞が、語基〔wesen〕と同様に重要であるということは、現前することは人間へと現前することであり、人間は現前することを「共に構成している」[76] のであって、人間は本質的に存在への関係である、ということである。「現前することが命令（Geheiß）であり、この命令がそのつど人間存在に呼びかける限り、現前すること（「存在」）は、現前することとして、そのつど人間存在へと現前すること（Anwesen zum Menschenwesen）である。人間存在そのものは、〔この呼びかけを〕聴取している（hörend）。なぜなら人間存在は、自らに呼びかける命令に、つまり現前‐することに属している＝従う（gehört）からである。このそのつど同じもの、つまり呼びかけと聴取の共属は、そうすると「存在」なのだろうか。私は何を言っているのだろうか。そうしたこと〔呼びかけと聴取の共属〕は、もはやまったく「存在」ではない——もしわれわれが「存在」を、それが送り遣わされた命運として統べるように、すなわち現前することとして、「存在」の送り遣わされた命運という本質にわれわれが呼応することができる唯一の仕方で、十分に思惟し尽くそうとするならば。そうであれば、われわれは、分離して切り離す「存在」という語を、「人間」という名称と同様に、断固として捨て去らねばならないであろう」[77]。

しかし、存在と人間という語を捨て去るのは、存在と人間を対立させることをやめて存在と人間を任命する〔存在と人間に名を与える〕一つの語、すなわち性起という語のためでないとすれば、いったいいかなる語のためというのだろうか。この性起という語は、「自らにおいて振動している領域（Bereich）」を表しており、「この領域を通して、人間と存在は自らの本質において互いに届き合い、形而上学がそれらに授けたあの諸規定を失いながら、自らの本質を獲得する」[78]。すなわち、〈それ〉がそこで現前性を送り遣わす〈空け開きつつ差し出すこと〉という領域の中にわれわれがいるのでなければ、したがって、われわれがEreignis、性起（appropriation）――それが、〈送り遣わされる現前性としての存在〉と〈現前性がそのただ中で在るような開かれた所がそこで自らを空け開く四次元的な時間〉を与える――へと、性起＝本有化されているのでなければ、〈それ〉が送り遣わす現前性は、われわれがそれを聴き取ることを存在とするものとしては、われわれには到来し得ないだろう。「このようにして性起＝本有化されつつ、人間は性起＝本有化に属する」[79]。

それでは、性起のこの第二の本有性の実現の様態とはいかなるものだろうか。つまり、われわれはいかにして性起の内に含まれているのだろうか。回答は既に与えられていた。すなわち、人間は存在の呼びかけを聴取しているということ、そして「このような呼びかけと聴取による」人間と存在の共属が、われわれの本質がいずれにせよそれとは切り離せないような言葉（langue）を特徴づけているということである。それは、存在それ自身、つまり性起が、呼びかけと聴取の共属、すなわち言葉であるということではないだろうか。おそらくそうである。しかしこのような回答はただちに二重の問いを引き起こすことになる。言葉が存在の真理を実現する以上、いかにして言葉を思惟すればいいのだろうか。そして、命題によって語られるのではないとしたら、存在の真理はいかにして語られ得るのだろうか。

（米虫正巳・服部敬弘 訳）

注

（1）*Parmenides*, Gesamtausgabe（GA）, Bd. 54, p. 113. Cf. « Einleitung zu : "Was ist Metaphysik" », in *Wegmarken*, GA, Bd. 9, p. 376–377.

（2）*Sein und Zeit*, §5, p. 19. Cf. §8.

（3）« Zeit und Sein », in *Zur Sache des Denkens*, GA, Bd. 14, p. 6. Cf. *Qohélet*, III, 1.

（4）Kant, *Kritik der reinen Vernunft*, B 225.

（5）« Zeit und Sein », in *Zur Sache des Denkens*, GA, Bd. 14, p. 7.

（6）*Id.*, p. 8.

（7）*Ibid.*

（8）*Zur Sache des Denkens*, GA, Bd. 14, p. 103.

（9）« Ein Vorwort. Brief an Pater William J. Richardson（1962）», in *Identität und Differenz*, GA, Bd. 11, p. 152. この手紙は講演「時間と存在」と同時期のものである。

（10）*Vom Wesen der menschlichen Freiheit*, GA, Bd. 31, p. 118.

（11）*Id.*, p. 134.

（12）« Zeit und Sein », in *Zur Sache des Denkens*, GA, Bd. 14, p. 9.

（13）« Protokoll zu einem Seminar über "Zeit und Sein" », in *Zur Sache des Denkens*, GA, Bd. 14, p. 35.

（14）Cf. *Id.*, p. 36.

（15）« Der Satz der Identität », in *Identität und Differenz*, GA, Bd. 11, p. 47–48, note 95.

（16）« Zeit und Sein », in *Zur Sache des Denkens*, GA, Bd. 14, p. 9.

（17）*Id.*, p. 10 ; cf. « Protokoll zu einem Seminar über "Zeit und Sein" », *id.*, p. 45–46.

（18）*Id.*

（19）*Was heißt Denken ?*, GA, Bd. 8, p. 239–240. Cf. « Einleitung zu : "Was ist Metaphysik" », in *Wegmarken*, GA, Bd. 9,

p. 376.

(20) *Id.*, p. 241.

(21) « Zeit und Sein », in *Zur Sache des Denkens*, GA, Bd. 14, p. 12.

(22) *Id.*

(23) « Brief über den "Humanismus" », in *Wegmarken*, GA, Bd. 9, p. 334.

(24) Cf. « Protokoll zu einem Seminar über "Zeit und Sein" », in *Zur Sache des Denkens*, GA, Bd. 14, p. 52.

(25) « Zeit und Sein », in *Zur Sache des Denkens*, GA, Bd. 14, p. 12–13.

(26) *Ontologie (Hermeneutik der Faktizität)*, 1923, GA, Bd. 63, p. 76.

(27) « Zeit und Sein », in *Zur Sache des Denkens*, GA, Bd. 14, p. 13.

(28) *Id.*, p. 13–14.

(29) « Aus einem Gespräch von der Sprache », in *Unterwegs zur Sprache*, GA, Bd. 12, p. 127.

(30) « Seminar in Le Thor 1969 », in *Seminare*, GA, Bd. 15, p. 366–367.

(31) « Zeit und Sein », in *Zur Sache des Denkens*, GA, Bd. 14, p. 14.

(32) *Id.*, p. 15. Cf. *Physique*, IV, 11, 215 *a* 11.

(33) Cf. J. u. W. Grimm, *Deutsches Wörterbuch*, s. v.

(34) « *Aletheia* (Heraklit, fragment 16) », in *Vorträge und Aufsätze*, GA, Bd. 7, p. 284.

(35) « Der Spruch des Anaximander », in *Holzwege*, GA, Bd. 5, p. 346 ; cf. *Iliade*, I, v. 70.

(36) *Id.*, p. 347.

(37) « Zeit und Sein », in *Zur Sache des Denkens*, GA, Bd. 14, p. 16.

(38) *Id.*, p. 16–17.

(39) *Id.*, p. 17.

(40) *Ibid.*

(41) *Ibid.*

(42) *Id.*, p. 18.
(43) « Zeit und Sein », in *Zur Sache des Denkens*, GA, Bd. 14, p. 18.
(44) *Id.*
(45) *Ibid.*
(46) *Id.* p. 19. Cf. Newton, *Philosophiae Naturalis Principia Mathematica*, Definitiones, Scholium.　この時‐空の意味については cf. *Beiträge zur Philosophie*, GA, Bd. 65, p. 371 sq.
(47) *Ibid.*
(48) *Ibid.*
(49) *Parmenides*, GA, Bd. 54, p. 209.
(50) *Ajax*, v. 646–647.
(51) *Parmenides*, GA, Bd. 54, p. 212.
(52) « Das Ende der Philosophie und die Aufgabe des Denkens », in *Zur Sache des Denkens*, GA, Bd. 14, p. 81.
(53) « Zeit und Sein », in *Zur Sache des Denkens*, GA, Bd. 14, p. 19–20.
(54) *Id.*, p. 20.
(55) « Einleitung zu: "Was ist Metaphysik" », in *Wegmarken*, GA, Bd. 9, p. 377, note *a*.
(56) « Zeit und Sein », in *Zur Sache des Denkens*, GA, Bd. 14, p. 20.
(57) *Ibid.*
(58) *Ibid.*
(59) *Id.*, p. 21.
(60) *Id.*, p. 22.
(61) Cf. « Die Lehre vom Urteil im Psychologismus » in *Frühe Schriften*, GA, Bd. 1, p. 185 sq.
(62) « Zeit und Sein », in *Zur Sache des Denkens*, GA, Bd. 14, p. 23.
(63) *Id.*, p. 14, déjà cité.

(64) *Id.*, p. 23.

(65) *Id.*, p. 24.

(66) *Id.*, p. 24. Zueignen と übereignen という動詞が、どちらも捧げること、献呈すること、またある意味では与えることを意味するのに対して、後者の übereignen は、より正確には、本有的なものの譲り渡しを表す。

(67) *Id.*, p. 25-26. こうした忠告は十年ほど後にも繰り返されており、その時ハイデガーはR・ミュニエに宛てて次のように書いている。ハイデガーは「Ereignis の代わりに Eignis〔本有化〕という語を用いて、その〔語の〕表現力を eventus〔出来事〕という意味での Ereignis の「意味」に近づけないようにしている」。Lettre du 26 mai 1973, in *Cahiers de L'Herne Martin Heidegger*, Paris, éditions de L'Herne, 1983, p. 112.

(68) «Der Satz der Identität», in *Identität und Differenz*, GA, Bd. 11, p. 45. われわれは〔「空け開けの内へと」というハイデガーの〕手書きの書き込みを括弧で挿入した。

(69) «Protokoll zu einem Seminar über "Zeit und Sein"», in *Zur Sache des Denkens*, GA, Bd. 14, p. 52-53.

(70) «Zeit und Sein», in *Zur Sache des Denkens*, GA, Bd. 14, p. 24.

(71) «Der Weg zur Sprache», in *Unterwegs zur Sprache* (1959), GA, Bd. 12, p. 256 ; cf. *Beiträge zur Philosophie*, GA, Bd. 65, p. 470-471.

(72) «Das Wesen der Sprache», in *Unterwegs zur Sprache*, GA, Bd. 12, p. 203.

(73) «Zeit und Sein», in *Zur Sache des Denkens*, GA, Bd. 14, p. 27.

(74) *Id.*, p. 27-28.

(75) «Protokoll zu einem Seminar über "Zeit und Sein"», in *Zur Sache des Denkens*, GA, Bd. 14, p. 50.

(76) «Zur Seinsfrage», in *Wegmarken*, GA, Bd. 9, p. 407 ; cf. *Beiträge zur Philosophie*, GA, Bd. 65, p. 499-500.

(77) *Id.*, p. 408.

(78) «Der Satz der Identität», in *Identität und Differenz*, GA, Bd. 11, p. 46.

(79) «Zeit und Sein», in *Zur Sache des Denkens*, GA, Bd. 14, p. 28 ; cf. *Beiträge zur Philosophie*, GA, Bd. 65, p. 487 :「現存在は、性起＝本有化において性起＝本有化されたものである」。

第二章　フッサールとフィンクにおける世界の必然性と偶然性

池田　裕輔

導入――超越論的現象学における「世界問題」の開陳

フッサールと近代哲学における「主観主義」の相違が問題となる際に、後期フッサールの主観性についての着想は「無世界的（*weltlos*）」なものではなく、むしろ「世界化」されたものだ、という論点がよく取り上げられる(1)。だからといって、このような「世界化された主観性」という着想は、フッサールにとって自然主義を帰結するものではない。すなわち、主観ないしコギトは自然科学の言語によって読み解かれるべき「世界」のなかで受肉しており、よって、主観性の研究は究極的には自然科学的探究に還元されるべきであるという主張を掲げる強い自然主義を帰結するわけではない。フッサールの哲学構想は「超越論的」なものであると自称しているが、そのスローガンは、むしろ、「反・心理学主義」、そして「反・自然主義」なのである。ここで、フッサールが、デカルトはコギトを「世界の末端の切れ端」(Hua I, 9, 63)として把握していると批判している事実を思い起こすことは有益であろう。というのも、第一に、このデカルト批判からは、フッサールが主観・客観の区別を、世界の内部における領域的区分とは理解していないということが明瞭に読み取れるからであり、第二に、このことから、「現象学的な超越論的主観性」は内世界的な（世界内部の領域的な）差異に先行するものであると理解されていることが洞察できるからである。とはいえ、既に記したように、後期フッサールは「超越論的主観性」を（世界に先立つ限りで）「無世界的」なものだとするのではない。むしろ、超越論的主観性は、世界を構成すると同時に自らを世界化する（世界のなかに自身をロカライズする）ことで、内世界的な差異を可能化する。これが、後期フッサールの超越論的主観性についての根本テーゼに他ならない。

このような後期フッサールの「主観主義」を、以下の三つのテーゼに取りまとめてみたい。

(a) 後期フッサールにおいて、主観性は——ハイデガーの言葉を用いるのであれば——「世界内存在」として把握されている。

(b) フッサールは、「世界内存在」としての主観性に、世界に対して超越論的・構成的な機能を認めている。フッサールにとって、世界とその「与えられ方」は「超越論的主観性」、その「超越論的経験」を起点にしてのみ哲学的に解釈可能なものである。より正確にいうと、フッサールの確信とは、「世界」を哲学的に正当な仕方で語ることができるのは、世界そのものが世界と超越論的・構成的主観性の構成的な相関性という観点から分析される場合のみである、というものである。

(c) 構成的主観性は、自己自身そのものに対する超越論的・構成的機能を担っている。「世界内存在」

としての超越論的主観性そのものの自己構成という次元、あるいは、世界のなかでの自己自身への開けという次元が知解される場合にのみ、超越論的主観性が持つ〔「世界内存在」という〕存在論的身分は哲学的に解明可能なものとなる。というのは、仮に超越論的主観性が、それ自身構成されたものではなく、よって、構成分析に服し得ないのだとするならば、その超越論的現象学的解明、したがって、超越論的主観性の現象学的な哲学的解明そのものが不可能であることとなるからである。

このように、超越論的主観性とは、世界と自身を構成する「世界内存在」であると理解されるのであるが、この理解を分節化するだけでなく正当化するためには、ここでの三つのテーゼの統一性、すなわち、それらが互いにどのような関係にあるとされるのかを明らかにすることが求められることとなる。というのも、これらの統一性の解明とは、超越論的主観性を超越論的主観性として把握する統一的観点（すなわち、超越論的主観性とは何であるのか、その存在）の解明に他ならないからである。われわれは、晩年のフッサール思想と前期フィンク思想の相違が、ここでいう「三つのテーゼの統一性」を彼らが（一定以上の同意に至りつつも）異なる仕方で理解している点に結実しているという仮説を有するものであるが、本章では、これを描き出す作業に直接従事することはできない。むしろ、われわれは、その準備作業として、「世界」に関するフッサールの着想を前期フィンク思想が独自の現象学的記述を通じて批判的に検討し、より深い正当化を試みている点を実証するという、より基礎的な課題に専念する。というのは、超越論的主観性が「世界内存在」として規定される際、その「世界」が、そもそも何であるのかが明瞭にされない限り、右の三つのテーゼの統一性を解明することはとてもできないからである。「超越論的主観性」が「世界内存在」であるならば、超越論的主観性が住まう「世界」は、どのように哲学的に規定されるべきであるのか。そして、「超越論的主観性」は「世界」にどのように「住まう」のか。これこそが、本章が主題的に扱う問いである。

とはいえ、現象学的な「世界内存在」としての超越論的主観性という着想を正当化するために、われわれが日常的に有している「われわれは、現実存在する世界、つまり現実世界（*die wirkliche Welt*）に、常に住んでいる」という素朴な直感に訴えるだけでは不十分である。というのは、このような直感、現実世界への信憑・信仰というものは、本章の出発点であるとしても、そのものとしては結論たり得ないからである。なぜならば、本章が自覚的に選択したい立場とは、このような直感、信憑・信仰は、それ自身として受け入れられるべきものであるという以上に哲学的に解明、正当化されるべきものなのだ、これに他ならないからである。それでは、その正当化は、どのようになされるべきなのであろうか。われわれは、「世界」そのものの存在についての反省という回り道を歩むことでこの課題を遂行する。先述したように、「世界そのものの存在」を主題化することなくして、「世界内存在」としての「超越論的主観性の存在」を哲学的に獲得することはできないからである。われわれは、「根源性という点から見た世界」への現象学的反省、フィンクの言い方を借りれば、「世界根源への問い（*Frage nach dem Weltursprung*）」を遂行する。本章の根本テーゼは、以下である――世界そのものの根源性は、世界が有する（われわれが言表することができる）さまざまな存在および時間様相を可能化する機能のうちに認めることができる。これを明らかにし、このテーゼが擁護される存在論的、そして現象学的ないくつかの手法を主題化することこそが、本章が以下、フッサールとフィンクにおける「世界の必然性と偶然性」という世界の存在論的・様相的身分の解明に赴く理由に他ならない。本章は、まず、フッサールの見解を再構成したうえで（第一節）、前期フィンク思想が提出するテーゼを明らかなものとする（第二節）。

1　フッサールにおける世界の偶然性と必然性

とはいえ、（特に中期に代表される）フッサールの思想は「デカルト主義」の一形態であり、また、そこで問題となる「超越論的主観性」は「無世界的」な本性のものであるというフッサール理解は、誤りどころか、さまざまな点からも、彼の思想そのものに由来するものだといえる。一例に限るが、フッサールは、『イデーンI』の「現象学的基礎考察」（Hua III/1, 56–134）のなかで、「純粋意識」とは「世界無化の残余」（ibid. 103）であり、前者の存在は、後者（世界）に依存しないが、後者は前者なしには存在しえないとしている。フッサールは、意識の存在様相は（世界の存在・非存在に関係なく）必然的であるが、世界は意識にその存在が相対的である限りで偶然性を免れ得ないという、一見するとデカルト風で、また、「無世界的な主観性」という着想を含意する存在論的テーゼを提出しているのである。そして、このテーゼは、「事物」（「レアールな存在」）と「純粋意識」（ないし「体験」）の「現出の仕方」あるいは「与えられ方」の現象学的記述に基づいて正当化されている――「事物」が「射影」し、その限りで、原理的には非存在の可能性を排除しない仕方でしか現出しえない（91–92）のに対して、「純粋意識」、「体験」ないし「感覚内容」は、その現出の端的な事実そのものが非存在の可能性を排除するという意味で「絶対的なもの」として与えられている（92–93）[2]。フッサールは、「事物」と「意識」の現出の仕方が異なるという記述から、それらの存在に固有とされる偶然性／必然性という存在様相の差異を導きだそうとするのである。

このようなフッサールの論証手順のうちに、デカルトからの影響を見て取ろうとするのは自然なことだといえよう。というのは、感性的な経験等がわれわれを欺く可能性を排除しないのに対して、広義での「私は思う」（あるいは「私は見ているように思われる（videre videor）」）という事実それ自身が虚偽ではありえないとするデカルトの議論[3]からフッサールの論法への一定の影響関係が認められるはずだ、あるいは、少なくとも、両者の議論の間には何らかの類比的な関係が成り立っているはずだという直感には、差し当たりは否定しがたい説得力があるように見えるからである。

本章では、この直感そのものの是非を検討する代わりに[4]、次の問いを、むしろ、（われわれの問題関心からして）後期フッサール[5]に投げかけることで、彼の「世界」の（認識および存在）様相、その正当化に関する立場を明らかなものとしたい——デカルトにおける、いわゆる夢論法（われわれが夢を見ているのか否かを確証することはできないため、「現実」、すなわち「世界」に関する認識がわれわれを欺いている可能性は排除され得ないという議論）[6]に、後期のフッサールはいかなる回答を与えるのであろうか？ この問いかけに本章が重要な哲学的意義を見出す理由は、①世界についての認識がわれわれを欺く可能性を含むことを正当化する議論のひとつとして夢論法を挙げることには一般に説得力があるといえるが（よって、どのように、後期フッサールが夢論法に対応しているのかを示すことができれば、その「世界の認識」の正当化に関する方針も、一定以上、明らかとなるだろう）、②夢のなかで与えられる「体験」——フッサールに従えば、その感性的構成要素は「感覚与件」ではなく「ファンタスマ（*Phantasma*）」である（cf. Hua XXIII, 73–74 etc.）——もまた「私は見ているように思われる」限りで虚偽のものではないとしても、そのような「体験」、その「純粋意識」が、後期フッサールにおける「世界内存在としての超越論的主観性」と同一視できるかは、まったく自明ではないからである。というのは、「夢のなかの私」は、明らかに「現実に存在する私」から区別されることができなければならないが（というのも、夢のなかの私が現実に存在し――また、その私が「現実に存在する私」と同一化可能であるならば――例えば夢のなかで犯した犯罪に対する法的・社会的責任を現実の私は負わなければならないが、これはほとんど許容し難い考えであろうから）、そうであるなら、「私は見ているように思われる」が与えられる「夢のなかの私」は現実には、つまり、世界のなかには存在しないはずだからである。後期のフッサールにとって、「超越論的主観性」が「世界内存在」なのだとするならば、これが住む「世界」は、「夢の世界」でなく、「（現実）世界」でなければならないはずである。言い換えれば、「世界内存在としての超越論的主観性」という着想は、（世界経験としての）「目覚め」と（非現実の与えられ方のひとつとしての）「夢」の明確な区別とその区別が保証されていることを暗に前提としているように思われる。

ここでは、右の疑念に対する後期フッサールのひとつの標準的回答を予め素描したい――現実としての現実と見誤られたものとしての現実（リアルな夢など）の区別そのものを哲学的に正当化することは必ずしも必要な作業ではない。なぜなら、この区別自身は、例外的で極端な場合（病的症例など）を除いて、われわれの経験において決して疑われることはないからである。よって、目覚めと夢の区別の感性的な根源としての「感覚与件」と「ファンタスマ」の差異もまた、フッサールからすれば疑う必要はないのである（因みに、フッサール自身は、「感覚与件」と「ファンタスマ」の区別の構成分析という課題に、一般に「再生的変様（reproduktive Modifikation）」という表題のもと取り組み、さまざまな分析を試みてはいるのだが、一義的なテーゼ、結論を導き出しているとまでは言い難い[7]。後で確認するが、フィンクは、この点に関してフッサールとは異なる独自の解決策を用意していると見なすことができる)。

われわれは、フッサールのこのような論法を「コモンセンス論法」と呼ぶものとする。とはいえ、彼の「コモンセンス論法」は、決して常識への盲目さを意味せず、むしろ、正常な世界経験についての現象学的所見に基づくといえる——いかなる経験も、その経験が実際になされている限りで、感性的なカオスへの崩壊、つまり、現実世界そのものの信憑・信仰の懐疑へと動機づけられてなどいない(cf. Hua VIII, 46–48 etc.)。よって、フッサールは、世界の現実存在への信憑・信仰ないし確信というものを、進展する経験が持つ事実的なハーモニー(*Einstimmigkeit*)へと送り返すのである。世界の存在は、推定的経験の持つハーモニーが事実的にしか生じない限りにおいて(というのも、現象学者は、経験のハーモニーを、事実的経験とは異質な何らかの原理から思弁的に導出することを自ら禁じるのだから)、まさに偶然的なものであると理解されるのであるが、これを疑う動機を経験そのものが(極端な例外を除けば)提供しない限りにおいて、「世界信憑」は疑われる必要はない——よって、経験が正常に進展する限りにおいて、意識ないし体験だけでなく、世界もまた必然的に与えられているといえよう。

ところで、フッサールは、『イデーンI』において、一方で「コギトの存在の必然性」を擁護するが、その必然性は「事実的」なものでしかありえない、と明瞭に洞察している。というのも、フッサールがいうように、「コギトの存在の必然性」は、決して、その「本質必然性」ではなく、「事実の必然性」だからである(Hua III/1, 98)。コギトの現実存在はコギトの本質から導出することなどできない(ヒンティッカがいうように、「考えるハムレット」は「考える」というコギトの本質を備えてはいるが、明らかに存在しない)[8]。このことは、経験のハーモニーについてもいえよう。すなわち、ハーモニーを伴った経験というものの本質からは、決して、そのような経験の現実存在を直接導出することはできない、と（そうでなければ、「世界無化」の議論も成り立たないはずである）。

本章の考えでは、これこそが、超越論的主観性、そして世界の存在論的・様相的身分に関する後期フッサールの暗黙のテーゼである。実際、晩年のフッサールは、このような着想の主題化を試みており、「事実的なものとしての超越論的主観性」――いわゆる「原事実（*Urfaktum*）」としての超越論的主観性――は論的主観性」は必然的に「世界信憑」を含むとされる（ibid.）。このような「事実としての超越論的主観性」が持つ「世界信憑」とは、その背後に遡及することができない超越論的な拘束力を有する特異な事実、つまり原事実であるというテーゼをフッサールは掲げているのである。当該の草稿においては、フッサールは、なぜ超越論的主観性と世界信憑の相互内含が必然的であり、どのような意味でその背後に遡及し得ない（いわば、更なる還元による構成分析を免れる）超越論的な事実であるのかの明示的な説明を与えてはいないが、本章のこれまでの成果に即すと以下のように解釈できる――世界の存在と世界信憑の相互内含は（健全に進展する）経験をなすあらゆる者が共有する究極的な常識（コモンセンス）である。というのは、このような世界信憑こそが、経験が進展し得る空間そのものを拘束する最も自明な約束事だからである。

本章は、このようなフッサールが依拠していると思われる見解に根本的には同意するものである。しかし、同時にわれわれは右のテーゼのうちに問題の解決ではなく、むしろ、その不徹底を見て取りたい。その理由は次の二点に集約される。①抽象的あるいは方法論的に見たその不十分さは、「コモンセンス論法」のような、まさに常識に訴えかける論法と、「世界の哲学的絶対化」（Hua III/1, 120）に立ち向かい、「徹底的なエポケー」と「還元」を訴えるフッサールの哲学的ラディカリズムとの間の関係が差し当たり不明瞭にとどまる点にある（これには直接立ち入らない）[9]。②具体的な事象分析の観点から見た不十分さは、「世界信憑」の相関者としての「世界」というものが唯一的対象の最たるものであるにもかかわらず、フッサールが基本的には、複数的な個物についての意識（個体的な事物についての意識、よって現実的事物についての意識）をその分析の手引きとしている点に求められる（とはいえ、フッサールは「個体的な事物の存在」と「世界の存在」を混同するという初歩的エラーを犯してはいない。というのも、彼は世界のことを、個別の対象の「総体 Gesammtinbegriff」（Hua III/1, 11）とし、存在論的には区別しているからである）。強調されるべきは、フッサールは、晩年になって両者の存在の差異を（存在論的にではなく）現象学的に主題化するという課題の決定的意義を自覚したのだが[10]、その『危機』や同時期の草稿における展開は十分なものではないという事実である。以下で見るように、「世界」の超越論的主観性への固有な「与えられ方」（超越論的主観性の「世界」への「住まい方」）の現象学的分析は、フッサールにおいては、不十分なものなのである。

最晩年のフッサールは、この「世界信憑」が持つ特異な性格を――おそらくは、ハイデガー、特にフィンクの批判や影響を受けて――自覚的に取り上げ直そうとしている。すなわち、「個物の存在」と「唯一的な世界存在」の存在論的な区別を自覚的に取り上げ直すことによって、右の課題に取り組み直そうとしている。存在論的には次のテーゼが提出される――「どのようなものでも、それは何か（*etwas*）であるが、この何かとは世界に属する何かである」（Hua VI, 146）。現象学的には次のようになる――「世界意識と事物、対象――最も広い意味での事物、対象、つまり生活世界にも適応できるような――についての意識の様式には根本的な差異がある」(ibid.)。しかしながら、ここでいう「世界意識」は、「目覚めた生」(145)と名指されるだけで、その本質構造についての主題的な現象学的分析はおろか、簡潔な現象的記述さえフッサールは残していない。これに対して、『危機』での「世界」についての存在論的テーゼは、一九三七年のある草稿では、次のように深化・展開されている。

> 肝要なのは次のことである――普通の意味でのレアールな存在と非存在に関するあらゆる問いは、世界の存在を前提としていること、つまり、あらゆる問いは、それ自身問いに付されることなく妥当するもの、問いの地盤というものを前提とする。よって、世界とは必然的に妥当する事物の宇宙である――〔存在か非存在か、有るのか無いのかという〕問いに付される存在者というものは、つまりあらゆる問いに付すことができるものは問いに付されないあるものを前提とするのである。
>
> (Hua XXXIX, 256–257)

この引用からは、「世界」についての二つの存在論的テーゼを引き出すことができる。①「世界」とは、「事物の宇宙」である(これは、『イデーンI』以来のテーゼである)。②この「事物の宇宙」としての「世界」とは「必然的に妥当する」真理要求の根源的地盤あるいは根源的担い手である。というのは、『危機』での存在論的テーゼに従うと、「普通の意味でのレアールな存在と非存在に関するあらゆる問い」とは、「世界に属する何か」についての問いであるが、この限りで、「あらゆる問い」は、その「地盤」である「世界」を前提とする、これが引用の主張だからである。あらゆる「存在と非存在についての問い」、そうであるから、真・偽の担い手としてのあらゆる命題は、「世界の存在」を前提する。つまり、それなしには、いかなる対象も真あるいは偽として規定され得ない真理要求の根源的担い手として「世界の存在」は個々の問いに附される「事物の存在」を超越する（後で確認するように、フィンクは、この点を徹底化している）。よって、世界の存在は真理そのものに対する規範的な価値を持っており、この限りで、そもそも、われわれが現実に関する真理や非真理を有意味に語ることができるのであれば、「事物の宇宙」としての「世界」は「予め与えられている（*vorgegeben*）」のである。これは、デカルトの夢論法にも適用される。「非存在の可能性としての懐疑の可能性に訴えること〔訴える論法〕は、世界の存在をそもそも前提としている」（Hua XXXIX, 254）。というのは、そもそも夢論法が有意味なものであるならば（「世界の非存在」の可能性という「問い」、つまり「懐疑」がそもそも有意味なものであるならば）、その地盤として「世界」は「予め与えられている」はずだからである。言い換えれば、夢論法は、「世界」が妥当する限りで、はじめて有意味な懐疑であるにもかかわらず、自身の前提そのものを懐疑する自家撞着に陥っているのである。したがって、ここでフッサールは、先に見たものと同一の「コモンセンス論法」に訴えているわけではない。そうではなく、真・偽といった様相の区別なしには「問い」は有意味に理解されないという常識（コモンセンス）を承認したうえで、そのような区別の根源的担い手が「世界」に他ならないと解釈、これによって夢論法の前提と自家撞着を暴露、それが無効であることを正当化しているのである。

また、右で「規範的価値」というのは、決して、そのような規範が経験の外から、それ自身経験を超えたものとして課せられるということを含意しない。まったくその逆で、世界の存在は、その背後には遡及し得ない、経験に対して根源的な拘束力を持つ「原事実」として経験にとって事実的・必然的に与えられており、よって常にアクセス可能で、要するに、経験に対して内在的なはずである（後で見るように、フィンクはこの点を深化、展開することで自身の現象学的哲学を形成している）。そして、この文脈でフッサールは「最良の認識」という規範的理念としての世界、つまり、超越論的・構成的主観性が決してそれに到達することなしに、だが不断にそれを目指している認識の規範的理念としての世界を問題としているのでもない[11]。むしろ、われわれがここで問題とする世界の規範的存在というものは最良の認識という理念を超越する。あるいは後者は前者を前提とする。というのは、既に見たように、そもそも世界が存在しないのであれば、現実に関するいかなる認識も真あるいは偽として証示され得ないからである。よって、世界とは真理の根源（*Ursprung*）であり、そうであるからこそ「世界信憑」は「原事実」なのである（その「必然性」は「事実の必然性」（事実的必然性）である）。ここでの「世界」とは、現実に関するあらゆる認識の対象が必然的にそこへと属するところの「唯一の世界」、これ以外の何物でもない。

　このように、フッサールにとっての「世界の必然性」とは、（事実的必然性としての）「原事実」である。世界が真理に対する超越論的な「地盤」であり、また、右に見たような規範的拘束力を持つという理由から、ここでいう「事実性」とは、「世界」が真理に対して――ハイデガーの気の利いた表現を借用すれば――「アプリオリな完了形」（M. Heidegger, GA, Bd. 2, 114）として予め与えられているという点に求められよう。本章の解釈では、これこそが、「世界が予め与えられていること（*Vor*-gegebenheit der Welt）」が意味するところなのである。

　（フッサールに依拠した世界の存在についてのテーゼ）世界の存在は、その信憑の持つ規範性という観点から（事実的）必然的であると示されるのであるが、それは、われわれが世界の存在というものを真理要求の「担い手」、「超越」ないし「根源的な次元」として解釈する限りである。このような「超越」としての「世界」が「予め与えられている」場合にのみ、真や偽である命題は発話されることができるのであるから、「世界」は真理と非真理の（あるいは「問い」の）根源的地盤なのである。冒頭で記した「三つのテーゼ（超越論的主観性は、世界と自己自身を構成する世界内存在であるという三重のテーゼ）」を統一する観点は、このような地盤に「コミット」している限りでのみ、超越論的主観性は世界構成的であり得るという洞察、すなわち、世界の存在および世界信憑という経験の進展においてあまりに自明なコモンセンス、これを明示化することによって獲得される。

とはいえ、フッサールが、一定以上まとまった仕方で「世界」についての存在論的テーゼの説得的な展開に取り組んでいるのに対して、その現象学的分析（『危機』でいう、「世界意識」としての「目覚めた生」の現象学的分析）がほとんど行われていないという事実は軽視されてはならない。むしろ、以下のような問いが立てられるべきである――世界が「予め与えられていること」はどのように現象学的に記述され、ここでいう「予め」とは、より積極的にはどのように現象学的に規定されるのであろうか？　「唯一の世界」――その「存在」は真理要求に対する規範性である――と相関的な特異な「世界意識（目覚めた生）」の構造というものは、どのように解明されるのであろうか？　これらの問いが重要である理由を、以下、二つの観点から示す。（形式的・方法論的理由）：いかなる「直感」や「コモンセンス」であろうと、それらを哲学的に承認するためには、現象学的、つまり記述的な分析を通じてその正当性が証示されなければならない（そして、その手法は「構成分析」である）、このような命法に服する哲学者が（超越論的）現象学者と呼ばれるのであるから、「世界」に相関的な「世界意識」は、それ自身現象学的な記述的（構成）分析によって解明されなければならない（すなわち、「現象学的還元」は徹底されねばならない）。（具体的理由）：このような方法論的な要請は、本章の文脈では、「三つのテーゼの統一性」、「世界内存在」としての「超越論的主観性」とは何であるのかという問題が解明されるためには、「超越論的主観性」が住まう「世界」の存在論的分析だけでなく、その「超越論的主観性」にとっての「与えられ方」の分析（つまり、超越論的主観性の世界への「住まい方」、右にいう「コミット」の現象学的分析）が必要である、という具体的な要求を伴う――簡潔にいえば、フッサールに従うためには、単に世界の存在が予め与えられているというコモンセンスをコモンセンスとして、そして、その規範的価値を承認する（これがフッサールに帰せられるべき功績である）だけでは不十分なのであって、むしろ、世界の存在のコモンセンスの根源性は、その超越論的主観性への与えられ方という観点からなされる現象学的記述を通じて正当化されなければならないのである。本章の考えでは、これこそが「世界信憑の原権利（*das Urrecht des Weltglaubens*）」（Hua XXXIX, 231-242）を承認するという根本課題の本来的な意義であり、その要求である。本章は、次節で前期フィンク思想を再構成することによって、この課題に取り組むものとする。

2　前期フィンクにおける世界の必然性と偶然性

一九三〇年代のフィンクは、後期フッサール思想における超越論的現象学の徹底的あるいは批判的な展開に取り組んでいるということができる。前期フィンク思想は単なるフッサール思想の擁護者や宣伝・案内係に過ぎないという（しばしば誤解されてきた）見方を取ることはできないし、[12] また、主に第二次大戦後のフィンク思想が一見そう見えるように、ハイデガーの思想の批判的展開を明示的な主題としているわけでもない。[13] 前・後期通じてその思想を全体として概観すると、フィンクは、フッサールの後期思想を徹底化することを通じて、（雑駁に述べれば）「フッサールの認識論」と「ハイデガーの存在論」の調停をおこなっているといえる。[14] 紙幅の関係上、フィンク思想を全体として扱うことはできないし、本章の目的からしてその必要もない。われわれは、前期フィンクにおける「後期フッサール思想の徹底化」の一側面を、「世界」の与えられ方の（超越論的）現象学的正当化という観点から描き出すことで、「世界の存在」という本章の問題へのフィンクの回答を確認し、冒頭で定式化した「三つのテーゼの統一性」解明のための基礎的作業とする。

冒頭で示唆したように、後期フッサールと前期フィンクの「隔たり」の根源は、彼らがそれぞれ異なる仕方で「三つのテーゼの統一性」を理解しようと試みていること、本章の主題に即していえば、「世界」とその存在を異なった仕方で理解し、哲学的に正当化している点に求められる。このことから、以下では、フッサールの『危機』における「世界」の存在論的テーゼと現象学的テーゼに対応する形で、次の二点の確認に専念するものとする。

（A　フィンクの「世界」についての存在論的テーゼ）フィンクは、一方で、最晩年のフッサールと同様、「世界」とは個別の対象の現出をその存在様相（フィンクの場合、存在および時間様相）という観点から制約する可能性の条件であるとしているが、他方で、「世界」を「事物の宇宙」（「事物の総体」）ではなく、（後述する）「時間地平」であるとしている。

（B　現象学的テーゼ）フィンクは、「コモンセンス論法」やその発展形に訴えるのではなく、「世界」の超越論的主観性に対する「与えられ方」、すなわち超越論的主観性の世界への「住まい方」を厳格に現象学的な仕方で解明することで、右の存在論的テーゼを正当化している。つまり、フッサールが具体化していない「世界意識（目覚めた生）」の現象学的分析を、フィンクは、（以下で見る）「のめり込み」や「世界に入り込んで生きること」といった表現を用いて体系的に遂行している。

A　フィンクの「世界についての存在論的テーゼ」

（A―1　様相の根源的担い手としての「世界」）　前期フィンクは、世界の現出を、その時間性のアプリオリという観点から記述、正当化をおこなうことで、「世界」についての存在論的テーゼを提出している。彼は、実に多様な現象の分析を通じて、自身のテーゼの正当化に従事しているのだが、本章では「想起」現象の分析を手引きとしてこれを確認する。

まず、フィンクは、「想起」現象における本質的な構成要素である「現在の私（想起する私）」や「過去の私（想起された私）」の差異が有意味に語られ得るのは時間的なオリエンテーションが成立している場合のみであることを確認し、これを「時間地平」と呼ぶ[15]（『像』20-26）[16]。フィンク自身がいうように、この着想そのものにはフッサールとの本質的な差異は認められない（『像』20）。しかし、彼は、フッサールとは異なり、この「時間地平」を「想起」の場合であれば「想起世界」と「想起世界の私」の間の相関性のアプリオリ（フッサールが分析する「想起対象」と「想起する私」の相関性ではない！）という観点から記述している（『像』30–33）。このことは、フィンクが「想起世界」の現出という事実を、想起現象そのものを可能化し、制約する現象とみなしていることを意味する。「想起」とは、過去（時間様相）に生じた現実的出来事（存在様相）を思い浮かべることなのであるから、固有な時間・存在様相を伴う当該の想起世界の「時間地平」こそが、想起現象を制約する条件であるというテーゼをフィンクは提出しているのである。このテーゼを一般化することでフィンクの根本思想を明示化できる——そのつどの「世界」の現出が、あらゆる現出（想起対象や想起世界の私など内世界的存在者の現出）をその時間・存在様相という観点で制約する可能性の条件である。

> 現実性（[D]ie Wirklichkeit）は、現実の事物に先んじてある（vor den wirklichen Dinge）。現実の事物が存在するから現実性が存在するのではない（よって色の場合と異なる〔というのは、色とは非独立的存在者であるのだから〕）。そうではなく、現実性が存在するからこそ、現実の事物が存在することができるのである。
>
> （EFGA 3/2, 45, Z-VII, XVII/24b. 一九三〇年九月一六日）[17]

引用でいう「現実性」とは、戦後のフィンクが「世界現実性（*Weltwirklichkeit*）」と呼び、その解明（これは「様相問題」と呼ばれる）を自身の哲学の根本課題と見なすところのものに他ならない[18]。このように、前期フィンクにおいても、「世界」は、（先にフッサールの検討に際して用いた意味で）「真理の根源的担い手」であるとされているのである。

右に見たように、フィンクが、このテーゼを時間分析の文脈で正当化している限りで、「世界」は、真・

偽や存在様相だけでなく、明示的に、時間様相の根源的担い手であるともされており、この点には、差し当たり、フッサールとの違いが認められるであろう。とはいえ、ここでは、フィンクのテーゼは、先に確認した最晩年のフッサールのものときわめて親和性が高いことを確認するだけで十分である。というのも、われわれがさまざまな様相を有意味に語ることができるための「地盤」、「根源的担い手」として、「世界」を解釈することによって、「世界の（事実的）必然性」が正当化されている点で両者の思想は合致するからである。

（A―2　「世界」は「事物の宇宙（総体）」ではない――「時間地平」としての「世界」）　これに対して、フィンクは、独自の「世界」の現象学的記述を通じて、「世界」と「事物」の存在の差異を、「個別（の事物）／（事物の）総体」というカテゴリーを用いずに摘出しようとしている。彼は、フッサールに倣って「経験対象は常にある周囲環境（*Umgebung*）に位置する」（Hua Dok II/2, 90）という現象的事実から出発しつつも、この「周囲環境」、そして、その総体としての「世界」を「共現在するもの」（Hua III/1, 57）の「全体」とみなし、その構成的相関項を様態の異なる個別の志向性の「潜在的無限性」へと解消するのではなく――これは「世界全体性を完結しない構成として把握したに過ぎず」（EFGA 3/2, 16, Z-VII, X/1a）、相関的に「世界」を「事物の潜在的に無限な総体」と理解することである――その「周囲環境」そのものに固有な現出仕方を摘出するために、①（既に見たように）「世界」を、その「時間地平」という観点から分析し、②その際、この「時間地平」を作用によって構成されるのではなく、作用がそのうちに位置づけられるアプリオリな地平であるとしている。

想像の根本的な諸様式は、決して、経験する作用の根本様式に従って分類されるのではなく〔中略〕むしろ、時間地平の多様性に即して分類されるのである。この時間地平とは、そのなかへと現在化する作用生がアプリオリに組み込まれ、そのようにして作用生が成り立つ〔それ自身、アプリオリな〕地平のことである。このようにして、本質的に想起は過去へと、予期は未来へと関係づけられている……。
（『像』21–22．強調フィンク）

よって、フィンクは自身の時間分析において、（フッサールにおけるように）「時間客観」（メロディーなど）と「時間意識」の相関性の記述によって、「（志向的）相関性のアプリオリ」を解明するのではなく、（既に確認したように）「想起世界」と「想起世界の私」等の相関性を手引きとして、「（時間地平としての）世界と超越論的主観性の相関性のアプリオリ」の解明に取り組むこととなる（cf.『像』30–33 etc.）。あらゆる「作用」は、「時間地平」としての「世界」に組み込まれることによってのみ、時間・存在様相に対して構成的であり得るとされるのであるから、この「世界と超越論的主観性の相関性のアプリオリ」とは、それなしに（フッサールのいう）「（志向的）相関性のアプリオリ」が、様相構成的なものとしては成り立たない根源的現象である。先に、「世界の存在は事物の存在を超越する」というテーゼがフッサールに認められることには触れたが、フィンクは、「時間地平」としての「世界」の現出は、「（内世界的）対象」の現出を可能化・制約するという仕方で、「事物の存在」を「超越」する超越論的現象に他ならないとするのである。言い換えれば、彼は、（フッサールにおけるように）地平現象というものを対象の現象の側から（対象が他の対象を「地平的に」指示することとして）解釈するのではなく、地平現象そのもものの側から（そのような指示が展開される次元そのものとして）記述しようとする（この「次元」こそが、先に見た「（世界）現実性」である）。フィンクが、世界を世界自身の側から、世界をまさに世界として根源的に解明している限りで――根源とは、遡及的な解明を拒み、むしろ、それ自身が出来することによって、自身とは異なるものをはじめて有意味ならしめるものである[19]――「内世界的事物（世界の「なかに」存在する事物）」と「世界（「（事物の）宇宙」、「総体」）」との差異を通じて世界の存在論的テーゼを立てているフッサールとの根本的な差異がここに認められる。本章の問題関心からすると、この「世界」の存在論的テーゼをめぐる両者の相違が持つ決定的な哲学的意義は、以下で示すように、その現象学的テーゼにおける具体的展開を確認することで明瞭となる。

B 「世界」と「超越論的主観性」の相関性についての現象学的テーゼ

右に見たように、フィンクに従うと、世界は「事物の宇宙（総体）」ではなく、「（時間）地平」である。それでは、この存在論的テーゼは、どのような現象学的テーゼを帰結するのであろうか。言い換えれば、この「時間地平」そのものは、いかにして「構成」され、これと相関的な「世界意識」（フッサールのいう「目覚めた生」）はどのように解明されるのであろうか。

フィンクは、「世界と超越論的主観性の相関性のアプリオリ」、その「生成」の次元を現象学的に分析することでこの課題を果たそうとしている。ここでいう「生成」の次元とは、『第六デカルト的省察』等での用語でいえば、「（第一次的・本来的）世界化（*Verweltlichung*）」であり、より具体的にいうなら、「世界が現実化されるという仕方で構成する主観性が自らを現実化すること（*die Selbstverwirklichung der konstituierenden Subjektivität in der Weltverwirklichung*）」（Hua Dok, II/1, 49）に他ならない。フィンク自身、その解明作業に「世界化の現象学」（『像』9）という表題を与えている。

フィンクは、それ自身、「超越論的主観性の存在そのものを徹頭徹尾規定する」とされる「脱現在化（*Entgegenwärtigung*）」と彼が名指す現象（EFGA3/1, 214（Z-IV 11a））の記述的分析を通じて、「世界化」の現象学的分析を展開している。この「脱現在化」とは、「それを通じて、なにか世界と呼び得るようなものが、はじめて可能となる構成的志向性であり、同時に、内世界的な主観性の構成的な条件である」（ibid.）とされるのだが、注意すべきは、「脱現在化」は「地平形成的」なものであり、それ自身、「いかなる志向的体験でも、いわんや作用でもない」（『像』24）と明示されている点である。というのも、このような「時間地平」自身を構成するとされる「脱現在化」は、それ自身、時間地平のうちで成り立つ個別の志向的作用とは明確に区別されるべき固有の特性を備えた現象でなければならないからである[20]（このような特性を承認しないと、作用①は、これを構成する作用②を要求し……というように無限後退に陥り、これは明らかに現象の事実に合致しない[21]）。よって、『危機』での「世界意識と事物、対象〔…〕についての意識の様式には根本的な差異がある」という「世界」の「与えられ方」に関する現象学的テーゼの具体的展開に、フィンクは最初期からきわめて自覚的に取り組んでいるのである[22]。それでは、この「地平形成的」な「脱現在化」は、具体的には、どのような現象として記述されるのであろうか。

フィンクは、「のめり込み（*Versunkenheit, versunken-in*）[23]」、「世界に入り込んで生きること（*In-die-Welt-hineinleben*）」といった表現を自覚的に用いて、地平形成的な脱現在化の遂行様態を記述している。というのも、フィンクが「世界」の現出は常にその当の世界の「住人」と相関的であるとしていることは既に示唆したが、その住人が、どのような程度・仕方（遂行様態）で、当該の世界に「のめり込み」、「入り込んで生きて」いるのかを記述することで、「世界」そのものの現れ方を規定し、その「地平形成」としての「脱現在化」を現象学的に分析することができるからである。「病的な妄想・幻覚」の例を引こう――「病的な妄想・幻覚」の現象的・記述的に獲得できるミニマルな本質は、「病的な妄想・幻覚にとらわれた当人（自我）」あるいは、その妄想・幻覚の「住人」は、当人が囚われている妄想・幻覚世界に固有の時間地平と、その人を含め、われわれが実際に住んでいるところの「現実世界」に固有の時間地平をほとんど区別できていないという点に求められる（『像』54-55）。この現象的・記述的所見をもとに、フィンクは次のように記している――「のめり込みの度合いが大きければ大きいほどに、現在性という見せかけもまたよりいっそう増すのである」（『像』55）。言い換えれば、われわれが住む現実というものをまさに現実として自覚し、間主観的かつ正当な仕方で認識するためには、妄想・幻覚の世界等の「非存在の世界」へのある種の「適度なのめり込み」、もしくは「素面《しらふ》ののめり込み」といった様態が必要なのである――われわれ自身が常に、そして、完全に「のめり込んでいる」世界のみが現実世界と呼ばれるのであるから、この「のめり込み方」は、右でいう「素面ののめり込み」とは記述的に区別されるのである。よって、（本章のこれまでの成果に基づくと）「のめり込み」あるいは「世界に入り込んで生きること」の「遂行様態」の一定以上の多様性がアクチュアルな遂行を通じて与えられていないのであれば（これと相関して、現実と空想の区別がなされ得ないのであれば）、いかなる言表も真であるのか偽であるのかを正当に確証しえないはずである。このように、フィンクは、「世界は事物の宇宙（総体）ではなく、時間地平である」という彼独自のテーゼの現象学的証示を通じて、「世界は真理の根源的担い手である」という存在論的テーゼを、それ自身、現象学的に正当化しているのである。

要約すると、フィンクは（フッサールにも認められる）「世界」の存在論的テーゼを独自に展開し、そのような「世界」は、超越論的主観性が「世界」に「のめり込む」という仕方で（その様態の一般的表題が「脱現在化」である）、「世界内存在」としての超越論的主観性に「与えられている」という現象学的テーゼを提出しているのである。ここでいう「のめり込み」、すなわち「世界に入り込んで生きること」とは、世界とその住人としての主観性の根源的かつ先行的相関性に他ならず、その「遂行様態」の多様性とは、普通にいえば、自覚の様態の多様性に他ならない。ここで自覚されるのは当人が住む「世界」なのであるから、これは、いわば「世界の自覚」の多様性であり、「世界への住まい方」、その「コミットの仕方」の多様性である。「超越論的主観性」が「世界内存在」とされる限りで、これをまさに「超越論的主観性」たらしめるものは、超越論的主観性とは、常に既に――よって、「アプリオリな完了形」という意味でアプリオリかつ（事実的）必然的に――「時間地平」としての「世界へと（*in die Welt*）入り込んで生きている（*hineinleben*）」という「のめり込み」、「世界の自覚」、つまり「世界が現実化されるという仕方で構成する主観性が自らを現実化すること」としての「世界化」の（原）事実なのである（この限りで、これこそが「自然的態度」の「根源」に他ならない（『像』11–12））。フッサールのいう「世界意識（目覚めた生）」は、フィンクにおいて、超越論的主観性の「世界化」として把握され、その「のめり込み」といった観点から現象学的に分析、解明されるのである。

このように、フィンクにおいては、（フッサールがそうしたように）「世界の存在」は「コモンセンス」とされるだけでも、そして、その「予め与えられていること」が真理という「コモンセンス」の根源的担い手とされることで承認されるだけでもない。真と偽、（また、以下で見るように「夢」と「目覚め」）の区別が、規範的な常識（コモンセンス）とされることによってではなく、その超越論的主観性への「与えられ方」（超越論的主観性の「時間地平」としての「世界」への「住まい方」）の現象学的な記述・構成分析を通じて、「世界の（事実的）必然性」は正当化されるのである。

既に見たように、「のめり込み」の構造は「志向的相関性のアプリオリ」の多様性に先行する。このテーゼを、フィンクは、フッサールとまったく異なる仕方で「深い眠り」という現象の記述を通じて——したがって、優れて現象学的な仕方で——正当化している。最後に、この点の確認を通じて、フィンクのテーゼが持つ射程と長所の一端を示すものとしたい。

フィンクは、「眠りについている人の無世界性」というものを、「極端なのめり込みという様態で遂行されている世界所持（Welthabe）」であると解釈し、「眠りとはオリジナルな私が現在的な世界を〔一時的に、つまり眠っているあいだ〕失っていること」に他ならないとしている（『像』64）。このことは、眠っている当人はアクチュアルな仕方で世界に志向的に関わっていないという事実を、（フッサールはそのように理解しているように見えるのであるが）単に、眠っている人は志向性を思いのままにする主体・エージェントではない、と解釈するのではなく（cf. Hua XLII, 8-9 etc.）、むしろ、眠っている人はある特殊な仕方で深く世界に入り込んでいるのだ、とフィンクが解釈していることを意味している。このようなフィンクの着想は以下の長所を持つ——フィンクの記述に基づくと、眠っている人もまた確かにこの世界、われわれ自身が住んでいるこの世界に、それと志向的な関わりを持つことなしに住んでいるという現象的事実を簡単に理解可能なものとしてくれる。これに対して、フッサールにおいて「深い眠り」といった現象は「限界問題」の一群をなしており、要するに彼の現象学にある種の根本的な困難を突き付けている（cf., 1-81）。どういうことか？　紙幅の関係上、詳論することはできないが、根本的にこの困難は、フッサールがそれ自身として非志向的な「眠り」の現象を、志向性のアクチュアルな遂行として理解された限りでの「目覚め」という、それ自身として志向的な現象を手引きとしつつ解明しようと試みていることに起因するといえる。つまり、フッサールは志向性を「覚醒させる」触発に固有の与えられ方を摘出しようとするのであるが、（特に夢のない）眠りにおいては受動的な仕方でさえ志向性のようなものはほとんど認められないわけであるから、そのような眠りを覚醒させるものとしては何か暗く、また衝動的な触発、つまりは非志向的な触発に訴える他に道がなく、これが困難の核である。というのは、このような着想は次のような難問に直面するからである――果たして、志向性の事実を、それ自身として非志向的な何らかの状態（触発）から正当な仕方で導出することなどできるものであろうか？　どのような議論が、そのような導出を正当化するというのであろうか？

このようにフィンクは、フッサールとは異なり、目覚めと眠りの現象を「世界に入り込んで生きること」としての「のめり込み」の記述可能な遂行様態の多様性に即して解明している。この記述の戦略は、ただ以下のことのみを前提とするだけである――われわれには常に、このような「のめり込み」の遂行様態そのものが繰り広げられる根源的次元が与えられている、そして、これこそが「世界」である。よって、もし、われわれが「目覚め」や「眠り」といった自覚を有し、有意味に語りえるのであれば、それが仮に誤ったものであったとしても、「世界」という次元そのものは必然的に与えられ、すなわち、「予め与えられて」いる。その「与えられ方」（「世界」への「住まい方」）こそが「のめり込み」、われわれの表現でいう「世界の自覚」である。この事実のおかげで、われわれは内世界的な対象をその様相という観点から有意味に語ることができる。フィンクに従えば、もし、われわれが世界への「のめり込み」(「コミット」)を持たず、つまり、世界に「住んで」いなかったのであれば、いかなる志向的作用も実際に遂行されることなどできない――というのも、そうでなければ、志向性の事実、まさにその名においてあらゆる対象がそれぞれの様相において正当化可能な仕方で現出するとされる志向性の事実さえ、個別の対象の様相に対して構成的なものとして自覚されることができないからである。「世界が現実化されるという仕方で構成する主観性が自らを現実化すること」としての「世界化」と呼ばれる特種な「脱現在化」の遂行様態とは、それを起点としてさまざまな諸世界が、まさにそのような世界として、その存在および時間様相において分節化されることができる「唯一の世界」、これへの「コミット」、「のめり込み」としての「世界化」のことなのであり、その「自覚」なのである。

また、ここで、われわれはフィンクと共に、フッサールにおいて不明瞭に留まった問題に回答することができる――脱現在化の多様な遂行様態の解明を通じて、われわれは「感覚与件」と「ファンタスマ」の差異そのものの根源を示すことができる。というのも、「感覚与件」とは、ただ、われわれ自身が唯一のものとしての現実世界に住んでいることを自覚できる場合にのみ、われわれに与えられるところの特種な感性的与件なのであり、これに対して、「ファンタスマ」とは、素面な者としてのわれわれが、例えば、小説や劇場にのめり込んでいるということを自覚する際に、その生き生きとした空想の世界の住人としてのわれわれに与えられる特種な感性的与件であるといえるからである。現象的事実に立ち返り、記述してみよう。子供やペット、恋人たちは、時に現実と空想の区別を忘れて遊びに熱中し、遊びの世界に「のめり込む」。このことは、彼らが「感覚与件」と「ファンタスマ」の区別についての認識を獲得していないことに直接起因するはずはなく、むしろ、彼らは特種な、時に危険なほどの様態で遊びに「のめり込み」、その自覚を失いかけているのである。

このように、「のめり込み」の多様性が夢と現実の区別の根源的現象である限りで、われわれはその現象学的分析を通じて、いわゆる夢論法が持つ威力を、コモンセンス論法やその発展形に訴えることなく、あくまで現象学的に正当な手順でもって適切に制御することができる。本章でのフィンクに関する研究成果に基づくと、先のフッサールのテーゼは以下のようにさらに展開、再定式化されることとなる。

（フィンクに基づき再定式化されたテーゼ）世界の現実存在が経験のアクチュアルな遂行において確証されるという事実を、夢論法に基づく懐疑論から現象学的に正当化するためには、その規範性、原事実的な拘束力を指摘するだけでは不十分であり、むしろ、超越論的主観性が「世界に入り込んで生きること」、「のめり込むこと」、その「コミット」の持つ遂行様態の現象学的解明を必要とする。というのは、これこそが、その多様な存在・時間様相という観点からした世界そのものの「与えられ方」であり、超越論的主観性の世界への「住まい方」に他ならないからである。この限りで、「世界の存在」の規範性とその「信憑」の原事実性というフッサールの着想は、フィンクのいう「世界化」、その「生成」という根源的次元に送り返されることによって、現象学的に正当化される。冒頭で記した「三つのテーゼ」の統一的観点は――「世界」の存在論的テーゼと相関して――「世界化」という特殊な脱現在化の遂行様態の解明を通じて、はじめて現象学的に正当な仕方で解明されることができるのである。

あらためて、本節の成果を要約したい。(1)『像』(一九三〇年)のフィンクは、世界の存在が個体的で内世界的な事物の存在を「超越する」というテーゼを、『危機』や一九三七年のフッサールと同様に――そして、彼に先立って――提出、規範的な拘束力を有する「世界の超越」、その「事実的必然性」というテーゼを擁護している。(2)その正当化は、「コモンセンス論法」に訴えるのではなく、世界の根源的な与えられ方である「世界が現実化されるという仕方で構成する主観性が自らを現実化すること」としての「世界化」、超越論的主観性の世界への「のめり込み」としての「脱現在化」、つまり「世界の自覚」の超越論的現象学的分析を通じてなされている。フッサールが名指すだけであった「世界意識(目覚めた生)」が持つ構造を、フィンクは、独自の着想のもと現象学的に解明しているのである。

おわりに

確かに、前期フィンク思想はこのテーゼをさまざまな観点から十全に鍛え上げたのだ、とまではいえないかもしれない。しかし、後のフィンクは、主に以下の二つの観点から、このテーゼのより体系的な深化・展開に従事しており、これこそが後期フィンク思想そのものの屋台骨である。つまり、一方でフィンクは、形而上学の歴史、とりわけカントの執拗なまでの検討と対決をライフワークとしているのであるが、その中心的問いとは、先にも触れたように、「世界」とその「様相問題」に他ならない。他方で、彼は生涯、フッサールの超越論的現象学への反省、批判的な展開という仕事に取り組んでいる。ここでは、あくまで、その数ある事例のひとつとして、フッサールの「世界」概念および「世界信憑（ないし一般定立）」という着想を批判的に検討する文脈での発言を引用することとしたい。「世界というものが単に内世界的な事情、状態からなる巨大な寄せ集めの組立物としてのみ理解されるべきであるのか、それとも、むしろ、そのただなかで主観と客観の関係そのものが出来する（*sich ereignen*）次元として理解されるべきであるのか、これは開かれた問いである」(24)。後期フィンク思想においてもまた、ここでいう世界の「出来（事）」は、「空間、時間、現出」(25)として、つまり、それらの現象学的に正当に分析され得る諸様態に従って解明されることとなる。このような現象学的構想は、本章が確認した「脱現在化」の現象学的分析の徹底化、つまり、前期フィンク思想における「世界化の現象学」の構想の内的な深化としてのみ理解可能なものなのである。すなわち、フィンクは、フッサールにおける「世界の必然性／偶然性」という世界の存在論的・様相的身分をめぐる問題を独自に引き継ぐことによって自らの思想を形成・展開しているのであり、その端緒にある根源的動機とは、フッサールにおいて不明瞭なものに留まった「超越論的主観性の世界への住まい方」を解明することで、冒頭で記した「三つのテーゼの統一性」(26)、つまり、「世界内存在」としての「超越論的主観性の存在」を明らかにすることに他ならないのである。

注

（1）このような論点を主題的に取り扱うものとしては、例えば、リリアン・アルワイス『フッサールとハイデガー——

世界を取り戻す闘い』工藤和男・中村拓也訳、晃洋書房、二〇一二年などを参照。

（2）ここでいう「絶対的」とされる意識、体験の現出の仕方のことを、われわれは、なにか特権的な心理状態や、それを保証する形而上学的実体に由来するものだと解釈する必要はない。というのは、フッサールに従うと、事物知覚において事物が現出（＝射影）するのであれば、（その事物そのものは非存在の可能性を含むが）必ず射影を可能なものとする「感覚内容」（Hua III/1, 93）が与えられており、この感覚内容が端的に与えられているという事実そのものを否定するよう動機づけるものは差し当たりわれわれの経験のなかに探り出すことが困難だからである（その根本的理由は、「事物知覚の体験に実的に属する、射影する感覚内容というものは、なにか他のものの射影として機能しているのであって、自らが射影しているわけではない」（ibid.）点に求められる）。この、それ自身は「射影しない感覚内容」ないし「体験」に固有な現出の仕方のことを、フッサールは「絶対的」と呼ぶのである。

（3）René Descartes, *Œuvres de Descartes VII, Meditationes de Prima Philosophia*, publiées par Charles Adam et Paul Tannery, Paris, 1904, 29. 以下、ATVII と略記。

（4）このような「世界無化」をめぐる議論については、以下の近年の研究を参照。佐藤駿『フッサールにおける超越論的現象学と世界経験の哲学――『論理学研究』から『イデーン』まで』東北大学出版会、二〇一五年、一七七―一八七頁。Michela Summa, *Spatio-Temporal Intertwining: Husserl's Transcendental Aesthetic*, Springer, 2014, 72–77.

（5）『イデーン』期の「無世界的」な着想から、後期に至る思想への内在的な転換に関しては、以下の研究を参照。Rudolf Bernet, *Conscience et Existence — Perspectives phénoménologiques*, Paris, puf. 2004, 143–168.

（6）R. Descartes, AT VII, 19–20.

（7）例えば、以下を参照。Hua XXIII, 73–74, 77–78, 265–275, 289–293 etc.

（8）Jaakko Hintikka, "Cogito ergo sum : Inference or Performance?" in: *The philosophical Review* 71 (1/1962), 3–32.

（9）晩年のフッサールは、「普遍的で徹底的なエポケー」の不可能性を説き（Hua VI, 184, Hua XXXIV, 293）、その原因を「コモンセンスの力」（Hua VI, 183）に求めているといえる。この点に関しては以下を参照。Yusuke Ikeda, Transzendentaler Schein und phänomenologische Ursprünglichkeit — Welterfahrung bei Husserl und Fink, in: *Horizon 3 (1)*, 2014, St. Petersburg, 74, Eugen Finks Kant-Interpretation, in: *Horizon 4 (2)*, 2015, St. Petersburg, 170–171.

(10) 例えば、『イデーンI』での世界の現象学的分析においてフッサールは、この「世界」と「事物」の存在論的差異を主題化しないまま操作しているといえる。Cf. Karl Schuhmann, *Die Fundamentalbetrachtung der Phänomenologie*, Martinus Nijhoff, Den Haag, 1971, 2.

(11) この点に関しては以下を参照。Hua VIII, 48, Yusuke Ikeda, *op. cit.*, 2014, 79.

(12) この点については以下を参照。Yusuke Ikeda, *op. cit.*, 2014, 64–98.

(13) ハイデガーとフィンクの根本的差異は、彼らの真理論を対比させると明瞭となる。この点については以下を参照。Yusuke Ikeda, *op. cit.*, 2015, 175–180.

(14) このことを発展史的かつ体系的に示した優れた研究としては以下を参照。武内大『現象学と形而上学——フッサール・フィンク・ハイデガー』知泉書館、二〇一〇年。

(15) Eugen Fink, Vergegenwärtigung und Bild. Beiträge zur Phänomenologie der Unwirklichkeit, in: *Studien zur Phänomenologie 1930–1939*, Den Haag, Martinus Nijhof, 1966, 1–78. 以下、『像』と略す。

(16) この「時間地平」という着想は、ハイデガーの「根源的時間性」やその「図式」としての「地平」と混同されてはならない。その根本的理由は、本文で見るように、フィンクのいう「時間地平」が時間的な観点から見た「世界」（類比的には、ハイデガーのいう「世界時間」）そのものであるのに対して、ハイデガーの「根源的時間性」の「地平」は、「世界（時間）」とは区別され、これを可能化する審級とされるからである（cf. GA, Bd. 2, 555–564）。

(17) E. Fink, *Phänomenologische Werkstatt Bd.2. Die Bernauer Manuskripte, Cartesianische Meditationen, System der phänomenologischen Philosophie* (*Gesamtausgabe, Bd. 3, Teilbd. 2*). Freiburg/München, Karl Alber, 2008. 以下、フィンク全集からの引用は、EFGA という略号を用い、巻数、ページ数をアラビア数字で表記、草稿番号を明記したうえで、書誌情報は省略する。

(18) E. Fink, *Alles und Nichts*. Den Haag, Martinus Nijhoff, 1959, 172–249, ders: *Einleitung in die Philosophie*, hrsg. von Franz-Anton Schwarz, Würzburg, 1985, 97–143.

(19) 「根源」の定義については以下を参照。Walter Benjamin, *Ursprung des deutschen Trauerspiels*, in: *Walter Benjamin Gesammelte Schriften I–I*, hrsg. v. Rolf Tiedemann und Hermann Schweppenhäuser, Suhrkamp, 1991, 226. また、以

下をも参照。EFGA3/1, 259, Z-IV 94a.

（20）「時間構成とは地平構成であって、対象構成ではない」。EFGA3/2, 96, Z-IX, 16a.

（21）そして、フィンクにおけるこのような「特異な志向性」は、フッサールのいう「二重の志向性」（Hua X, 80-83 usf.）と混同されてもならない。というのも、「脱現在化」において「把持」される——フィンクは「開け広げられ・保持される（*ausgehalten*）」というのだが（『像』21-22, 24, 37-38）——のは、「体験」ではなく、まさに「時間地平」、時間・存在様相という観点からした「世界」だからである。なお、この点を、筆者は、ディディエ・フランク氏の質問を通じて、明確に自覚できた。あらためて、ここに感謝の意を表したい。

（22）この点については、フィンクとフッサールとの議論（一九二七年十二月一日）をも参照。EFGA 3/1, 22-23, Z-I, 23a-24b.

（23）この「のめり込み」というフィンクの着想は、フッサールにも影響を与えたものであるように見える。フッサールは晩年の草稿のなかで、（あくまで、フィンクとは異なる、本節の最後で確認する彼自身の立場ではあるが）、この「のめり込み」という表現を積極的に用いて、とりわけ「眠り」の現象の解明を試みている。Hua XLII, 9, 12, 15, 51-53, 57-58, 499.

（24）E. Fink, *Nähe und Distanz*, hrsg. von Franz-Anton Schwarz, Freiburg/München, 1976, 312.

（25）E. Fink, *Welt und Endlichkeit*, hrsg. von Franz-Anton Schwarz, Würzburg, 1990, 205.

（26）本章は、科学研究費助成事業（学術研究助成基金助成金）若手研究B（課題番号15K16615）の支援を受けてなされた研究、その成果の一部である。

第三章　数学の現象学

理念性と歴史性

ドミニク・プラデル

そもそも、フッサールの超越論的現象学は、純粋数学の対象が持つ存在様態を解明することができるのであろうか。本章は、この問いを展開するものである。

ところで、フッサールによる数学的対象および数学理論の分析は、以下の三つの本質的なテーゼを含んでいる。

第一のテーゼ——これは存在論的なテーゼである——は、これら〔数学的な〕諸対象性に特有な存在様態に関するものである。数学的な対象性とは、理念的〔イデア的、イデアールな〕対象性（*objectité idéale*）、あるいは単純にいえば、理念性〔イデア性〕（*idéalité*）であり、要するに、あらゆる対象がそうであるように、意識に対して常に同一的であることができるだけでなく、さらには、時間の中で絶対的な同一性を有することができる、意識にとっての対象である。すなわち、このような〔理念的な数学的〕対象は、常に、新たに、いかなる時間においても、いかなる主観にとっても、同一のものとして示されるのであり、遍時間的〔全時間的〕、間主観的、さらには遍主観的〔全主観的〕な同一性さえも有しているのである。

第二のテーゼ――これは現象学的なものである――は、このような対象が持つ存在論的身分およびその構成の様態に関わるものである。いかなるタイプの存在者であってもそうであるように、数学的理念性もまた、純粋意識のノエシス的諸作用によって構成されるものである。また、対象のあらゆる領域は、意識が持つ、それぞれのタイプの対象を全き仕方で現前させる特定の〔意識〕作用の流れの様式、これを規定するものなのである。このような次第で、どのような類に属する作用によって理念性は構成されるものであるのか、そして、数学的対象についての意識は、他のタイプに分類されるような対象についての意識と比べて、どのような構造を有するものであるのか、このようなことが問われることとなる。〈対象を構成すること〉、これが、既に与えられた与件に依拠して、その〔対象の〕意味を〈志向する〉と同時に、その意味そのものを〈創設する〉ことであり、また、この〔志向され、創設された〕意味を、真の存在として確証する能与的明証へともたらすこと〔ある意味志向を、空虚な志向ではなく、まさに存在するものについての意味志向として「充実する（erfüllen, remplir）」こと〕を意味するのであれば、いったい、数学的意味を創設する作用というものはどのようなものであり、また、数学的対象の存在と全き現前はどのような明証性の様態によって確証されるのであろうか。〔すなわち〕一方では、「本当に数学的意味は意識の自発的な作用によって産出されるのか」、という問いが浮上する。他方では、「物質的な諸対象を有体的な仕方で与える知覚的明証とアナロジカルな仕方で、数学的諸対象を全き直観という仕方で真に与える明証の諸様態などというものは、そもそも存在するのであろうか」、このような問いが立てられることとなる。

第三のテーゼ――これもまた現象学的なものであり、第二のテーゼと無関係なものではないのだが――は、数学的対象に固有な歴史性の様式に関わるものである。一方で肝要な点は、あらゆる知性的対象がそうであるように、数学的理念性は、なにか錨も下ろさずに宙を漂うようなものではまったくなく、むしろ、知覚的対象が属する次元に、そして実践的で技術的な諸手続きの次元に基づけられている（*fundiert*）ということである。すなわち、歴史の周縁といったもの〔数学における歴史から切り離された次元というもの〕が存在するとされ、このような次元において、〔それ自身としては、歴史的な営為でもある〕数学を営むテオリア〔理論、観照〕という局面は、（形態論的）知覚的理念性や技術的産出に関わるプラクシス〔実践〕という名の波から――理念化のプロセスを通じて――解放されてきた。これに加えて、数学史は、認識論的切断（coupure épistémologique）、すなわち、数学的合理性の様式そのものに影響する断絶（rupture）によって筋目が刻まれたものなのである。〔よって、ここでの問いは以下のものである。〕もし、純粋意識があらゆる存在者の存在の意味を産出するというのであれば、このような認識論的切断もまた、純粋意識という審級によって創設されたものなのであろうか。端的にいうならば、以下のように問うことができよう。仮に、数学的諸対象性が持つ意味が創設される様態、そして、数学的諸対象性に固有な明証への送り返しが持つ構造的様式のことを理性と呼ぶのであれば、このような理性こそが、合理性そのものの意味に影響し、規定する〔認識論的切断のような〕亀裂（fracture）をも常に創設するのであろうか。あるいは意識や理性よりも、より古く、より深い別の審級や次元といったものが存在するのであろうか。また、理念的対象の必然的な生成を説明するような、理念的対象の領野に内在的な論理というものは存在するのであろうか。

われわれは、本章において、J－T・ドゥサンティ〔Jean-Toussaint Desanti, 1914-2002. フランスの数理哲学者〕

がおこなった反省を〔フッサール現象学に対置する形で〕提示するものとする。ドゥサンティの反省は、現象学の概念性を受け継いでいる一方で、その本質的な哲学的諸テーゼの転覆を図ったものである。その〔ドゥサンティの見解が検討される〕理由とは、どういう点で、そして、そもそもなぜ、これら〔現象学の〕諸テーゼに変更が加えられなければならないのか、さらには放棄されなければならないのか、このことを確認するためである。

ドゥサンティの根本問題は、領域的存在論に関わる問いとして表明される。すなわち、数学理論に特有な存在様態への問い、そして、それらの主題となる諸対象が持つ対象性の身分への問いである。「この仕事〔ドゥサンティの一九六八年の著作『数学的理念性』〕の目的は、数学的対象の身分がいかなるものであり、その理論が持つ現実存在の様態はいかなるものであるのか、このことを理解できるようにすることである」(1)。また「『数学的理念性』の対象とは、「定理」と「理論」の「共-現前（co-présence）」の諸様相を示し、展開することである」(2)。よって、問題とされるのは、数学諸理論の現前（*présence*）の様態なのであり、これは、三つの異なる問題を含むものである。

一方で、〔数学的な〕さまざまな理論の現出様態が問題とされる。数学者の主観への現出の「いかに」という点から捉えるなら、〔この数学的諸〕理論は、いかなる存在論的身分を持つのであろうか。〔数学的諸〕理論は、物質的事物の存在様態——意識を前にしての同一性および持続的存立という様態——とアナロジカルな存在様態を持つのであろうか。その主観的な現出様態、つまり、主観の持つ諸作用と、諸理論が妥当するものとして証示される明証の諸様態の間の分節区分はどのように特徴づけられるのであろうか。

他方では、世界の中に存在する客観の他の領域との分節区分の様態が問題となる。〔数学的諸〕理論は、物質的事物や文化的諸対象との特有の連関のうちに存在するのであろうか。その特有の構造は、知覚的事物が持つ連関の構造のうちに垣間見ることができるようなものなのであろうか。それらについての認識は、文化的諸活動に条件づけられ、また、文化的諸活動によって先取り的に描き出されているものなのであろうか。

最後に問題となるのは――〔数学的諸〕理論が現出することとの手前で――さまざまな理論そのものが、歴史の中で産出される様態、これである。〔数学諸理論の〕歴史における産出は、絶対的意識の産出的作用を準拠先として指し示しているというのであろうか。あらゆる対象を、純粋意識の諸作用によるその志向および証示の諸様態へと送り返して解明することを旨とするフッサールの立場は、数学的対象性の産出の様態を解明することができるのであろうか。カヴァイエス〔Jean Cavaillès, 1903–1944, ドゥサンティの師の一人であるフランスの数理哲学者〕は、自身のフッサール現象学批判において、理念的対象を純粋意識による産出的諸作用に送り返す可能性を疑いに付し、非主観的な仕方で、すなわち、理念性の領野の構造を起点として、この可能性を考え直すよう訴えかけている。そうであるなら、数学的なものそれ自身に固有な存在様態、そしてその固有の歴史性というものは、構成的意識の優位の放棄を強いることとなるのであろうか。

問いに付される自体存在と理念性

現出の様態という観点からした、数学的対象の理論と領野が持つ現象学的身分とはいかなるものであろうか。外的世界に属する事物がそうであるような、諸「対-象（*Gegen-stände*）」という身分、すなわち、広がりを持って前に横たわり（-jectum〔という特徴〕）、意識に対して（gegen-）固有の一貫した持続性と、その〔意識の〕諸作用からは独立した持続的存立の同一性（Stand, stans）を持つ何らかのものという身分を、数学的諸対象は有しているのであろうか。〔ドゥサンティがいうように〕こうした〔外的世界に属する対象が持つような〕身分〔を数学的対象は持たないということ〕を、フッサールの理念性あるいは理念的対象という概念は示している。

数学的対象は事物ではない。机でもなければ、小石でもなく、まさに理念的対象なのである。このことは、このような対象を現実存在するものとして措定し、現実存在するものとして保持することができるためには、数学的対象を特徴づける諸特性の体系を実現すること（effectuer）、少なくともこのような実現（effectuation）を可能とする法則を自由にできること、これが肝要である、ということを意味する。(3)

それでは、フッサールのいう理念的対象という概念は、そもそも何を意味するのであろうか。理念的対象〔イデア的、イデアールな対象〕は、自然という時間・空間的実在性に属するレアールな対象に対置されている。このレアールな対象〔自然的対象がそうであるように、時間・空間的、また因果的に規定可能な個体的対象〕とは、内世界的な時間に浮かび上がる具体的な持続によって、そして内世界的な空間性に浮かび上がる具体的な延長によって個体化されているもののことである。レアールな対象は、感性的知覚という仕方で、そして、受動的かつ継続する綜合という仕方で与えられる。要するに、レアールな対象は、予め与えられた対象〔の層〕を前提とせず、それ自身は対象として与えられることのない感性的触発に基づく唯一の層でなされる統覚を通じて与えられるのである。[4] これと対照的に、理念的諸対象〔イデア的、イデアールな諸対象〕は、内世界的な持続と延長の中での時間的位置によって個体化されてはおらず、むしろ、いわば、どこにでもあればどこにもない。それは、いかなるときも同一的なものとして反復され与えられることができるのであり、よって、遍時間的〔全時間的〕な同一性をその特徴とする。[5] 理念的諸対象は、多光線的（viel-strahlig）な同一化綜合――それは同時に、より〔構成の〕下位の層に属する予め与えられた諸対象の所与性とは区別されるものであり、〔むしろ〕この所与性に基づけられており、関係づけ作用によって新しい対象性を産出する――によって産出（erzeugt）されることで与えられる。一度産出されたのであれば、理念的諸対象は、誰にとっても――必要とされる操作を実行する（effectuer）者であれば誰にとっても――同一のものとして新たに把握されることができる。つまるところ、理念性は、レアールな対象と同じ資格〔位階〕を持った意味（対象的意味 gegenständlicher Sinn）を持たず、むしろ、第二段階の意味（*Sinn zweiter Stufe*）あるいは意味の意味（*Sinnes-Sinn*）を持つものである。このことは、本質的に理念性には、「…の意味」、「…の意義」であるという特性が属し、よって、理念性には、レアールな対象――理念性がその意味であるところの物体的でレアールな対象――による媒介を通じてこそ志向されるという特性が属す、という限りでそうなのである。[6]

このような〔フッサールにおける〕理念性という概念は、数学理論の存在様態をうまく言い表しているのであろうか。〔どのような哲学的問題であれ、常に〕ドゥサンティは、予め構成された〔出来合いの〕概念のエポケーを強く要求している。そのように彼が主張する動機とは、そういった予め構成された〔出来合いの〕概念は、問題とされている当該の対象とその現出の領域とは別の領域で造り上げられたものだ、という点にある。ところで、これはまさに〔フッサールが理解するような〕理念的対象にちょうど当てはまることなのである。数学理論とそれに相関する形式的な「諸対象」に限らず、このような〔フッサールにおける理念的対象という〕概念は、レアールな下支えのおかげで、間主観的かつ遍時間的な同一性を有するものとして現前するあらゆる文化的対象一般を指示している。したがって、このような概念は、数学に特有の性質を言い当てるにはあまりに広すぎるものなのではないであろうか。

数学理論に固有な理念性の性格とは、次のものである。仮になんらかの数学的諸対象が現実存在しているのであれば、それらは〔数学の〕操作的手順（当該領域で可能な操作や計算に定義を下すこと）、そして証明的手順（これこそが、数学的対象の固有性を可能とする）の集合と厳格に相関的である。例えば、数1という対象は、数えるという操作の原初的な要素として、次に、掛け算にとっての中立的要素として、また、整数を再帰的に定義することを可能とする基礎的単位として、また、あらゆる単集合の同値類等としてのみ、まさに数1という対象が持つ一貫した内実を有するのである。一方で、このような諸対象は、まさに対‐象（*ob-jet*）、要するに前に立つもの（*obstant*）〔障害、対立、抵抗のように前に立つことを意味するラテン語 obstantia に由来する〕という身分を有するものである。つまり、志向的な極という身分を有するものであり、このような極は、その意味を保持するのに必要な〔証明などの〕操作をなす数学者の意識にとってのみ与えられる。他方で、このような諸対象は、感性的な記号に基づいてなされる理論上のある種のプラクシスを暗に含むものである。すなわち、数学的諸対象は、図示的でありながらも、理念的には不変でありえるような形態論的理念性という仕方で受肉〔具体化〕しているのであり、数学をする者は、このような形態論的理念性に基づいて、規則にかなう一貫した筋道を形成しながら操作をおこなわなければならない。要するに、孤立した、あるいは自律的な現実存在という形式〔自体存在〕を有するどころか、数学的諸対象は、理論内的、あるいは全体論的な身分を有するのであり、いってしまえば、そこで自身の固有性が明示化され、証明される理論すなわち諸記号の規則づけられた体系に対して内在的な身分を有するのである。

これらのことはすべて、このような対象の存在論的身分を〔以下のドゥサンティの引用が示すように〕考え直すことを可能にする。

> こういった種類の対象は関係的な（relationnel）身分のみを有するのであり、それらの対象を定義する関係（relation）によって開かれ規則づけられた可能性の体系においてしかアクセスできない。[…]数学的な「理念性」とは、操作的あるいは証明的な手順を表示するもの（indication）に他ならない。ただ、〔数学上の〕表記の実際の手順のみがこのような対象を「対象」として固定するのである。(7)
>
> 数学の領野では、「「a」と示される「対象」が存在する」という表現は、「「a」とは、操作可能なものを示す項である」、ということを意味する。このことは、よく定義され安定化された理論内的（言説内的）な領域においてのみ、数学的対象の「現実存在」を語ることができるということを意味している。(8)

理念性が持つ、このような理論内的な身分は、徹底的に反デカルト的な意味を持っている。つまり、共に存在する対象、諸々の操作、証明的な手順の領野を包含するどんな理論的文脈もなしに、孤立した仕方で直観可能な単純な本質というものなど存在しないのである。円や三角形の本質は、平面図形の領域と不可分であり、それらが持つ、直線、角度、線分あるいは距離などの本質との関係とも、直線間の非平行関係とも不可分である。このような〔数学的対象が有する〕全体論的あるいは理論内的な身分は、ある単純な必然性によって示される。つまり、ある〔数学的〕対象の同一性は、意識の外の、そして、意識の諸作用から独立に存在する理念的基体の自己存立と同一視することによって有意味なものとなるのではない。むしろ、まったく逆で、同値関係（反射的、対称的、推移的関係）としての相等関係を自由にできる場合にのみ、要するに、理論内的な関係的対象としての相等関係を自由にできる場合にのみ、われわれは〔数学的対象の〕同一性というものを語ることができるのである。こうして同一性は、理念的基体の、理論外的で自体存在的な同一性というものを意味することをやめ、理論内的な関係としての相等性に準拠するようになる(9)。よって、理念性の身分は、原理的にあらゆる数学的実在論や数学的プラトン主義を排除するものなのである――このことが、「数学は〈天空〉に属するものではない」、という〔ドゥサンティの〕テーゼが意味するところである。

数学的存在の宇宙などどこにも存在しないし、数学的なものそれ自体、人間によっておこなわれる数学のおかげで初めてそれへのアクセスがもたらされる数学的なものそれ自体などどこにも存在しないのである。構造の実在論などというものは、私には馬鹿げたものに思われる。そんなものは、最終的

にはある種の神学によってしか保持され得ないであろうと私には思われるのである。(10)

「構造の実在論」とは、純粋に形式的な数学的諸構造（群、環、体、イデアル、同値関係、順序関係等）が現実存在し、数学諸理論――これらは、単に諸構造を受肉させ、接近させるに過ぎないとされる――の実行された歴史的産出に先立って実在しているのだ、というA・ロトマン〔Albert Lautman, 1908–1944. カヴァイエスの友人でもあるフランスの数理哲学者〕のテーゼ(11)を標的とした表題である。このような構造の自体存在を認めることは、規則づけられたあらゆる論証可能性と実行された理論上のあらゆるプラクシスの彼岸に数学的存在者を措定することである。ところで、このような諸構造は、論証の連鎖による媒介によってのみ、また規則の集合によって規範づけられたプラクシスのおかげでのみ、志向され、主題化され、そして定義されることができる。これらの構造へのアクセス可能性を保証するあらゆるこうした手順から独立して考えられるような構造の存立を措定するのはまったくもって馬鹿げたことである。

とはいえ、理念性という考えが、数学的自体存在という概念的人工構築物を一掃することを可能とするというのであれば、理念的対象を定義する（遍時間性、間主観性といった）固有性というもの〔を想定すること〕は、数学的対象性にとっては、あまりに強すぎる考え方なのではないであろうか。数学的対象および数学理論は、遍時間的な同一性と妥当性、つまり、過去および未来にわたる同一性と妥当性というものをそもそも有しているのであろうか。

第一に指摘されなければならないのは以下のことである。もし、対象という概念が、同値関係の規則づけられた使用と厳格な意味で相関的であるならば、対象の領域は、決して一回限りで最終的に境界づけられるわけではなく、操作的手順や、対象および対象の領野の固有性に応じて豊かにされることができる。(12) 理念性の歴史性とは、単に、理念性についての主観的知識を学者の各世代という時間〔時代〕の中に〔それぞれの知的財産として〕登録することを意味するのではなく、むしろ、理念性の歴史内的な現実存在の様態のことを意味している。つまり理念性は、歴史的産出活動（productivité historique）の持つ時間、これの中で現出するのである。カヴァイエスの分析は理念性の領域のこうした豊饒化が持つさまざまな様相を描き出している。〔以下、彼が挙げる例を見てみよう。〕イデアルの付加は、ある初期集合の内部でなされる、必ずしも常に実行可能でない操作を、内部算法へと変換することを可能とする（N集合における減法）。ある初期領域に内属的な当初の構造がそれ自身に対して主題化される——こうした構造が今度は、このような自然に与えられたものの外部でおこなわれる探求の対象だとみなされる（群一般が持つ構造）。最後に、演算子のそれ自身への反射（トポロジー変換のトポロジー）。対象の領域は永遠の相のもとに固定されているわけではなく、理念に関わる産出活動（productivité idéale）の持つ時間のうちで発生する。対象の領域はこのような発生（émergence）様態を持つものである。つまり、過去に遡って、〔理念的〕対象の遍時間性を措定するということは、それへのアクセス可能性の条件を理想化したり、アクセス可能性を、〔証明といった理論内的な操作の〕あらゆる実行可能性（effectivité）から分離したりするのでもない限りできもしないことである。よって、数0や負の数は、古代ギリシア人にとっては、原理的にアクセス不可能なものだったのである。

第二に問題となるのは次のことである。未来に延び広がる遍時間性と間主観性という〔理念的対象に特有とされる〕相関的固有性に関してはどうなるのだろうか。一度構成されたのであれば、理念性とは、無際限に広がり得る間主観的な共同体にとっての恒久的な獲得物としてアクセス可能なものであり続けるのではないだろうか。よって、理念性は持続的存立と無際限な間主観性を持つのではなかろうか。もちろんそうである。既に構成された諸理論と理論内的な対象はある種の安定性を持ち合わせる。つまりその操作的・証明的手順を再度実行〔再活性化〕することで、誰でも理念性に再び立ち戻り、理解することができる。とはいえ、この安定性は、それ自身として、自らの相対性と本質的な脆さのしるしをとどめている。つまり、古い理論というものは常に作り直されるべきものであり、数学論文は単なるドキュメント、要するに、操作的手順を再度実行するための単なる手引き（indicateur）〔操作的手順を表示・指示するもの〕に過ぎないのである。理論の存立は、このような再度実行〔再活性化〕（réeffectuation）の可能性以外にはいかなる意味も持たない[13]。別様にいえば、領域や理論といった対象の統一性を保持するということは、意味の再活性化〔再度実行〕の地平と相関的なのであり、この再活性化の地平は、自身を論証的手順の実行〔活性化〕の地平へと送り返すこととなる[14]。

数学理論は、一回限りで最終的に与えられるわけでは決してない。当然ながら、数学理論はある種の安定性を備えるが、同時に、本質的な流動性を示してもいる[15]。

ところで、意味の再活性化可能性、つまり、操作の再度実行可能性の限界というものは存在するのであろうか。まさにそれが再活性化〔再度実行〕不可能であることが判明したという事実から、ドキュメントの集成に記載されたものとしてのある任意の理論が消滅することなど可能なのであろうか。権利上は、再活性化の制限枠は存在しない。しかし実際問題としては、ある種の理論はわれわれにとって疎遠なものとなることがある。ドゥサンティは、バビロン数学を例に挙げている。それは、古代の石版に記されており、必ずしも、あらゆる再活性化の努力を徹底的に拒絶するような類のものではない。というのは、われわれはその石板に書かれたもののうちに、記数法、数の体系、計算の手順やアルゴリズム、問題の類型などを読み取ることができるからである。しかし、石板から読み取ることのできる理念性の諸領野は、われわれがそこに身を置いて何か新しい定理を作り上げることができる類のものでないという意味で、生気を欠いたものである。それらは遺物という地位を持つのであり、数学的な背後世界〔昔の数学〕という地位を持つのだが、これらを〔現代における〕理論化の作業現場としてもちだすことは、もはや可能ではないのである[16]。端的にいうと、このような数学は、再活性化〔再度実行〕可能であるが、再顕在化可能（*réactualisable*）ではない〔再びそのアクチュアリティを獲得することはない〕。それらが持つ意味は、現前化可能（*présentifiable*）なものであり、明証の対象であり得るものの、〔現代における新たな理論生産の地盤となり得ない限りで〕顕在的〔アクチュアルな〕ものにはされ得ない。要するに、バビロン数学は、再活性化の地平としては自由にできるものなのだが、〔その中で、新たな数学的理論が展開されるアクチュアルな〕実行の地平としては消滅したものなのである。このことは、過去に遡及して適用される遍時間性とは脆いもののままだということを示している。というのも、それは、理論的領域の再主題化と、理論的領域を作業現場に再登場させることの可能性が中断されているからである。

もちろん、以下のように反論すること——まさにフッサールがそうしているのであるが[17]——ができるであろう。ここでは、遍時間的な同一性と妥当性（*Geltung*）が区別されるべきである。いわく、われわれにとってバビロン数学が死に絶えたものであるということは、それが、われわれにとって新しい〔理論的〕産出活動の地盤を提供することのできる理論的妥当性をもはや持たないということを意味する。これに対して、それが持つ意味の理念的同一性、常に新たに現実化され得るような意味の理念的同一性という点では、バビロン数学もまたアクセス可能なままである。よって、妥当性の遍時間性は脆く、消え去ることもあり得るものであるが、これに対して、同一性が持つ遍時間性は変更不可能なものであり、対象の永続性を保証するものであり続ける、と。

しかしながら、意味が持つこのような遍時間的な不変化性は、それ自身、解釈の本質、つまり、顕在的〔アクチュアルな〕意味の地平の関数にとどまる、過去へと遡及して適用される認識論的な作用としての解釈の本質そのものによって脆いものとされている。なるほど、ユークリッドの読者は、その再活性化をおこなう際に、ユークリッド式に〔証明等の〕手順を追遂行し、そのコンテクストを再動員しようとすることによって、まさにユークリッドの流儀に則った数学者と再びなることを目指すのだが、〔このような再度実行・再活性化に際して〕彼らが所有する現代の〔数学的な活性化の〕地平は中立化されているものとみなされるであろう。しかしながら、ユークリッドを読むという営み自身は、常に、理論化の現代的パースペクティブから実行されている。このようにユークリッドの読解が現代の数学理論による媒介を通じてなされるということは、古代の理論的構築物を再活性化するのは、まさに、現在のアクチュアルな概念性の手助けを通じてである限りでのことである。よって、「〔微積分発見の〕後でわれわれがアルキメデスを読むようになったような仕方では、微積分の発見以前にアルキメデスを読むことはできなかった」(18)。同様に、実数の体についてのデデキントによる解析の算術化と主題化以降、ユークリッドの比例理論を〔デデキント以前の人々がそうしたのと〕同じ仕方では誰一人としてもはや読んでいないのである。そして、ディリクレとガウスは、リーマンに由来するパースペクティブと彼がなした変化曲率を持つn次元空間の理論化のうちで〔理解されるものとして〕現れるのである〔からして、リーマンなしに、ディリクレやガウスを読むことなどできない〕[19]。

これらのことは、理念的意味の同一性は、物質的事物の実体的同一性というパラダイムから解放されなければならない、ということを意味している。概念や理論というものは、理論上の企投に相関的である。よって、かつての発生的過程〔という理論上の企投〕の諸契機へと還元することができる。しかし、「企投とは、その現在性という点で、その企投自身がかつては支配しきれていなかった領野の中で実現されねばならなかった」[20]。つまり、その意味が、当時の主題化の可能性をはみ出していて、それ自身のうちに、その未完性さと意味の過剰のしるしをとどめている領野の中で企投は実現されねばならなかったのである。その意味が未完成であったということ――ちょうど、来るべきノエシス的潜在性を保持する地平がそうであるように――が過去に遡及して明らかとなるのは、まさに現在の主題化によってである。したがって、数学的意味は、変化することなく、どんなノエシス的実現からも独立している核のように、自身のうちに閉じ込められているわけではない。実際のところは、まったくその正反対で、数学的意味は歴史性（*Geschichtlichkeit*）という存在様態を持つ。要するに、数学的意味は、自身の自己性を、生成する理論化の地平という形で展開しているのである。したがって、数学的対象は、自身の発生と主題化の主観的条件を内在的に指し示していると思われる。

問いに付される構成的意識

それでは今度は、構成的審級としての主観、つまり、対象に関わる意味を産出し、対象が与えられる明証を司る審級としての主観に関してはどうなるのであろうか。そのような主観とは、理念性の意味の根源であり、そして理念性の妥当性を保証するような源泉領域であるのだろうか。

理念性というものが、厳密には存立する対象ではなく、むしろ、ここで問題となっているような論証に関する〔意識〕作用の主題であるとしても、また、数学的意味の予期というものは、実際に記された記号に依拠して規範づけられた〔証明〕手順によってのみ保持されるとしても、数学者の主観とは、独自の歴史性のただ中にあって、新たなカテゴリー的存在者の世界を豊かにする客観性の創造者なのではないだろうか。仮に、「〈数学〉は産出された（la Mathématique s'est produite）」というのであれば、そして、決して永遠の相のもとで一挙に与えられることはなく、むしろ、ある種の漸進性（progressivité）――その連鎖は必ずしも初めから明証的ではないのだが(21)――という仕方でしか与えられない特有の対象の領野を〈数学〉は提供する、というのであれば、ここで用いられている「産出される＝自らを産出する（*se produire*）」という再帰動詞の用法は、産出する（*produire*）というものが有するノエシス的統一性、要するに、自らの対象と理論の領域を不断に生み出す数学者の活動のノエシス的統一性を準拠先として指し示しているのではないだろうか。

このような問いに対するドゥサンティの答えは〔次のように〕一貫して変わらない。

「〝自我〟は数学的身分を持つものを決して構成することはない[22]」。

「意識は何もしない。意識はただ、対象の領野に投下〔備給 investir〕されるだけである[23]」。

「ある登場人物は消え去った。消え去ったのは構成する主観である。〔この構成する主観というのは〕匿名的な観察者という身分に還元されたものであり、この主観は、自らの対象そのものが持つ、そのつど特有な現出様態そのものに他ならなかったのであるが〔このような主観が消え去ったのである[24]〕」。

それでは、そもそもなぜ、このような〔数学的対象の〕分析において、純粋な自我こそが数学的対象の意味と妥当性の存在論的根源であるとする「現象学的観点」の「破壊[25]」に立ち会うことになるのであろうか。このことは、「マテーシス概念についての反省」〔『黙せる哲学（*La philosophie silencieuse*）』に収録されているドゥサンティの講演〕を参照することで理解されるであろう。『デカルト的省察』第四十一節で、フッサールは次のような構成的観念論の存在論的テーゼを提出している。「意識にとって存在するあらゆるものは、意識自身において構成される」、「あらゆる存在者の種は、それが具体的な存在者であろうが理念的な存在者であろうが、超越論的主観性による構成体として理解可能となる[26]」。別様にいえば、あらゆる対象は、意識のノエシスの働きによって志向されたいくらかの志向的意味へと還元され、あらゆる理念性の内実は、原創設（*Urstiftung*）の諸作用のおかげで成立しているのであり、その妥当性は、これを明証の様態へと送り返す妥当作用のおかげで成り立っているのである。

ところで、このことは二つの本質的な事柄を前提としている。一方で、あらゆる存在者が、原理的には、顕在化可能な明証という様態でアクセス可能となるところの、「巡回し、基礎づけ、あらゆるものを隈なく眺め、遍在し、あらゆることを語りつくし、要するにあらゆることを消化するエゴ」[27]、このようなエゴの措定というものが前提とされている。他方で、エゴ——そのノエシスの本質構造そのものは決して変化することがない——の産出的自発性によって理念性（数学理論、および関連する対象の領野）は産み出されるのであるという考え、これが前提とされている。したがって、ここで問題とされている二重の前提というものは以下のように定式化することができるであろう。理念性の領野はあらゆる点で、いくらかの意味に還元され、明証という仕方で与えられるという現象学的閉域の原理という前提、および、理念性の領野は意識の諸作用によって産出されるのだという構成的閉域の原理という前提、この二つの前提である。このことは、潜在的明証へと解消されることのできる意味の領域としての理念性のノエマ的領野が持つ統一性格、同様に、唯一の構成的働き——これはさまざまな形式に従って変化するものであるが、決して自身の統一性を失うことはない——がさまざまに展開される場としての意味の原創設の自発性の領野、これが持つ統一性格、この二つをうちに含むものである。

　ところで、これこそまさにドゥサンティが脱構築する二重の統一性に他ならないのである。

　要するに、ドゥサンティは当該のテクスト〔「マテーシス概念についての反省」〕において、フッサールのいう相関性のアプリオリを出発点とし、そしてギリシア語——ギリシア語で〔mathema や mathesis のような〕-ma および -sis という接尾語はともにある種の活動の結果としての生産物、そしてその活動そのものを示している——を導きの糸とすることで自身の反省を遂行しているのであるが、これは、まさに、以下のようにギリシア語の表現を数学に適用するためである。マテマータ（*mathemata*）——この語は、数学に関するテクストの集成、そして関連する理念性の諸領野を示している――とマテーシス（*mathesis*）――この語は、数学者の意識活動の諸形式の集合を意味するのだが、ここでいう意識活動の諸形式とは、言表の形成と再生産が持つ形態論的諸規則および証明を統括する演繹的諸規則の集合によって規範づけられている限りでの意識活動の諸形式のことである――、ギリシア語ではこの両者のあいだに相関性を認めることができる。数学に関するテクストの集成をもとにして、ある種のエポケー、つまり、数学のテクストを、明示的な諸規則（統語論〔構文論〕的順序という明示的諸規則）および明示されていない暗黙の諸規範の体系によって縁どられた理論上のプラクシスの指標として扱うことを旨とするエポケーを遂行することができる。もし、理論と理念的対象の領野を産出し、それらを統一的なものとして保持する数学者がなす活動の形式のことをマテーシスと呼ぶことにわれわれが同意するのであれば[28]、そもそも唯一のマテーシスしか存在しないのか、それとも複数のマテーシスが存在するのか、という問いが本質的なものとなる。すなわち、理念性を産出する規範づけられた活動の不変の形式というものが存在するのか否か、あるいは、その反対で、テオリアの異なった様式に送り返されることとなるさまざまな異質な理論的領域の細分化が基づく、本質的な亀裂というものが歴史の中に存在しているのか否か、このような本質的問いが立てられることとなる。〔そして〕以下のものこそがドゥサンティのテーゼである。歴史の中には、数学する活動（*activité mathématisante*）の異質なさまざまな理論的領域が存在するのであり、それら諸領域はさまざまな規則の体系および半ば暗黙のうちに前提とされている規範の体系によって規範づけられている――これらの規則や規範が、統語論的形成の手順、新しい諸対象の演繹および承認の手順を司るのである。よって、歴史はノエシス的活動の不変で統一的な形式と外延を共有しないし、むしろ、理念的領域とそれに属する理論的様式の複数性へとバラバラに砕け散るのである(29)。

以下の例を分析すると、ユークリッド式のマテーシスがどのようなものであったのかを明らかにすることができる。『原論』第十二巻の第二定理——これは、二つの円が持つ面積の比と、円のそれぞれの直径の二乗の比が等しいことを確証している——、これがその例である。ここで、ドゥサンティは、対象の記述と志向的反省という現象学的方法を放棄するのであるが、それは、「対象の領野が持つ厚みへと足を踏み入れる」ためであり、そして「暗黙的なものと明示的なものとの関係(30)」を取り出すため——つまり、明示的言表が持つある種の暗黙的な領域——これは、統制的図式の役割を果たしている——への関係を明らかにするためである。〔以下、この例を分析する〕。

よって、概念的媒介というものが存在する〔ことが、ここでは、最初に問題とされなければならない〕。例えば、円周や円周の弧といったものを測定可能な大きさのうちに含めるのか否か、という問題があるが、ここで問題となるのは、存在論的な「良き拡大」をおこなうことである。つまり、古い対象から新しい対象を正当な仕方で構成することが問題となる。このような新しい対象の構成は、比例という中心概念によって規則づけられ、媒介されている操作可能性の領野を準拠先として指し示している。次に、発見術的媒介というものが問題となる。例えば、円の面積の近似値は、取り尽くし法によって、つまり、円に内接する多角形の辺の数をどこまでも増やすという手段によって可能となるのである。さらに、存在論的媒介が問題となる。例えば、演繹的な平面では多角形から円へと移行することを許す極限推移法の使用は禁止される——すなわち、これは、多角形と円が持つ本質あるいは実体（ウーシア）の間の移行不可能性および連絡不可能性原理の名のもとで禁止されるのである。最後に、証明的媒介というものが問題となる。例えば、定理の証明は帰謬法による証明の使用に基づくものであるが、帰謬法による証明自身は、排中律によって支配された二値論理、そして、不等号<という順序関係に付随する三分法原理〔三つある順序関係のうちただ一つだけが必ず成り立つという原理〕に基づいている。(31)

右に問題としたような暗黙的領野はマテーシスの内在というものの証言である。つまり、概念的で数学内的である（比例理論がそうであるように）と同時に、論理的（排中律および三分法）であり、存在論的で数学外的（ウーシアの移行不可能性）でもある規範性というものがここでは示されているのである。よって、テクストの集成の持つアクセス可能な表面は、こうして暗に、マテーシス〔という規範〕の間接的な現前（*présence oblique*）を準拠先として指し示している。(32) つまり、統語論的厳密さという諸規範、また、方法論的順序の禁則（極限移行の禁則）や、存在論的順序の禁則（変数〔流失〕的対象の実在の拒否、例えば、ゼロと整数のあいだに無限小量が実在することの拒否）、これらの規範や禁則は、ノエマ的次元から見ると、理論的領域があらゆる単純な対象に共‐現前しているということ、また、それに相関的なノエシス的次元から見ると、思考作用の実行可能性と不可能性の様式と、体系があらゆる単純な対象に共‐現前しているということを準拠先として指し示している。

マテーシスの統一性を基礎づけようとする方法には――ノエマ的、理論内的、そしてノエシス的なものなど――さまざまなものがある。

(1) まず、ノエマ的な統一化というものを検討してみよう。二十世紀には、数学が、理論の構造およびそれと連関する対象の領野の構造を同時に説明することのできる構造理論の集合によって、統一可能なものであるとみなされるようになった。よって、現代的な構造的数学（mathématiques structurales）から出発すると、数学における理念的なものの産出を脱時間化するような、数学史の回顧的な読み方をすることができる。〔そうすれば〕マテマータの実際の主題化の持つ歴史性――例えば、群の構造はガロワによって明らかにされたという事実――を中和する〔薄める〕ことができる。すなわち、古い理論の中に、そういった構造の無意識的な予兆を読み込むために――例えば、エウドクソスの（負の数を除いた）比例理論のうちに、われわれにとっての実数体と同等のものを見て取るように――、歴史性の起源的で生成的な次元を消し去ることができる。このような回帰的な認識論的振る舞いを通じて、歴史家は、理論上の遍在性というものを獲得することとなる。この理論上の遍在性が、古い理論的構築物を現代の構造的言語に翻訳するという仕方で再活性化することを歴史家にとって可能とするのである。このようなわけで、古い理論や対象の領野は、期限の切れた、時代遅れの過去ではなく、むしろ、再活性化可能で、また現代の理論領野に統合可能なものであるようにみえる。こういうわけであるので、われわれは、非常に一般的な構造（群、体、環、連結空間、コンパクト〔空間や集合〕等）を理論的構築物の中に理論的かつ漸進的に登録していくことこそが〔数学が持つ〕歴史である、と理解することができるであろう〔とはいえ、以下で見るように、このような考えをドゥサンティは否定している(33)〕。

それでは、このような立場はどのような難点を持つのであろうか。数学の歴史が予め中和されて〔薄められて〕しまったならば、その多様に差異化された歴史性を説明することが不可能になるということこそがこの〔構造的数学に依拠する〕立場の持つ難点に他ならない。〔例えば、先に見た数学史の〕回帰的な読み方は、しかじかの理論というものを、純粋な仕方では後に初めて主題化されることとなる構造の暗黙的な仕方での発見として現れさせるのであるが、しかし、その発見そのものに特有な時間というものを開示しないし、この時間と、当の理論と隣接する理論的領野あるいは暗黙のうちに呼び求められている理論的領野との分節区分を開示しないのである。よって、実行された産出活動の持つ時間を再構成し、主題化することが必要であるように思われる。この時間において、主題化の持つ現在は、実際になされた数学者のプラクシス、このプラクシスを特定の数学の状況内へと登録すること、そして、そのプラクシスと暗黙的な理論的領域との関係、こういったことを準拠先として指し示すこととなる。

(2) 第二の解決策は、右のものと対照をなすのであるが、いかなる地位のものであれ、対象一般のあらゆる現出の条件としての、非-内世界的な主観による構成的効力に依拠する超越論的な統一化、これに他ならない。こういった統一化の様式は、カントに始まり、フッサールの超越論的現象学によって刷新されたものである。両者において、このような統一化の様式は、反省的方法というものを含んでいる。ここでいう反省的方法とは、数学的諸言表が記された〔テクストの〕集成を、主観的可能性の領野へと移し替えることを目指しており、よって、数学的諸言表が記されたテクストの集成を構成する役割を果たすノエシス的諸可能性としての主観へと、そのようなテクストの集成そのものを内面化するものである。

実際、カントにおいてはそうなのである。つまり、カントは、実際の数学――彼は数学を判断の体系とみなしているのであるが――から出発し、その判断の本質（それら判断が有する〈アプリオリな総合的〉という性格）を捉えることに専念しており、そして、その判断の妥当性を保証する主観的作用の特有性（〔カントの意味での〕概念の構成）を捉えることに専念しているが、このことは、超越論的主観のただ中に、こういった構成の実行可能性を保証するとみなされるアプリオリな構造（純粋直観とカテゴリー）を要請するために他ならないのである。これこそが、数学の持つ主観的極に依拠してなされる数学の統一化の超越論的な様式である。〔カントの考えに従うと〕理念性の歴史的産出が実現されること〔そのものの現場〕が探究されるどころか、「…に必要な媒介的審級」の「可能性の条件」が、あるいは、ここで問題とされている類の理念的対象に関わる言表が現出することそのものの「可能性の条件」が、〔ドゥサンティからすると誤って〕純粋な主観のうちに見出されてしまうこととなる。よって、ここでの主観という概念は、数学という類型に分類される知識の産出可能性の基礎に横たわるノエシス的構造の集合を意味している[34]。

　カントからフッサールに時代が移ったことで前提はより純化されたにせよ、解明の様式は同じままである。すなわち、一方で、フッサールは数学者の理性が持つ歴史性を真摯に受け止めており、もはや、超越論的主観が、不変で非歴史的なノエシス的構造――諸能力の体系、判断表、純粋概念や原理の一覧表がその単なる格変化に過ぎないような――の集合として前提されることはない。とはいえ、超越論的、そして反省的な様式そのものは〔カントの時から〕変わらぬままなのである。常に問題とされるのは、数学的諸言表とそれらが扱う理念的諸対象を、〔意識の〕諸作用へと反省的に転写することである。つまり、理念的対象に関する言表を産出し、その言表の妥当性を保証する明証の諸様態、主題化される対象を与える明証の諸様態、その対象の可能な意味を創設する志向的働きそのものをも産出する判断作用へと、数学的諸言表や理念的対象を反省的に転写することを、フッサールは不断に論じているのである。あらゆる種類の対象に相関的で統制的な構造はその対象によって主観の中に予め規定されて書き込まれているのだ、という原理を導きの糸とすると[35]、数学理論の産出や妥当作用がそもそも生じることができる可能性という名目のもと、主観に住み着いていなければならない志向、明証や判断作用の諸類型を反省的に解明することが可能となるであろう。カントと比較することで、フッサールがおこなった〔先に示唆された〕超越論的解明の純化というものを次のように評価してみよう。〔カントとは異なり、フッサールには〕不変のものであると想定されるような（しかしながら、ニュートン物理学に相関的な）超越論的主観はもはや存在せず、諸能力、アプリオリな形式、そしてカテゴリーの固定化された建築術なるものはもはや存在しない――しかしながら、主観は〔フッサールにおいてもカントと同様に〕存在し続けている。〔カントと異なり、フッサールにおいて〕そのノエシス的な働きは、歴史のある時期に扱われた限りでの理念的諸対象を内面化するという役割に尽きるのではあるが〔やはり主観は存在し続けているのである〕。

それでは、このように〔カントのものと比べて〕ミニマルな〔フッサールの〕超越論的学説は、いったい、受け入れ不可能な前提であるような何を抱えているというのであろうか。

真っ先に問題となるのは、数学的領野に移し替えられた存在論的原理である。つまり、あらゆる存在者は純粋なエゴによって構成されているという存在論的原理は、あらゆる数学的対象、あらゆる言表、あらゆる理論はエゴによって構成されたものであるということを意味するが、これが問題なのである。あらゆる可能なマテマータは、その意味と妥当性を超越論的主観の構成作用に負う〔という着想そのものこそが問題とされなければならない〕[36]。そうであるから、〔フッサールにとって〕構成的閉域の原理は、数学史全体と同じ外延を持つこととなる。フッサール的主観は、もはや特定の数学の類型に対応するのではなく、むしろ、同一の様式を持った数学の未来が有する無限定〔無際限〕な歴史的地平と関係しているのである[37]。実際、数学的プラクシスを可能とするノエシス的構造を解明するに際して、フッサールは、数学的活動のあらゆる歴史的形態に合致するような、一般的な作用の諸類型しか明らかにしていないのである。要するに、理念的対象に伴う明証一般、操作の無際限な反復可能性、無矛盾性に伴う明証、集合や基数や形式的構造へのアクセスを可能とする形式化の作用、こうしたものしかフッサールは明らかにしていない。ところで、このような流儀で、「あらゆる可能なマテマータ」といった不確定多様体に――しかも、それが無矛盾なものであるという特徴を前提としつつ――依拠することは可能なのであろうか。それと並行して、それに関連した自我論的な構造――それは、マテマータのこのような全体性を構成する可能性をそれ自身として備えているとみなされる――の同一性と不変化性を前提してよいものであろうか。簡潔にいうと、可能なマテマータの領野――これを、統一的かつ漸進的な理論上のプラクシスの相関者として規定するという目的のもと――を統一するなどということは、そもそも可能なのであろうか。

この点で、周知のように、カヴァイエスによって定式化された〔フッサールへの〕批判は決定的なものだったのである。「構成的」な自我論的構造なるものが、既に構成された構造の単なる内面化(38)（わがものとすること）であるのか否かという問いについて決定することなど決してできないであろう。

この引用は何を意味するのであろうか。

この批判は、まず、以下のことを意味する。可能なマテマータの領域は統一的な領野と見なすことができるという考えは疑わしく、〔逆に〕言表の形成と対象の構成が有する明晰な諸規範によって支配されたマテマータの異質な諸領域が存在するということの方がありうる。〔ドゥサンティが挙げる例に依拠するなら〕ユークリッドの算術においては、数0および負の数というものはそもそも数ではなかったのである。「負の数は〝不在〟だったわけではない。負の数なるものはまったくもって存在しなかったのである(39)」。同様に、非ユークリッド空間は、古典的数学にはそもそも存在しなかったのである。可能なマテマータの全体性なるものは、不整合な集合なのであり、というのも、不断の歴史的進化の過程においては、可能なマテマータの全体性というものを、完全なものや閉じたものとして把握することはそもそも禁じられたことだからである。「過去のマテマータの全体性」という対象を現出させることができるのは、認識上の回顧的な翻訳という営みでしかない。しかし、特定のタイプの対象がそこでは未だ存在しなかった、もしくは既に存在しなくなったようなさまざまな異質な領域の間の亀裂を覆い隠すことによってしか、「過去のマテマータの全体性」なる対象を現出させることはできないのである。

このことと相関して、以下のことが明記されるべきである。マテマータの諸領域の異質性は、マテーシスの諸類型の異質性を準拠先として指し示している。つまり、理論や対象の領野に対応する理論上の活動というものは、統語論的な次元に関わる規則と禁則（排中律や帰謬法の使用）によって、存在論的な次元に関わる規則と禁則（負の数や消失的量〔無限小量〕の非存在、ウーシアの移行不可能性原理）によって、そして発見術的な次元に関わる規則と禁則（取り尽くし法）によって規範づけられている――数学的領野のうちに、あるいはその領野の境界上にある、主観的な実行〔実現〕可能性と不可能性の集合が存在するのである。ところで、仮に、〔数学〕諸理論は、数学する主観による産出物であるとすることができるとしても、このことを歴史の特定の時代における理論上のプラクシスを支配する諸規範の体系に認めるのはより難しいことである。つまり、諸規範の体系を明示的に創設するどころか、むしろその反対で、数学者の主観は、既に構成された規範的構造の内面化によって規定されるのである。したがって、主観はもはや構成するものではなく、構成されたものである。すなわち、マテマータの集合を全体化するという仕方で、唯一の純粋意識が歴史を踏破することができるどころか、異質な理念性の諸領域の複数性こそが、理論上の規範づけられた主観の複数性をかえって規定するのである。よって、以下のものこそが、科学認識論者《エピステモローグ》がなすべき最終的課題である。すなわち、理論的〔諸著作の〕集成を手引きとして、それらのうちから、テオリアというものに関わる異質な諸時代を区分することを可能とする統一化と亀裂の指標を読み取ること、したがって、理論家の意識の諸類型を規定する理論上のプラクシスのさまざまな様式を区別することこそが最終的課題なのである。

よって、われわれは、主観性の持つ、筋目を刻まれた歴史性という学説（une *doctrine de l'historicité striée de la subjectivité*）へと歩みを進めるものである。すなわち、この学説において、主観はもはや歴史を産出することはなく、それとは反対に、対象の領域のさまざまな変化を内面化するのであり、これと並行して、主観は、かえって数学者の合理性の様式に影響することとなる諸変動〔認識論的切断に起因する諸変動〕を内面化する。〔とはいえ〕純粋意識の創設作用を、あるいは何人かの創造者（ユークリッド、ニコル・オレーム、ヴィエト、デカルト、ライプニッツ、ガウス、フレーゲ、リーマン、ヒルベルトといった）の発明する才能を参照することによるのとは別の仕方で、認識論的亀裂や合理性の様式そのものの切断を説明することは可能なのであろうか？　認識上の様式のこうした変動を説明できるような、非‐主観的あるいは前‐主観的な――とはいえ客観的なものではない――審級は存在するのであろうか？

（池田裕輔・米虫正巳　訳）

注

（1）«Les Idéalités mathématiques», entretien avec M. Caveing, in *Le philosophe et les pouvoirs et autres dialogues*（*PP*）, Paris, Hachette Littératures, 2008, p. 186.

（2）*Un destin philosophique*（*DP*）, Paris, Hachette Littératures, 2008, p. 340. テクストにある明らかな間違いは修正した。

（3）*Ibid.* in *PP*, 186.

（4）*Erfahrung und Urteil*（*EU*）, § 64b, Hamburg, Glaassen & Goverts, 1954, pp. 306–308 (trad. fr. de D. Souche, *Expérience et jugement*, Paris, PUF, 1970, pp. 309–311).

（5）*EU*, §§ 64c et 65, 311–314 et 319 (trad. fr., 313–316 et 322).

（6）*EU*, § 65, 323 (trad. fr., 325–326).

（7）*La philosophie silencieuse* (*PS*), Paris, Seuil, 1975, pp. 226–227.

（8）«Le langage des idéalités», in *PP*, 304.

（9）「諸対象間で、同一性関係（反射的、対称的、推移的な関係）」を、すなわち、さまざまな同値関係の中で最も精妙な（*fine*）関係を定義できるのでなければならない」（«Le langage des idéalités», in *PP*, 303）。同様に以下も参照。«Sur la notion d'objet en mathématiques», *Le Trimestre Psychanalytique*, 1991, pp. 60–61.

（10）*PS*, 225.

（11）*Essai sur les notions de structure et d'existence en mathématiques*, in *Les mathématiques, les idées et le réel physique*, Paris, Vrin, 2006, p. 125 *sq*.

（12）「「対象」の領野が一回限りで最終的に限定されるなどという［…］いかなる理由もない」（«Le langage des idéalités», in *PP*, 303）。同様に以下も参照。«Sur la notion d'objet...», *op. cit.*, 61:「こういった類公式は［…］この類公式が境界づける領野において、対象の領域を豊かにすることを可能にする。［…］こういった規則に敬意を払う者にとっては、こうした拡張可能性に課せられた制限枠など、アプリオリに存在しないのである」。

(13) *PS*, 157.
(14) *PS*, 156.
(15) «Les Idéalités mathématiques», in *PP*, 186.
(16) *PS*, 155–156.
(17) *EU*, § 64c, 313 (trad. fr., 316).
(18) *Les idéalités mathématiques* (*IM*), Paris, Seuil, 1968, Introduction, p. 9.
(19) «Sur le devenir de la science», in R. Poirier (dir.), *Entretiens en marge de la science nouvelle*, Paris, Mouton et C°, 1963, pp. 262–263.
(20) *Ibid*, p. 263.
(21) *IM*, p. III.
(22) «Le langage des idéalités», in *PP*, 292.
(23) «Les idéalités mathématiques», in *PP*, 194.
(24) *IM*, Concl., 290.
(25) «Les idéalités mathématiques», in *PP*, 193–194.
(26) *Cartesianische Meditationen* (*CM*), § 41, Hua I, 116–117 et 118 (trad. fr., 132 et 133).
(27) «Réponse à la première lettre», in *DP*, 325.
(28) *PS*, 197 et 207.
(29) *PS*, 196–197 et 217–218.
(30) «Les idéalités mathématiques», in *PP*, 193.
(31) *PS*, 201–203.
(32) *PS*, 209.
(33) *PS*, 209–210.
(34) *PS*, 17–22.

(35) *CM*, § 22, Hua I, 90 (trad. fr., 99).

(36) *PS*, 210–211.

(37) Cf. «Der Ursprung der Geometrie», Hua VI, 367 (trad. fr. de J. Derrida, *L'origine de la géométrie*, Paris, PUF, 1962, p. 177).

(38) *PS*, 211.

(39) *PS*, 207.

第四章　「全体的時間」の概念を哲学のなかで維持するための試み

ヴァンサン・ジロー

現前（la présence）の本質を問い詰めれば、必然的に、時間についての問いに突き当たる。現前しているもの（le présent）とは、そこにあるもの、すなわち、現前する瞬間（l'instant présent）のなかにあるものであり、この瞬間は、異論の余地なく、時間と時間の流れとに属しているからである。したがって、現前は、それが一つの瞬間を、時間のひとつの位相を、すなわち、未来と過去の間に挟まれている位相を、つまり、もはや来るべきものではないが未だ消え去っていないものを名指している限りで、現在（le présent）にあると言われる。現前の可能性の条件は時間の移行なのであり、この時間の移行というものが、現前を推移させている。しかしながら、この簡潔な現前の定義は、この定義が現前に認めようとするものを、同時に現前から奪ってしまう。現前していることが、このような瞬間、すなわち、時間に属している、「現在」という名で呼ばれる瞬間の内に留まることであるならば、しかも、この現在そのものは留まるのではなく、過去になり、ひとつの未来に場所を譲るのであれば、時間的な現前は、いかなるものも、われわれがそれについて「全的（*entier*）」であると言えるようなものではない。時間の移行という条件は、断片的で不安定な現前が必要とする条件なのである。アウグスティヌスは『告白』第十一巻でこのことを言っている。「いかなる時間も、全体として（tout entier）現前することはない（*nullum tempus totum est praesens*）」[1]。この定式化は、一見わかりきったことのように見えるが、しかしながら、実は問題を明快にしてくれるものである。というのも、このように定式化することで、十全な現前があるとすれば、それはどのような十全性なのかという問題を、時間そのものの全体（la totalité）という観点から立てることができるようになるからである。われわれに対して、すなわちわれわれ時間的存在に対して、完全に現前するものが何もないのは、いかなる時間も全的に現前することがない限りにおいてである。それゆえ、真の現前は次のことを前提としている。すなわち、いわば、その外側では現前は部分的なものとしてしか経験されない「全体的時間（temps total）」というものがわれわれに与えられていること、これを前提としている。したがって、現前について事情がどうなっているかを知り、またわれわれがどの程度まで現前へと接近できるかを知ることは、最終的に、この「全体的時間」概念に認めるべき内容、意味、そして正当性に懸かっているのである。

この「全体的時間」という観念は、疑いなく、問題を含んでいる。その問題というのは、この観念に含まれている二つの語のあいだにあると思われる矛盾に由来する。すなわち、時間と全体は、ほとんど調和するようにはなっていないのである。時間は、すでにプロティノスが指摘しているように、すぐれて全体化不可能なものである。「それ〔時間〕は、ひとかたまりで存在する全体（un tout）なのではなく、部分ずつ存在する全体、その全体化が常に来るべきものであるところの全体（ἀεὶ ἐσόμενον ὅλον）［逐語的に訳せば、常に未来という様態で在る全体］である」[2]。さらに言えば、おそらくこの未来分詞〔ἐσόμενον〕の使用にさえ異議を唱えるべきであり、他の論文がそうしているように、次のことを認めるまでに至らねばならない。「現在を超えて広がる時間は、もはや在るのではない（ὁ δὲ χρόνος ὁ πλείων παρὰ τὸν παρόντα τὸ μηκέτι εἶναι）」[3]。したがって、時間の全体なるものは、ただ現在であるだけの瞬間という、持続を欠いた時間の原子の周りに、何かを付け加えることさえないということになるだろう。

こうした障害にもかかわらず、それでも哲学の伝統は絶えず時間と全体とを結びつけてきた。だが、この結びつけは、ある第三の概念――この概念は、現前についての特定の考え方を起点にして、これら二つを結節するのだが――を援用することによってなされてきた。〔その概念とは〕永遠（éternité, αἰών, aeternitas）である。そして、最も注目すべきなのは、時間の全体という視点での、この概念の最初で、しかも最も明確な定式化を、われわれがおそらくプロティノスに負っているということである。実際、既に引用した論文では次のように述べられている。「永遠の生命は、多数の時間の点から構成されているのではなく（οὐκ ἐκ πολλῶν χρόνων）、時間全体（temps tout entire）によって（ἐκ παντὸς χρόνου）構成されている。というのも、この生命は「一挙に全て」（πᾶσαν ὁμοῦ）で在るからである」[4]。確かに、もっと古い参照文献を引用することもできるだろう。すなわち、パルメニデスは、一なる存在を主題とするある断片のなかで、次のように主張している。「それは、かつて在ったのではなく、これから在るのでもない（οὐδέ ποτ᾽ ἦν οὐδ᾽ ἔσται）。というのも、それは、今一挙に全体で在る（νῦν ἔστιν ὁμοῦ πᾶν）からである」[5]。だが、この命題は決して時間に関わるものではない。〔それに対し〕プロティノスがこの場合理解しているような「時間全体」（πᾶν あるいは ὅλον が区別なく使用されており、このテクストにおいては微妙な差異は問題となっていない）とは、永続的であり、恒常的であり続ける（μένω）[6] 一性の、全的かつ同時的現前としての永遠である。第四十五論文が与えている永遠の定義によれば、永遠とは、この「全てが常にそれに対して現前しているがゆえに、同一性の内にとどまっている生命（ζωὴν μένουσαν ἐν τῷ αὐτῷ ἀεὶ παρὸν τὸ πᾶν ἔχουσαν）」である。したがって、「常に現在の内に在るのだから（ὄντος ἐν τῷ παρόντι ἀεί）」、永遠は「同時に全てのもの（ἅμα τὰ πάντα）」である。[7]「全体的時間」の概念は、このように、現前に基盤と内実を与えることで、現前を救い出す。しかし、それは、延長（名高い分離〔diastasis〕）と移行という二重の性格をもつものとしての時間そのものの喪失を代償としてである。というのは、もし「時間の持続というものには、現在の内に（ἐν τῷ παρόντι）しか存在しない一性が拡散されること、これが含意されている」とするのであれば、永遠とは「延長を欠いた、非‐時間的な（καὶ τὸ ἀδιάστατον καὶ τὸ οὐ χρονικόν）」[8] ものだと言わなければならないからである。プロティノスは、示唆的な比喩を用いている。すなわち、永遠は、時間の全体を包含しており、この全体に属する諸瞬間と諸持続は、一つの点に集中するようにして、永遠に集中していると彼は言う。[9] 時間の全体それ自身は、まったく時間的なものを持たないのである。

したがって、永遠を、無際限に伸長する時間として考えてはならない。永遠という語が表すのは、（直線になぞらえられるような）無限の持続という延長なのではなく、反対に、広がり（extension）を欠いた点の絶対的集中なのである。全体（le tout）は、ここでは、諸部分の否定と削除によって表現されており、こうした諸部分は、それらの本質をなす一性のなかへと吸収され、またそこで無化されるのである。ラテン中世全体を通して取り上げられ、注釈されることになるボエティウスの有名な定義は、「限りがない」ものの持続と、完全な同一性を持つ点的な十全性との間のこの緊張関係〔が問題となっていること〕を完全に証言している。「したがって永遠とは、限りがない生命の、完全で、全体的で、同時的な所有である（*Aeternitas igitur est interminabilis vitae tota simul et perfecta possessio*）」[10]。『哲学の慰め』第五巻は、プロティノスの断定的な調子と同じくらい明確な表現を用いている。〔その表現によれば〕永遠は、「動的な時間の無限性を、現前しているものとして持っていること（*infinitatem mobilis temporis habere praesentem*）」に存しているのであり、永遠とは、最終的に、「限りのない生命の全体的現前（*interminabilis vitae tota praesentia*）」と等しいものである。

したがって、現前を考えるためには、時間の全体としての永遠を時間に対置させることが必要なのである[11]。これと引き換えにしてのみ、時間の断片と、この時間の断片において現れるもの、これらの、束の間で、不完全で、単一な現前を理解することができる。もちろん、永遠なものと時間的なものとのこの区別以上に周知されているものは何もないだろう。しかしながら、ここで重要なのは、このように対立しつつ、両者が結びつけられていることを把握することである。すなわち、それ自体は時間的でない永遠は、時間と対立してはいるが、そのことで時間を完全に否定するのではなく、むしろ時間を根拠づけるのである。プロティノスの点のイメージは、トマス・アクィナスにおいても――今度は円の中心点として考察されるのであるが――再び現れる。彼はそのように解された点のイメージを、時間の諸瞬間の総体に対する永遠の関係を表すのに用いている。「永遠なものの存在は決して欠けることがない以上、永遠は、いかなる時にも、あるいは時間のいかなる瞬間においても、常に、現実に現前している（actuellement présent）[12]」。そしてそれゆえに、「永遠は、その全体が一度に在るのであり、時間の全体を包摂している（*aeternitas autem, tota simul existens, ambit totum tempus*）」[13]。全体的時間（*totum tempus*）の包摂的な性格は、根拠づけという関わり方としての意味を持ち、神的永遠の常に現実的な現前は、その眼差しが包摂し、またそれによって生み出されたあらゆるものへと、自身から派生した〔すなわち、それ自身、神的永遠とは区別される〕現前を授ける（円の中心点と、そこから放射する〔それ自身、無限に描くことができる〕半径のように）。「あらゆる時間の流れの中で起こるあらゆるものを、神的知性は、その永遠において、現在のものであるかのように知覚する（*quicquid igitur per totum decursum temporis agitur, divinus intellectus in tota sua aeternitate intuetur quasi praesens*）[14]」。

ここでわれわれの探求に暫定的な道しるべを立ててみると、プロティノスからトマス・アクィナスに至るまで、「時間の全体」についての明示的な思考は、常に、時間のために（時間の相対的実在性の根拠づけを目的とした、時間の「実体化」のために）なされたのと同時に、（最終的に時間に対して真正の現前という資格を認めないがゆえに）時間に反してなされた、このようにいえる。そこで、次のような問いが立てられる。このような〔時間の〕全体というものは、余りに早急な仕方で、時間の流れを超越する永遠、また時間の流れの根底にある永遠であるとみなされてしまったといえるのだが、このことは、現前についてのより注意深い考察を犠牲とすることによってなのではないか、という問いである。より「注意深い」という表現は用いたが、もちろん、ここで扱った偉大な思想家たちを、「不注意」のかどで非難することはできないであろう。むしろ私は、より「注意深い（attentif）」と言うことで、そもそもそうしたことが可能であればだが、別の形の *attente*〔すなわち、注意深く待つこと〕へと誘いたいのである。この「待つこと」

に、ひとはハイデガーに固有の態度を認めるであろう。ここで本章は、少しばかり、ハイデガーが掲げる要求に立ち返ることにしたい。この問題に関して、ドイツ語の語彙的資源は、フランス語のそれに優っているので、本章が場合によってはドイツ語の語彙に訴えることも許されるだろう。知られているように、ドイツ語には、le présent〔現前しているもの、あるいは現在〕を名指すのに、二つの語がある（ここでは *Präsens* は傍に置いておこう）。*Anwesen* と *Gegenwart* である。ハイデガーは、問題の要点を、ある簡潔な定式化において言い表している。その定式化とは、彼が「アナクシマンドロスの言葉」で用いている、「非現在的に現前するもの（présent non présent, *das ungegenwärtig Anwesende*）」（GA 5, p. 346 ; tr. fr. p. 417）という定式化である。このような定式化が出てくる文脈に立ち返ろう。問題となるテクストの当該箇所では、ギリシア人たちが *τὰ ὄντα*（「諸存在者」）という語によって理解していたもの〔は何であったのか〕が考察の対象となっている。ハイデガーは、*ὄν* から、パルメニデスとヘラクレイトスが依然として用いている *ἐόν* というアルカイックな語形へと遡りつつ、『イリアス』の一節（一巻六八〜七二行）を援用することで、ギリシア人たちがこの〔*ἐόν* という〕重要な語を理解していた仕方に強烈な光を投げかける。これらの行でホメロスは、占い師のカルカスについて、彼が「在るもの、これから在るもの、かつて在ったものを知っていた（*ὃς ᾔδη τά τ᾽ ἐόντα τά τ᾽ ἐσσόμενα πρό τ᾽ ἐόντα*）」者だと言っている。これ以上は読み進めないでおこう。「かつて在った、在る、これから在る」諸事物という形で、まさにわれわれの考察の主題である時間の全体が問題になっているのでないとすれば、カルカスが見るものについて何を言うべきだろうか。ところで、ここで次の事実を指摘しなければならない。この「時間の全体」という表現は、まったく違和感がないし、また同じような文脈で実に自然な仕方で出てくるものなのだが、ハイデガーはこれを用いていない、という事実である。

何がその理由であり得るだろうか。ひとつの答えを提示しよう。非‐現在的に現前するもののような何かしらのものがあるとすれば、現前するものの全体を、時間の全体と同一視することはできない。あるいはまた、現前するもの（*Anwesende*）は、現在（*Gegenwart*）によって説明されない。時間の全体について語ることは、ホメロスのテクストを注釈するハイデガーによって採用された視点においては、現前の他のあらゆる形態に勝る「今」（アリストテレスの *νῦν*）というものに特権を認めることになるだろう。つまりこの視点を採用することで、形而上学の伝統全体が、背面から攻撃されているのである。確かに、形而上学の伝統においては、時間の全体は、現前として考えられている。だが、現前の方は、「今」としての時間的現在から理解されている。このことの帰結として、哲学の伝統全体を通し、「今」が制御されることなく拡大されることになる。時間の全体とは、諸々の「今」の全体である。あるいは、ここでは結局は同じであるが、神の永遠のなかに、自らの完成された形態を見出す全体としての「今」である。このような意味で、ボエティウスは[15]──これにアンセルムスやトマスらは従っているのだが──「同時に全体的な（*tota simul*）」と書いている。

この点で──ハイデガーが扱う問題の例証としてついでに言及すると──現在（*Gegenwart*）を起点として捉えられた現前（*Anwesen*）についての形而上学的な考え方の最も完成された形態が見出されるのは、間違いなく、ニコラウス・クザーヌスにおいてである。すなわち、『知ある無知』の主要な主張、「無限な一性は、万物の含蓄［*complicatio*］、折り畳みによる集中化のようなもの」である」[16]においてである。ここで、この重要なテクストを引用しよう。

したがって、「今」、あるいは［換言すれば］現前（présence）は、時間を含蓄する［自己の内に、密集され、折りたたまれたものとして保持する（tenir serré, replié en soi）］（*Ita nunc sive praesentia complicat tempus*）。過去は現在であったし、未来はこれから現在となる。それゆえ、なんびとも、時間において、順序づけられた［現前の］現在しか見出さない（*nihil ergo reperitur in tempore nisi praesentia ordinata*）。したがって、過去と未来とは、現在を広げたもの（explication）［展開（déploiement）］である。現在とは、全ての現前する時間の含蓄であり（*praesens est omnium praesentium temporum complicatio*）、諸々の現前する時間は、現在を継起的に広げたものであり、なんびとも、これらの時間には、現在しか見出さない。したがって、現在とはあらゆる時間の含蓄なのである（*Una est ergo praesentia omnium temporum complicatio*）。そしてこの現在は、実は、一性そのものなのである[17]。

ハイデガーはこのような〔西洋形而上学における「今」ないし現在の〕絶対的統治を覆しながら、いつものようにギリシア的なものを起点として、「過去と未来もまた現前しているものである（*auch das Vergangene und das Zukünftige sind ἐόντα*）」という事実を際立たせる（GA 5, p. 347 ; tr. fr. p. 417）。このことは、結果として、現前（*Anwesen*）を現在（*Gegenwart*）の支配から引き離すことになる。〔ハイデガーの〕非常に濃密な数ページについて、ここでどんな要約を試みても無駄なことであろうが、この数ページで起こっているのは、問題系の完全な変形なのである。伝統が、いわば全員一致して時間の全体として考えていたものが、フライブルクの思索者の筆のもとで、現前しているものの全体になるのである。このような問題の定式化は、本論が扱う問題の定式化との差異という点からすると、ほとんど注意されることなく読み過ごされるものかもしれない。しかし、ハイデガーにとって、どのようにしてこの問題を定式化するのか、このことそのものが詳細な探求の対象となっており、この定式化は、「*das All des Anwesenden*〔現前しているもののすべて〕」「*das Ganze des Anwesenden*〔現前しているものの全体〕」「*das Anwesende im Ganzen*〔全体としての現前しているもの〕」[18]という風に、多様な観点から、さまざまなニュアンスとともに、繰り返し現れる。いずれの場合も、「明け開けつつ集約しつつ蔵すること（*das lichtend-versammelnde Bergen*）」としての、あるいは強調点の置き方をかえれば、「明け開けつつ蔵しつつ集約すること（*die lichtend- bergenden Versammlung*）」[19]としての現前（le présent, *Anwesen*）が、今の周りに秩序づけられた全体的時間に取って代わっている。この本源的集約において、過去と現在と未来が——一方が他方へ差し向け、一方が他方に場を譲り、一方が他方に代わって起こりながら——交わる。いまや、むしろこの本源的集約こそが原初の全体を構成しているのであり、時間的全体というものは、この原初の全体のうちの、忠実さを欠いた事後的な一面を提供するだけなのである。

　時間の中心が、永遠の現前の超越的一性——時間がそれを中心としてそこから放射されるように展開されるところの現在——にあったとすれば、ハイデガーが上記のような観点を導入することによって、時間というものは、中心を失ったのだということを認めなければならない。要するに、〔ハイデガーがなしたこととは〕実際、〔時間の〕中心の移動や置き換えというよりも、まさに、現在の中心性という考えそのものの消去だといえる。すると、本章が、頑なに時間の全体について語る（のを望む）のはなぜなのか。それは、このような考察を起点として、恒常的現前性（*ständige Anwesenheit*）としての現在の永遠にはもはや何も負うことのない、時間的全体についての可能な思考が素描されるからである。本論は、冒頭で、真の現前のためには、われわれに、ある仕方で「全体的時間」というものが与えられていることが必要であると述べた。この考察の行程を経た後も、この主張は妥当なままである。ただ、その意味が、奇妙な仕方で曲がっている。というのも、いまや、現前を時間から考えるのではなく、時間を現前から考えなければならないからである。この事情に鑑みて、ハイデガーが理解していた意味での現前しているものの全体（「*das Ganze des Anwesenden*」）の先例が、十三世紀の日本の偉大な思想家である、禅僧の道元という人物に見出される。時間についてのこれら二つの思想の比較はこれまでも頻繁になされてきたし、また本論の主題はそのようなものではない。本論は、ただ、締めくくりとして、今後なされるべき研究が辿るであろう道筋を手短に示すに留めたい。

道元のテクストの主要な選集である『正法眼蔵』は、現代の読者にとって（外国人にとってはなおさら）この上なく難解である。とても古い日本語で書かれており、比喩的表現や、省略、諸々の仏典への言外の指示に溢れているからである。そうであるから、この著作は、たいへん優れた学識高い日本人たちにさえ、無数の問題を提起している。それゆえ、われわれとしては、この著作の簡潔な理解を提示しようとする勇気はほとんど持ち合わせていない。ただ、われわれにとって重要なことが一点だけあり、これについては、おそらく誤っていないだろう。「有時」（Yoko Orimo が提案するフランス語訳に従って訳せば、「有る時間（le temps qu'il-y-a）」）という題のテクストの中で、道元は二度、盡時／尽時（「時間全体（temps entier）」、現代の日本語の語順では時全体という語で言い表される）について語っている。そこから、いったい、どのような時間的全体が問題となっているのだろうか、という問いが生じる。また、その時間的全体は、このトマス・アクィナスの遠く離れた同時代人にとって、形而上学が同じ名のもとで考えたものに帰着しうるものなのだろうか、という問いが立てられる。間違いなくそうではないし、道元のテクストの精確な読解によって、この〔時間的〕全体に与えるべき意味が、そして、この全体が現代における現前の解明に提供してくれる、今のところは開発されていない可能性が、明らかになるはずである。実を言えば、「時間全体」への言及がその只中で見られるところの、諸概念の――あるいは諸観念の――錯綜は、それ自体で、あることを意味している。ハイデガーの現前（*Anwesen*）に見られた、この時間的中心の不在が、「有時」の各ページではっきりと認められるのである。〔『正法眼蔵』という〕選集の一つのテクストの題になっている別の観念に従えば、時間は、「全機現（現前する動態的全体）」という語で指し示される。また、時間は、結局、過去と未来という相において考察するよりも、[20]「盡有／尽有（ある全体、il-y-a entier）」としての現前に、間断なく、また限度なく、達するものとして、考察するべきものである。

「有時」の最初の一文は、確かに、謎という性格を、換言すれば、思考にとっての試練という性格を簡単に失うことはないであろう。

> 有る時間と呼ばれるものが意味するのは、時間とはすでに有る（l'il-y-a）であり、すべての有る（tous les il-y-a）は時間である、ということである。[21]

とはいえ、この一文から、これからなさねばならないことを明示することができる。それは次のように言い表すことができるであろう。

重要なのは、有る全体（l'il-y-a entier）を時間全体（temps entier）として、その根底にまで入り込むことである。(22)

（樋口雄哉・池田裕輔 訳）

注

（1）*Les Confessions*, XI, 11, 13, *Bibliothèque augustinienne*（*BA*）14, p. 293–295.

（2）*Ennéades*, III, 7 (tr. 45), 11, 56.

（3）*Ibid.*, I, 5, (tr. 36), 7, 13. Trad. GF（*Traités*, traduction sous la direction de L. Brisson et J.-F. Pradeau, GF-Flammarion) modifiée.

（4）*Ibid.*, I, 5, (tr. 36), 7, 29–30. Trad. GF modifiée.

（5）Fragment 8, 5. *Le Poème : Fragments*, traduit par M. Conche, PUF, p. 127.

（6）次の箇所でのこの語の連続的な使用を参照のこと。*Ennéades*, I, 5, tr. 36, 7, 15–20.

（7）*Ennéades*, III, 7 (tr. 45), 3, 17–23.

（8）*Ibid.*, I, 5, (tr. 36), 7, 15 et 24.

（9）*Ibid.*, III, 7 (tr. 45), 3, 19.

（10）*De consolatione Philosophiae*, V, 6.

（11）*Confessions*, XI, 11, 13, BA 14, p. 293–295. そこで、すでに引用した一節の全体を考察することができる。「永遠であるものにおいては、反対に、何ものも過ぎ去らず、全てが全体として現前しているが、これに対していかなる時間も、全体として現前することはない（*non autem praeterire quicquam in aeterno, sed totum esse praesens; nullum uero tempus totum esse praesens*）」。

（12）*Summa Contra Gentiles*, I, 66, 7: « *cum aeterni esse nunquam deficiat, cuilibet tempori vel instanti temporis praesentialiter adest aeternitas.* » Voir aussi, *ibid.*, 8:「彼の永遠性が、その不可分性により、全ての時間に現前する……（*eius aeternitas est praesens sua indivisibilitate omni tempori*）」。

（13）*Summa Theologica*, I Pars, qu. 14, art. 13, resp. Voir aussi *Summa Theologica*, I Pars, qu. 10, art. 2, sol. 4,（「彼の永遠が全ての時間を包含する……（後略）（*eius aeternitas omnia tempora includit*）」, qu. 14, art. 9, resp,（「全時間を包含する……（後略）*totum tempus comprehendit*」).

（14）*Summa Contra Gentiles*, I, 66, 7. Voir aussi *Summa Theologica*, I Pars, Qu. 14, art. 13, Resp.:「彼の眼差しが、永遠に全てのものへと、それらが現前するものとして、向けられている（*eius intuitus fertur ab aeterno super omnia, prout sunt in sua praesentialitate*）」。*Compendium Theologiae*, 133:「彼の永遠は、現実に、時間の流れ全体に達している……（後略）（*aeternitas sua praesentialiter totum temporis decursum attingit*）」。

（15）Voir *Monologion*, 24.

（16）*De Docta Ignorantia*, Livre II, Chap. 3, § 105.

（17）*De Docta Ignorantia*, Livre II, Chap. 3, § 106. 下線は引用者による。

（18）*Parole d'Anaximandre*, *GA* 5, respectivement p. 348, 351, 353, (etc.).

（19）*Ibid.*, p. 348.

（20）*Shôbôgenzô: La Vraie Loi, Trésor de l'Œil*, traduit par Yoko Orimo, Éditions Sully, tome 3, p. 187.

（21）*Ibid.*, p. 186〔該当箇所の原文は次の通り。「いはゆる有時は、時すでにこれ有なり、有はみな時なり」。『道元』上（原典日本仏教の思想7）、寺田透・水野弥穂子校注、岩波書店、一九九〇年、二五六頁〕.

（22）*Ibid.*, p. 190〔該当箇所の原文は次の通り。「尽時を尽有と究尽するのみ……（後略）」。前掲『道元』上、二五九頁〕.

なお、パルメニデス、プロティノス、アウグスティヌス、ボエティウス、トマス・アクィナス、クザーヌスの引用に関して、内容や文体の統一の関係上、原則として論文著者によるフランス語引用原文から訳したが、日本語訳のあるものに関してはすべて参照し参考にさせていただいた。訳者の方々に感謝したい。

第二部

物語と文学の現象学に向けて

第五章　「語る」とは何をすることか
リクールのミメーシス論再考

杉村 靖彦

1　問題の所在

「どんな悲しみも、それを物語に変えるか、それについて物語れば、堪えられる」。アーレントは、『人間の条件』の第五章「行為」のプロローグとして、イサク・ディーネセンのこの言葉を掲げている。たしかに、物語はしばしばそのような力を発揮する。筆舌に尽くしがたい出来事も、やはり物語られることを求める。そこには出来事の意味の「説明」ということには収まらない何かがある。物語には、傷ついた人を癒し、行く先を見失った人に方向を与える力がある。しかし他方で、悲しみを「物語に変える」には、何らかの形で「虚」の次元を介入させねばならない。現にないものを語ることにこそ物語の力の源がある。

だとすれば、語りは騙りに通じる、などという怪しげな語源論をもちだすまでもなく、物語には、その効力が大きければ大きいほど、詐術と紙一重という面があることをも認めねばなるまい。悲しみは物語られることによって堪えられるものとなる。そうかもしれない。だが、それはなおあの悲しみだろうか。(1)

物語のもつこのアンビヴァレントな性格は、その「虚」の次元に関わる認識論・真理論的な側面と、それが人々にもたらす効力に関わる実践的・倫理的な側面とをきちんと腑分けしさえすれば解消できるように見えるかもしれない。物語が虚構性と縁を切れない構築物であることと、それが実際に効力をもつということとは別の話だというわけである。だが、とりわけ物語を「リアリティ」との連関において問うならば、(2)この二つの側面がそう簡単に区分けできるものではなく、複雑に絡み合った錯綜体をなしていることが見えてくるであろう。

たとえば、一九九〇年代の日本の思想界で、語る声そのものを奪われた犠牲者たちと歴史の語りとの関係をめぐり、物語の位置づけを争点とした激しい論戦が交わされたことがあった。この論戦の経緯は、まさに今述べたことを裏書きしているように思われる。野家啓一は、「過去はいかに認識されるか」という認識論的な関心から構築主義的な「歴史の物語り論」を唱え、「物語りえないものについては沈黙しなければならない」と述べた。(3)それに対して、高橋哲哉は、過去認識論の限界を記述するこの言明が、語る声自体を奪われるような極限的な経験を負わされた犠牲者に対しては排除と抑圧の命法として働くことを厳しく指弾し、「物語の廃虚」で沈黙と見まごうような証言に耳を傾ける「記憶のエチカ」の探究へと踏み出した。(4)しかし、加藤典洋のいうように、高橋のこのような言説自体が、その「語り口」によってありうべき別の「語り口」をあらかじめふさぐような抑圧性をもつとしたらどうであろうか。(5)いずれにせよ、物語とリアリティの関係は、とりわけ「リアリティ」がいわゆる「歴史認識」の問題に関わるような場合には、その縺れの度合をいっそう高めざるをえないことは確かである。

だが、この一連の論争では、物語が重要な争点になっていながら、物語という事象それ自体について、さらにいえば、そもそも「語る」とは何をすることなのか、という点については、ほとんど踏み込んだ議論がなされていなかったように思われる。周知のように、一九八〇年代以降、物語論は大いに流行し、さまざまな分野で多種多様な企てが競うように現れた。「物語文」の言語分析、「テクスト」の構造分析、「メタヒストリー」の類型論等々、どのアプローチにおいても、物語という言語構築物の成立要件と内的構成は周到に分析されている。だが、それと引き換えに、そもそも「語る」とは何をすることなのか、というような問いは、少数の例外を除いては等閑視されていたように思われる。しかし、この問いを脇に置く限り、物語と「リアリティ」の連関は曖昧模糊としたままである。物語とは、一定のまとまりと構造をもつ自立した構築物であると同時に、それ自体が「語りかけ」や「語りあい（語らい）」へと連なる一種の speech-act でもあるからである。いったい「語る」とは何をすることなのか。人はなぜ語らざるをえず、上記のようなアンビヴァレントな性格をもつ物語と関わりあいにならねばならないのか。「リアリティと物語」という問題設定は、物語なるものをそこまで立ち戻って問い返すことを要請するはずである。

2 「ミメーシス」という視点——坂部恵とリクール

さて、物語論が流行した一九八〇年代・九〇年代の日本において、物語の問いをそうした地点にまで引き戻し、独自の視点からの「かたり」論を展開した孤高の企てとして、坂部恵の一連の仕事に注目することができる。坂部は「〈かたり〉という言語行為の成立する場面とその基礎的な特質[6]」に迫るために、「かたり」を「はなし」と対比し、両者の「発話態度」における対照性を鮮やかに浮かび上がらせてみせた。たとえば、「災害復旧の具体策についてはなしあう」、「学生時代の思い出についてかたりあう」という二つの文はごく自然な表現であるが、双方の動詞部分を入れ替えてみれば、たちまち奇異で不自然な言い方になるだろう[7]。これは、「はなす」というのが当事者性と現場性の色濃い「緊張」をはらんだ態度であるのに対して、「かたる」というのはそうした緊張を緩め、距離と余裕をもって事柄に関わる発話態度であることによる（「はなし」が現在形に、「かたり」が過去形に親和的であるのはそのためである）。それゆえ「かたり」は反省的屈折をはらみ、複雑な構成を呼びこむ。そうして、直に生きられている世界を変容して提示する「二重化的超出」の担い手となる。坂部によれば、「かたり」が「騙り」と切り離せない所以はそこに存するのである。

このような考察を切り口にして、坂部は「かたり」に特有の「二重化」の諸相を繊細に描き出し、彼独自の「ふるまいの詩学」へと導いていく。そこで決定的な重要性をもつのがアリストテレスの『詩学』、とりわけ（広義の）詩作を「行為のミメーシス（μίμησιν πράξεων）」としてのポイエーシスとみなす洞察である。行為を「ふるまい」、ミメーシスを「うつし」というやまとことばで受けとり直し、行為の「ふり」としてのあり方とミメーシスの「うつし」を直結させることによって、坂部はかたりが言語的に担う二重化作用の底に、リアリティの行為的現成そのものであるような根源的二重化を掘り当てようとする。リアリティとは、その究極相においては、いかなる究極的実在者をも前提せず、うつしの連鎖を通して展開していく「ことなり（事成り／異なり）」の動態である。私たちの「ふるまい」は、それ自体がこの根源から生きられる「うつし」の営みと化すことで全うされるのであり、その言語的表現が「かたり」にほかならない。こうして坂部は、ミメーシス概念を自らの思索の中で大胆に鋳直すことによって、一方ではフランスのポストモダン思想の差異哲学、他方では日本の思想的古層から京都学派の諸哲学に至る線を見すえつつ、「リアリティと物語」をめぐる独自の魅力的な思弁を提示したのである。

ところで、以上のような坂部の「かたり」論は、少なくとも本人の弁によれば、「旧師ポール・リクールの全体にわたる見えざる導き」[8]に基づいて構想されたものであるという。この点は、管見の限りでは、これまでほとんど注目されてこなかった事実である。実際、リクールと坂部の双方の仕事をよく知る者にとっては、坂部がリクールからそうした深度において影響を受けえたということは、いささか不思議な感じを与えるようにも思われる。

たしかに、リクールの大著『時間と物語』（一九八三―八五年）は、坂部同様、「行為のミメーシス」としての詩作というアリストテレスの発想を中核に据えて、物語という問題についての包括的な展望を提示したものであった。現代思想の水先案内人ともいうべきリクールの他の著作の場合と同じく、そこでリクールは、当時流行のトピックであった物語をめぐって問われてくるすべての論点を巧みに織り込み、懇切な解説を施しながら自分の考察を進めている。この時期に物語論に携わった論者たちは、誰しもがこの本を不可欠な参考文献として挙げていた。その意味では、坂部が自らの「かたり」論でリクールに触れることと自体は、何ら不思議なことではない。

しかし、坂部の場合は、リクールの著作を自らの行論に直接関わる「参考文献」として用いることは一切ない。リクールはあくまで坂部の思索の「全体にわたる見えざる導き」なのであって、この言葉を素直に受けとるならば、坂部はその独自な思索の源泉において、リクールの物語論からの触発を受けていることが想定できよう。そして、そのような触発関係が見出されるとすれば、双方の物語論の土台となるミメーシス概念が深く関わっているに違いあるまい。だが、そのような見通しの下で『時間と物語』を読み直してみると、リクールのミメーシス論は、間口が広く包括的な分だけ図式的で没個性的に見え、坂部の個性的な思弁がそこからどのような触発を被りえたのかが分からなくなってしまう。結局のところ、坂部はリクールが提供する材料を任意に利用して、自分が考えたいことを考えているだけではないのか。そう言ってしまいたくなるほどである。

しかし、ここで強調しなければならないのは、『時間と物語』は、リクール自身にとっては過渡期の著作でしかないことである。無数の迂路を丹念に辿る控え目な思索者としてのリクールが、ようやく自ら自身の哲学の総仕上げへと乗り出したのは、一九九〇年の『他者としての自己自身』でのことであった。二〇〇〇年の『記憶・歴史・忘却』を経て二〇〇四年の『承認の行程』に至るこの総括の道においては、物語やミメーシスというテーマはあまり前面に出てこなくなり、リクールの立場は「〈自己〉の解釈学」へと収斂していく。これは、リクールにおいて物語という問題系が過去のものとなったことを意味するのであろうか。おそらくそうではないと思われる。少なくとも、一九九〇年以降のリクールの「自己の解釈学」が、『時間と物語』の結論部で初めて登場する「物語的自己同一 (identité narrative)」を端緒としていることは間違いない。物語から自己へのこの展開をどのように理解すればよいのだろうか。

以下において試みてみたいのは、この展開を、リクールにおけるミメーシス概念の掘り下げとして辿り直してみるという可能性である。そもそも『時間と物語』以後のリクールはミメーシスという術語自体を用いなくなるのだから、このような読み筋をとるのは無理だと思われるかもしれない。この当然の疑念に抗して、一つの有力な手がかりをもちだしてみよう。それは、「comme（ように／として）」という小辞である。『時間と物語』におけるリクールのミメーシス論は、ミメーシスを狭義の「模倣」における原物と写しの関係に閉じこめることをよしとせず、その中核に「…として見る（voir comme...）」という動的な営みを見分けようとした。ミメーシスを構成するこの「comme」と、自己の解釈学の「自己性」を構成する「他者としての自己自身（soi-même *comme* un autre）」の「comme」の間に、リクールの思索の掘り下げを示す一本の道筋を読みとることはできないだろうか。それによって、晩年のリクールの思索を、ミメーシスの営みの奥底に分け入り、「語り」とは何をすることなのかという問いに応える洞察を提供したものとして捉え直すことはできないだろうか。以下の考察はそのような見通しを導きとするものである。

　このようなアプローチが、坂部恵の「かたり」論からの示唆の下で構想されたものであることは、もはやいうまでもない。「かたり」の二重化的超出を「うつし」としてのミメーシスの営みと結びつけ、その根底に自己を自己自身にうつすこととして展開する「ことなり」としてのリアリティの根源的二重化を見てとる坂部の行き方は、以下のリクール再読において貴重な道標となるだろう。「リアリティと物語」という問題を共有しつつ、二人の思索がほぼ同時期にこのように並行して掘り下げられていったというのは、大変興味深いことである。本章の見通しが正しいならば、坂部の「かたり」論がリクールの『時間と物語』から「見えざる導き」を得ることができたのも、すでにそこに以後の掘り下げを告げる趨勢を見てとっていたからだということになるだろう。以下ではもっぱらリクールについて論じるが、そうしたことをも念頭に置いて、適宜坂部の考察との突き合わせをも組み入れつつ進めていきたい。

3 『時間と物語』における「三段のミメーシス」

「時間は物語的な様式で分節される限りにおいて人間的な時間となり、物語は時間的な実存の条件となるときその十全なる意味に到達する」(9)。「解釈学的循環」をこのような「時間性と物語性の循環」という規模において受けとめ直し、そこから解釈学的哲学を再編成すること。それが『時間と物語』という大著の企てである。ここで時間性という問題は、『存在と時間』でハイデガーがいうような、人間的実存の存在理解の地平そのものとしての時間という次元で定位されている。だがリクールは、現存在の存在そのものであるハイデガー的な根源的時間性も含めて、時間を直接把握し記述しようとする試みはすべてアポリアに陥らざるをえないという。周知のように、『告白』のアウグスティヌスは、このアポリアを実存的なレベルで鋭利に受けとめて次のように述懐していた。「一体時間とは何でしょうか。だれも私にたずねないとき、私は知っています。けれどもたずねられて説明しようと思うと、知らないのです(10)」。プラトン、アリストテレスからカント、フッサールを経てハイデガーに至るまでの時間をめぐる理論的言説を周到に再読することによって、リクールは、同種のアポリアを哲学的時間論においても不可避のものとして位置づけ直すのである。

だが、このアポリアに面してこそ、その「分節」の力を発揮し、「十全なる意味」に到達することができる言語的営みがある。それが「物語」である。もちろん、物語によって時間のアポリアが解消されるというのではない。物語は時間のアポリアに対する「ポエティックな応答」である、とリクールはいう。リクールにおいて、「ポエティック」という語は、言語の創造的なあり方としての「詩的」という意味と、ギリシア語の「ポイエーシス」に由来する「制作的・産出的」という意味を合わせ持っている。[11] 時間のアポリアに対する物語の応答は、「アポリアを解消するのではなく、アポリアを産出的（productive）にする[12]」ものでなければならない。だが、時間のアポリアをこの意味で「ポエティック」にするというのはいかなることであり、なぜ物語がそれを可能にするのであろうか。

ここでもちだされるのがアリストテレスのミメーシス概念、より詳しくは、詩作を「行為のミメーシス」としてのポイエーシスとみなす『詩学』の見解である。行為のミメーシスとは、リアルな行為の模写を作ることではない。たしかにミメーシスとは描写ではあるが、それはリアルな行為を介してその「ありうる」姿、「あるべき」姿を浮き彫りにするのでなければならない。この意味で「ミメーシスとはポイエーシスである」。『詩学』における次の有名な一節はそのことを述べている。「詩人の仕事は実際に起こった出来事を語ることではなく、起こるであろう出来事を、すなわち、もっともな成り行きまたは必然不可避のしかたで起こりうる可能事を語ることである[13]」。

ところで、アリストテレスによれば、ミメーシスの営みが備えるこのポイエーシスの力の核心をなすのが「ミュートス」にほかならない。この語は、例えばロゴスと対にして用いられる時にはまさしく寓話や物語を指すのであるが、ここでは第一義的には「筋立て（mise en intrigue, emplotment）」を意味している。ゆえに、行為のミメーシスが「産出的」でありうるのは、「筋立て」の力によるということになる。リクールが自らの物語論の文脈で注目するのはまさにこの点である。物語の核心には筋立てをするという営みがある。時間がその本質的な分散性によって直接的な把握を拒むのに対して、筋立てとは分散していく諸要素をとりまとめ、ある種の「総合」をなす営みである。ただし、それは独特の性質を帯びた総合である。筋立てられた全体を一挙に俯瞰することはできない。筋立ての総合作用に参与するには、時間をかけてそれを「辿る（suivre, follow）」しかない。同じ一つの筋を、視点やスケールを変えて辿ったり、読み飛ばしたり、後ろから読んだりすることはできる。だが、筋を辿る時間それ自体を省くことはできない。その意味で、筋立ては時間を内に組みこんだ構造をしている。時間がいかなる説明をも拒むアポリアであるにもかかわらず、「物語的な様式で分節される」のはそのためである。物語の筋は、時間性のアポリアを否定することなく、私たちが関わりうるような姿へと「形象化（figuration）」することができる。物語が時間のアポリアを「産出的＝ポエティック」にするというのは、このような意味である。

以上のような見地から、リクールは「行為のミメーシス」というアリストテレスの規定に組織的な組みかえを施しつつ、自らの解釈学的概念へと仕立て上げていく。物語としてのミメーシスの対象は、もはや『詩学』におけるように、悲劇の登場人物の徳高い個々の行為に限定されるのではない。個々の行為は「行為し受苦する自己」（le soi agissant et souffrant）」を表出し、行為し受苦する自己はその世界内存在において、けっして直接に把握できない時間性へと連なっている。リクールにとって、物語がその「ミュートス」によって写しとろうとするのは、そのような広がりをもったリアリティである。ただし、それは物語によって形を与えられるのを待つだけの混沌とした素材なのではない。行為者は自ら自身や自らの関わる諸事物を無自覚にでもそれ「として（comme）」理解している。行為世界を統べているこの「先形象化（préfiguration）」から触発を受け、そこに潜在する多様な諸要素をさまざまな道筋と視点から自覚的にまとめ上げる「統合形象化（configuration）」こそが、物語の筋立てによって担われる営みなのである。筋立てによるこの独特の総合作用は、行為世界の潜在的意味分節を明示化し錬成することによって、自律的な意味空間を形作るであろう。それは、リクールが一九七〇年代以来「テクスト世界」と呼んできた、私たちの「存在可能（pouvoir-être, Seinkönnen）」が所与の現実を踏み越える自由度をもって開示される場としての可能世界である。物語は、現実の行為世界をそのような可能世界との二重写しにおいて見ることを、より端的にいえば、前者を後者「として見る」ことを可能にする（たしかにこの点には、「ふるまい」とその「かたり」の奥に「うつし」の根源的二重化を見ようとする坂部の立場と触れあうところがある）。ただし、このテクスト世界は、それが物語の筋によって編まれている限りは、究極においては自律的ではない。右に述べたように、筋は時間をかけて辿られることによってのみ作動するのであり、可能世界はこの意味での「読む」営みによる「再形象化（refiguration）」を待っているのである。

こうして、アリストテレスのミメーシス概念は、「時間性と物語性の循環」という『時間と物語』の問題構制の下で鋳直されて、先形象化－統合形象化－再形象化という「三段のミメーシス」へと変貌させられる。物語は直接把握できない時間性を筋立て「として」浮き上がらせ、その筋立てが私たちの生きる行為世界を新たな意味を帯びたもの「として」理解させ、そしてその理解がまた新たな物語を呼びこむ。このように描き直された解釈学的循環を、リクールは「省察が同じ地点を、しかし異なる高さで通るようにする果てしない螺旋[14]」になぞらえている。無数の物語を介して人間存在の根本構造たる時間性が不断に形象化し直されていく動的過程には、まさに「果てしない螺旋」というイメージがふさわしい。ここにおいて、リクールの解釈学的哲学は美しい自画像を手に入れたように見える。実際、リクールが解釈学を標榜し始めてから執心してきたのは、意味が解釈とともにたえず更新されていく「意味論的革新（innovation sémantique）」の行程を思索できる道筋を切り開くことだったからである。

4　類比の comme から証しの comme へ
――ミメーシス論の深化としての「自己の解釈学」

しかし、「comme」という小辞に注目してこの「三段のミメーシス」論を振り返ってみると、そこにはなお掘り下げて考察すべき問題が残されていることが見えてくる。とくに注意を促したいのは、このミメーシスの行程を規定する「…として見る（voir comme）」ことの「として（comme）」が、基本的には「類比」のカテゴリーの下に置かれていることである。実際、『時間と物語』のある箇所では、この行程の動態を表現する論理が「同、他、類似の弁証法」と呼ばれている。もちろん、二つの事象を外から引き比べて結びつけるような類比が想定されているのではない。直接にはいかにしても把握できない事象が、言葉の独特の総合力によって内から展開されて、新たな理解をもたらす形象へと結実していく道程の有りようが「類比的」と形容されているのであって、その奥には、アリストテレスのデュナミス－エネルゲイアの循環をふまえた存在論的な類比概念が控えている(15)。

だが、この行程を貫いて働く「comme」を、いずれにせよ「類比」の相の下で理解しようとするのは妥当なことであろうか。類比は comme の「ように」という含意を際立たせ、voir comme を「…のように見る」の意味へと傾かせる。その場合、いくらリクールが「ミメーシスとは単なる模倣（imitation）ではない」ことを強調しても、comme の「として」という含意が告げる問題次元は覆い隠されてしまうのではなかろうか。このことは、三段のミメーシスの最終局面たる「再形象化」について少し踏み込んで問うてみれば分かる。物語の筋を通して統合形象化された可能世界との二重写しの下で、私たちが現に行為する世界を形象化し直すというのが、リクールのいう再形象化の意味であった。これが「…のように見る」ことに基づく類比的な意味地平の拡大としてしか位置づけられないとしたら、はたして再形象化の「再（re-）」という接頭辞は意味をもちうるであろうか。その場合、物語を介してもたらされるのが私たちの行為世界の「新たな」形象化であるという面は浮き彫りにされても、それが同時に当の行為世界を「それとして（comme tel, als solch）」描き直す「〈再〉形象化」だという面は、後景に退いてしまうのではないか。

それゆえ、comme の「として」という含意をあらためてクローズアップしなければならない。そうすると、『時間と物語』のミメーシス論が積み残した問題が見えてくる。それは、三段のミメーシスの行程を貫く「自己同一（identité）」自体はどのような仕方でとらえられるのか、という問題である。ミメーシスの螺旋的行程の自己同一が次なる問題となることを、リクールは『時間と物語』の刊行時にすでに理解していた。この全三巻の大著を締めくくる「結論」は、実は本文全体を一年後に読み直して書かれたものであるが、そこで初めて「物語的自己同一」という概念が提示されるのである。だが、これはまだ問題につけられた名称にすぎない。「…として見る」ことによって筋立てされていくこの自己同一は、どこでどのようにして「それとして（comme tel）」確証されるのか。

このように見てくれば、リクールの次なる著作である『他者としての自己自身』が、この問いに正面から立ち向かおうとしたものだということは明らかである。実際、著作名（Soi-même comme un autre）に組みこまれたcommeについて、リクールははっきりと次のように述べている。「私たちは、このcommeに強い意味を結びつけようと思う。すなわち、単なる比較の意味――他者のような（semblable à）自己自身――ではなく、まさに他者としての（en tant que）自己自身という包含の意味を結びつけたいのである[16]」。commeを類比の「ように」にとどめず、「として」にまで掘り下げるならば、「他者としての自己自身」が主題化されねばならない。それがリクールのいいたいことである。そこで問題になる「自己（soi）」のidentitéは、或るものと或るものとが同一だとか類似しているとかいう次元のidentitéに吸収されるものではない。或るものが「何」であるかという問い（question «quoi ?»）を通して、この把握の営み自体の再帰的自己確証としての「誰」の問い（question «qui ?»）がつねに目指されている。結局最終的な問題は、何かを何かとしてとらえる「同一性（mêmeté）」の次元を介して、自己を自己としてとらえる「自己性（ipséité）」の次元に触れることである。ミメーシスの「voir comme」の「comme」は、その核心においてこの意味での「自己性」に根を下ろしているといわねばなるまい。

だが、「同一性」の把握とは区別されるべきこの「自己性」は、いったいどのような様態の下でとらえられるというのか。ここで注目したいのが「証し（attestation）」という術語である。リクールは、この術語を『他者としての自己自身』の全編を貫く「パスワード（mot de passe）」として位置づけている[17]。何かを何か「として見る」営みを通して展開する解釈学的過程の全体は、「自己自身を証しする（s'attester soi-même）」という仕方で確証されることを求めるのである。これがミメーシスの「comme」を類比の相の下でとらえていた『時間と物語』までの立場を自覚的に深化させたものであることは、その後のリクールの発言からも確かめることができる。たとえば、「過去のしるし」と題された一九九八年の論文では、『生きた隠喩』や『時間と物語』での「comme」がなお類比の枠組みにとらわれていたことを反省し、それを「証言の comme」へと引き寄せて再考すべきだと考えていることを明言しているのである[18]。ちなみに証言（témoignage）はフランス語の用法上も証し（attestation）ときわめて意味の近い語であり、リクール自身も両語を密接な連関の下で用いている。しかし、そもそも「自己性」が「証し」されるとはいかなる事態を指すのであろうか。その点をさらに追究しなければならない。

5　リクールの「証し（attestation）」とハイデガーの「証し（Bezeugung）」
――ハイデガーとの論争

ここで想起しなければならない事実がある。それは、リクールがこのように「自己の証し」という概念をもちだしてくる時、第一に念頭に置いているのは『存在と時間』におけるハイデガーの「証し（Bezeugung）」概念だということである[19]。実際、ハイデガーとの連関を視野に入れて考えれば、リクールが証しという語に託す狙いがよく見えてくる。というのも、ハイデガーの実存論的分析論における証し概念は、あれこれの存在者をそれ「として」現出させる理解の「として‐構造（als-Struktur）」に対して、この「として‐構造」全体を「それとして（als solche）」現出させ、理解にもたらす様態として位置づけられるからである。すなわち、ハイデガーの分析は、存在者が存在することの意味理解の存在論的条件を私たちの「現存在」の「世界内存在」という在り方に求めるのだが、この世界内存在がそれ「として」、その

「本来性（Eigentlichkeit）」と「全体性（Ganzsein）」において露わになるのは、世界内存在がその根本体制においては「死への存在」であることが自覚される時である。逆説的にも、自らのすべての存在可能性が不可能と化す、「不可能性の可能性」としての自己自身の死へと呼び戻されることによって、現存在は自己自身へとまとめ上げられ、「最も固有な、没関係的な、追い越しえず確実な」〈自己であること（Selbstsein）〉の存在可能性へと出会わされる。ここで自己の死を「先駆的覚悟性」という形で「引き受ける」ことができれば、現存在は自己自身に対して「透明〔透見的〕（durchsichtig）」になり、本来的な「自己存在可能〔自己で在りうること〕（Selbstseinkönnen）」から自己を理解するに至る。現存在のこのような存在様態を、ハイデガーは「自己を証すること（sich bezeugen）」と呼ぶのである。

リクールの証し概念は、ハイデガーの証し概念がもつこうしたステイタスを引きついでいる。だが、見落としてはならないのは、この引きつぎが、当の概念の根本性格を変えてしまいかねないような重大な留保を伴っていることである。そのことは、すでに『他者としての自己自身』においてかなりはっきりと表れている。この書の「パスワード」としての証しは、一貫して、行為し受苦する自己であることへの「信〔確信・信頼〕（croyance, fiance, confiance, assurance, etc.）」として規定されている。こうした「信」にまつわる語彙系列は、ハイデガーの分析論では決して登場することがない。その反面、『他者としての自己自身』の証し論では、死の問いがまったく登場しない。少なくとも、自らの死の引き受けによる現存在の全体的・本来的自己化というハイデガーの証し概念の枢要な契機を、リクールは意図的に遠ざけている。実際、リクールは自己の証しがそれ自体「裂けた（brisée）」ものであり、証しされた自己がつねに「未完了」であることを強調している。だが、その場合、自己を自己「として」証しするというその「として」は、「として－構造」全体を浮き彫りにするには至らず、中途半端なものになりはしないだろうか。ハイデガーの側から見れば、「死への逃避」に方向づけられた現存在の非本来的な在り方を無批判に前提していることになるのではないか。

まさしくここで、十年後の大著『記憶・歴史・忘却』、とくにその第三部の「ハイデガーとの論争」と銘打った箇所を繙いてみるべきであろう。[20] そこで挙行される『存在と時間』の後半部の組織的な読み直しを導くのは、「…まで生き続けたいという願い（le vœu de demeurer vivant jusqu'à…）」という定式である。リクールは次のような問いから始める。「死へと向かって生きるのではなく、…まで生き続けたいという願いによって引き起こされる喜びは、それとの対照によって、ハイデガーのいう死への覚悟性の実存的、部分的で、偏向的であらざるをえない面を際立たせるのではないか」[21]。この一節は、表面的に読めば、上記の疑念を、すなわちリクールにおける死の問いの排除を裏書きするものと受けとられかねない。実際、こうした言明を根拠に、ハイデガーの死の哲学とリクールの生の哲学という対立図式を掲げるリクール論はかなりの数に上る。

だが、そうした論者たちは、この論争の争点が「〈死にうること（pouvoir-mourir）〉についての〔ハイデガーとは〕別の読解」[22]であることを不注意にも見落としている。それを念頭に置くならば、「…まで生き続けるという願い」は、単に死の側よりも生の側を選んだことの表れとしてではなく、「死にうること」の別の読み方を畳み込んだ定式として受けとめるべきであろう。そうすると、ハイデガーのいう「死への存在」の「死への（zum Tode）」に当たる部分が、「死」という語自体を脱落させて「…まで（jusqu'à…）」と言いかえられていることが目につく。これは死についてのどのような見方を反映しているのであろうか。

ここで注意を促したいのは、リクールが一度きりではあるが、死を「最も根源的な存在可能〔在りうること〕の不可避的かつ偶然的な中断[23]」と形容していることである。死は、自己自身の死の引き受けによって証しされるはずのハイデガー的な「最も根源的な存在可能」をも中断させるがゆえに、それを「自己の」死として「引き受ける」こと自体を許さない。リクールの定式における「…まで」は、私たちが「不可避的かつ偶然的な中断」としての死への存在であることを表している。この意味での「死への存在」としての自己の証しは、「先駆的覚悟性」という仕方ではなく、自己化不可能な死の「中断」に突き戻されて、未完了なる生の側に残存するという形しかとりえない[24]。リクールの証し概念の未完了性はここに理由をもつのである。

ただし、これはいかなる意味でも「死の受容」が不可能だということを意味するのではない。自己の証しの未完了性とは、自己の死を直接的に引き受けることの不可能性を前提とした上で、「…までの生」の証しが「〈死なねばならないこと〉の受容（l'acceptation de l'avoir-à-mourir）」と一体となって進む「自己への長い作業（un long travail sur soi）」に存するのだとリクールはいう[25]。けっして「私の死」として自己化できない、その意味で非人称的とさえいえる「死なねばならないこと」へと張り渡された「…までの生」の証し。それが自己への「長い作業」だというのはどういうことであり、その「長さ」とはいかなる性質の長さであるのか。このことは、『記憶・歴史・忘却』において「自己の解釈学」が「歴史的条件の解釈学（l'herméneutique de la condition historique）」として語り直されていることと密接に関わるように思われる。ミメーシスの「comme」の根となる「自己性」の「comme」が直ちに私たちの「歴史的条件」であるということ。まさしくここに、「語るとは何をすることか」という本章の問いにとって決定的に重要な洞察が潜んでいるように思われる。最後にその点に触れてみたい。

6　死者を媒介とする生者——リクール的自己性の歴史＝語り性（historialité）

「自己から自己への最短の道は他者を経由する」。自らの立場をこのように要約するリクールは、自身の歩む道が終わりなき媒介を経由する「長い道」であることをつねづね強調していた。(26) しかし、いまやリクールは、それを地平の変容と拡大を伴う「果てしない螺旋」として描くことで事足れりとするのではない。以上見てきたリクール晩年の道程は、そのように外へと「形象化」された「長さ」を発出点へと引き戻し、その「リアリティ」において摑み直そうとしているように思われる。「…までの生」の源泉にまで立ち返って捉えられる「長さ」とは、はたしてどのようなものとなるのだろうか。

本章の最初に言及した坂部の思索を再びもちだせば、ここに至って、リクールは坂部の独特の詩学に比しうるような「根源的二重化」の境位に辿りついたのだといってもよかろう。「…まで生き続ける〔生き残る〕こと」としての自己の「裂けた証し」とは、要するに生と死（あるいは一まとめに「生－死」と表現した方がよいかもしれない）が、けっして縮減できない二重性をそのつど形成しつつ、いかなる全体化の企てをも内から引き裂くような「長さ」において自らを示す様態だからである。この点は、『記憶・歴史・忘却』の全考察を動かす「記憶のアポリア」を参照することでさらに明確に把握できる。記憶のアポリアとは、「もはやない（n'être plus）」という「喪失」を「あった（avoir été）」という「過去の実在性」として受けとり直すという点に存する。これは『時間と物語』での時間性のアポリアの深化形態だといえよう。

リクールが強調するのは、記憶を成り立たせるこの「として」は理論的にはどこまでもアポリアであるのに、にもかかわらず記憶は実践され続けていること、そして、この記憶の「作業（travail, Arbeit）」が彼のいう「自己の証し」の核になるものだということである。「作業」とはフロイトのメタ心理学の術語をふまえた言い方であり、記憶の実践において「想起の作業（Erinnerungsarbeit）」が同時に「喪の作業（Trauerarbeit）」であらざるをえないことを表す。この「作業」の二重性を、リクールは次のような美しい表現で描いている。「喪の作業は想起の作業の代価である。だが、想起の作業は喪の作業の恩恵である」。(27)

「自己への長い作業」という先の言い方は、まさしくこの意味での記憶の作業の二重性の下で理解すべきものであると思われる。それによって、この「作業」の内実が、ひとりの自己における「生‐死」の二重性という枠組みには収まらないことが見えてくる。そこで浮上してくるのが「死者‐生者」の二重性という事態である。すなわち、「生‐死」の二重性を刻印されて「…まで生き続ける」自己の未完了なる証しの「作業」は、死者としての他者たちを不可避的な媒介とし、いわば死者と生者の二重写しの中でのみ進行するのだということが見えてくるのである。リクール的な「自己への作業」の「長さ」は、究極的にはここにその源泉をもっているといわねばならない。この点を説明していこう。

記憶の営みが想起の作業であると同時に喪の作業であるということは、いかなる記憶も単なる過去の保持ではなく「喪失の受容」を存立条件とするということである。そして、そのつどの記憶において課せられる喪失の受容は、その背後で究極的には記憶する自己自身の喪失の受容という課題を突きつけてくるはずである。だが、先に述べたように、死が自己化不可能な「不可避的かつ偶然的な中断」であり、自己がどこまでも「生き続ける」ものである限り、記憶する自己が（「先駆的」にであれ）直接に自己自身の喪の作業につくことはできない。ここで注目したいのは、まさに記憶する自己の中核に刻まれたこの不可能性を見届けたところで、リクールが「他者の死」というモチーフを導入してくることである。[28] 自己自身の喪の不可能性は、記憶する自己の「自己への作業」を、死者としての「他者の喪」へと送り返す。これがリクールの洞察の肝要な点である。

記憶の営みが自己を自己として「再認」させる「自己性（ipséité）」の成り立ちと深く関わっているだろうということは、リクールを離れて考えても理解できる話である。だが、記憶の営みが喪失の受容としての喪の作業と不可分であり、この「喪失と喪（la perte et le deuil）」が「他者の死を経由する道の途上」においてのみ学ばれうるものだとしたらどうであろうか。[29] その場合、自己性はその存立の原点において、いつもすでに死者としての他者たちを介在させていることになるだろう。これはどのような事態であろうか。

問題は、「喪失と喪」は他者の死を介してのみ教えられる、というリクールの主張の意味である。他者の死に対する喪の作業とは、ふつうは愛する他者を失った衝撃による抑うつ状態から時間をかけて徐々に脱していき、その喪失を過去として位置づけるにいたる治癒過程を指す。だが、リクールは「他者の喪」というテーマに大胆な拡張を加えている。まず第一に、そこでは「他者の死」はいわゆる「二人称の死」に限られるのではない。遠く見知らぬ者たちの死、「第三者」として「われわれ」の親密性に入ってこない者たちの死、とりわけ私たちの見えないところで巨大な力の犠牲になっていく者たちの死。死者としての他者には数々の異なった様態があり、それぞれがその様態に即して生者に「喪失と喪」を教えるのだと考えられている。さらに重要なのは、この教えが起動させる「喪の作業」は、心理的な治癒過程には収まらないある種の存在論的射程を帯びたものとして位置づけられることである。死者としての他者は、「もういない」者、取り返しようのない一回的な仕方で「過ぎ去った」者である。だが、私たちはこの過ぎ去りを「〈(かつて)いた〉という謎めいた事実」の証しとして受けとり、自らそれを証するように迫られる。これがリクールの考える喪の作業、さらには喪の作業と一体になった記憶の作業の核心であると考えたい。実を言えば、『記憶・歴史・忘却』の論述は、必ずしもこのような「死者－生者」という問題構成を前面に出す形で整序されているわけではない。だが、それが『記憶・歴史・忘却』という著作の全体にとって決定的な意味をもつことは、この書の巻頭言としてジャンケレヴィッチの次の一節が掲げられていることからも明らかであろう。「かつていた者は、以後はもう〈いなかった〉ことにはなりえない。その後は、〈いた〉というこの謎めいた深く暗い事実(ce fait mystérieux et profondément obscur d'avoir été)が、永遠への旅路の路銀となるのである[30]」。

「かつていた者」が「〈いた〉というこの謎めいた深く暗い事実」。その者が「もういない」がゆえに、この事実は「…まで生き続けた」その者の生の永遠の未完了性の証しとして、生者を触発してやまない。それは単なる「既成事実」を意味するのではない。かつての可能存在としての死者の一回性が、一度も現実化しなかった「抑圧され、流産した存在可能性」をも本質的な構成要素とするものであることを、リクールは何度も強調している。だからこそ、死者から生者への触発は、存在可能性のレベルで繰り返し受けとり直され、絶えず別様の語りを伴う生者の終わりなき「作業」となる。すなわち、死によって完了させられた死者の過去の生の未完了は、「…まで生き続ける」私たち生者の生の未完了と重ねられ、生者の自己の未完了の証しに織り込まれることによってのみ、生者に「教える」ものとしてその意味を全うするのである。さらにいえば、このことは、生者としての自己の「…まで生き続けること」が死によって「不可避かつ偶然的な中断」を施された後も、その完了した未完了態が、来るべき生者たちの未完了な「自己の証し」の媒体として供されうることを予想させるであろう。こうして、リクール的自己性の「裂けた証し」とは、その裂開自体が「生‐死」の二重性の「死者‐生者」の二重性による自乗化を体現するような出来事だと結論できる。そして、「歴史」を生起させるミニマムが生者と死者の関係であるとすれば、この自己性を貫く根源的時間性はそもそもの初めから「歴史的」なのだといっても過言ではあるまい。さらに思い切っていえば、この「歴史（histoire＝history）」の条件としての自己性は、直ちに「語り（histoire＝story）」の条件としての自己性でもある。何かを何かとして認知し、自己を自己として理解する際に問われてくる「リアリティ」が、時間と記憶のアポリアに刺し抜かれ、「死者‐生者」の二重性においてのみ証しさせるものであるからこそ、この証しは虚を実として、実を虚として提示し、開示力と逸脱可能性を同時に含んだ「語り」によって表現されざるをえない。晩年のリクールの思索が用意したミメーシスの comme の掘り下げの道は、私たちをこのような地点にまでいざなうのである。

7　おわりに――再び「ミメーシス」へ

語りとは何をすることなのか。なぜ私たちは物語に関わらざるをえないのか。本章は、坂部恵の「かたり」論を導入とし、リクールの『時間と物語』における物語＝ミメーシス論をクローズアップして、後のリクールの思想展開をこの論の根底へ向けての掘り下げとして読むことで、この問いへの応答を試みた。

そうして得られた洞察から、ミメーシスという事柄についてあらためて何事かを述べることができるだろうか。その点について私たちの展望の一端を述べ、リクールと坂部の立場が最も深い所で交差する様子を垣間見させるところで、本章の差し当たりの締めくくりとしたい。

さて、これまで辿ってきたリクール晩年の思想展開は、一見、ミメーシス概念の掘り下げというよりも、むしろその解体を招来するように思われるかもしれない。本章は、「comme」という小辞に着目することによって、この展開が、「解釈学的〈として〉」を類比的な地平拡張の動態ではなく、証言による自己証示の断絶をはらんだ連鎖として位置づけ直すものであることを浮き彫りにした。この転換は、『時間と物語』のミメーシス論の中心にあった「形象化（figuration）」という論点を突き崩すのではないか。証言の「として」は、自己化不可能な死の「中断」と死者が教える「喪失」をその中核に織り込むがゆえに、むしろまずは形象の断念を求めるように思われるからである。

これは、死と死者を組織的に主題化してはいない『記憶・歴史・忘却』では十分に強調されていなかった論点である。しかし、リクールの死後に偶然発見され、二〇〇七年に刊行された草稿『死まで生きつつ（Vivant jusqu'à la mort）』によって、今では私たちは、リクールがこの大著の執筆とほぼ同時期に「死についての省察」に専心していたことを知っている。[31] そこでリクールは二つの重要なことを主張している。すなわち、死への問いは私たちのもとから去った「死者」たちをめぐって不可避的に生じる「想像（l'imaginaire）」（「彼はまだ存在しているのか？ どこに？ どんな他の場所に？ 私たちには見えないどんな形で？ 別の仕方で見える形で？」[32]）から始まらざるをえないが、にもかかわらず、そうした想像を「祓いのける（exorciser）」ことによってこそ、喪と記憶の作業が作動し、死者は幽霊から「…までの生」の証人に転じる、というのである。

だが、まさにこの局面において、「記憶は想像を治癒する」(33)ともいわれている。死が体現する「中断」に呼応する生者たちの「作業」は、死が喚起せざるをえない諸々の想像の「悪魔祓い(exorcisme)」と一体化することで、単に想像を追放するのではなく、それを「治癒する」というのである。このことが何を意味するのかを、リクールの草稿は詳しく論じているわけではない。だが、少なくともこの「治癒」を、死の「不可避的かつ偶然的な中断」をはさむことによってのみ生起しうる想像の転換、リアリティの「形象化」の更新と一体の事柄とみなすことは許されるのではないか。そうだとすれば、表面的にはミメーシスの comme の解体に見える証しの comme の内にこそ、ミメーシスをポイエーシスたらしめるたえざる源泉を見てとるべきだということになろう。ここで大変興味深いのは、こうした次元での転換を、リクールがこの草稿でしばしばキリスト教由来の「復活(死復活)」と結びつけて語っていることである。このことは、リクールの哲学がそのぎりぎりのところで依拠する「ポエティックな」源泉の在り処を示唆していると同時に、ミメーシスという概念自体の捉え直しへのヒントになりうるかもしれない。いささか大風呂敷を広げれば、そこからは、アリストテレス由来のギリシア的なミメーシス論を、imitatio Christi(キリストのまねび)の流れをくむ imitatio(まねび)という営みとの交差において構想し直す道が垣間見られるように思われるのである。

ここまで見通しを広げるならば、このリクールの「ポエティック」と坂部恵の「詩学」が両者のミメーシス論の奥で触れ合う様子が見えてくる。実を言えば、坂部の「かたり」論がその奥に追求した根源的二重化もまた、究極的には、不在と存在、死と生、死者と生者の重ね合わせ・映し合いへと私たちを導くものであった。坂部が「ことなり」として術語化するリアリティの究極相は、この映し合いの動態以外の何ものでもない。坂部にとって、「かたり」を動かす「水平方向のミメーシス」は、実はこのような根源へと人々を引き戻す「垂直方向のミメーシス」によって動かされている。(34) このことに目覚め、後者の方向に付き従うとき、「かたり」とそれが描く形象はいったん消失し、「しじま」へと収めとられる。そこからこそミメーシスの営みは真に賦活されるというのが坂部の考えである。

だが、リクールと坂部の双方から引き出せるイマージュの断念と賦活の交替運動は、まさに両者が重なり合うその地点において、すでに重心の置き所を異にしている。坂部の思索を貫いているのは、「かたり」が「しじま」へと引き戻され、生と死、存在と不在の「あわい」そのものとなるような根源へと脱自的・観想的に身を置きたいという強烈な志向である。そのとき、かたりによる「うつし」の対象たる「ふるまい」は、「ふり」の要素を脱落させて沈黙の「まい（舞い）」と化す。そのような境地への憧憬こそが、坂部哲学の核となるものであった。それに対して、リクールにとっては、生と死の「あわい」そのものであるような根源へと沈黙において一体化するといったことは考えられない。(35) 生と死の二重性は縮減不可能な「長さ」を含むがゆえに、それに応答する自己の証しは、媒介的で、断片的で、どこまでも未完了な「作業」でしかありえない。だからこそ、リクールにとっての自己は、「行為し受苦する自己」という実践性を核とすることになる。この自己にとって、「語り」はたえず「語り直し」へと、「他の仕方で語ること（raconter autrement）」へと差し向けられるしかなく、「根源」の有りようは、断絶と転換をはさんだこの語りの連鎖によって間接的に証示されるのみである。いわずもがなのことをいえば、論者自身は、坂部の思弁の美しさに魅せられつつも、哲学的にはリクールの開いた道により近しさを感じている。いずれにせよ、両者におけるミメーシス論の掘り下げの底に透かし見える「リアリティ」の光景を見届けたところから、あらためて物語という問題系をその細部にいたるまで考察し直していく必要がある。本章は、そうした作業のための原理論としての意味をもつものでもあった。

注

（1）実際、冒頭に引用したイサク・ディーネセンという作家の有りよう自体が、語りと「虚」の次元との不可分性という事柄について多くのことを考えさせてくれる。彼女は、スウェーデンの貴族と結婚してケニアに渡り、コーヒー園の経営に携わったが失敗し、離婚してデンマークに帰って四十八歳から本格的な作家活動を始めた。デンマーク語と英語の両方で小説を書き、デンマーク語で書くときには本名のカレン・ブリクセン、英語の時は男性名のイサク・ディーネセンを名乗った。現実を繊細に描く穏やかな語り口から現実のものとは思えない不思議な感覚を醸し出す彼女の作品の複雑さは、物語作家としての当人の複雑な有りようとどこかで響きあっているように思える。ディーネセンについては、アーレントが『暗い時代の人々』で一章を割いて論じている（Hannah Arendt, *Men in Dark Times*, Harcourt Brace Jovanovich, 1968）。

（2）本章は、二〇一四年九月一日・二日に行われた土井道子記念京都哲学基金シンポジウムでの発表を元にしている。その際の共通テーマは「リアリティと物語」であった。本章がこのテーマを念頭に置いて構想されたものであることを付記しておきたい。

（3）野家啓一『物語の哲学——柳田國男と歴史の発見』岩波書店、一九九六年、第二章「物語と歴史の間」（初出時の題名は「物語行為と歴史叙述」『批評空間』第二号、一九九一年）、九一頁。

（4）高橋哲哉『記憶のエチカ——戦争・哲学・アウシュヴィッツ』岩波書店、一九九五年、『戦後責任論』講談社、一九九七年、『歴史／修正主義』岩波書店、二〇〇〇年。

（5）加藤典洋『敗戦後論』講談社、一九九七年。

（6）坂部恵『かたり』弘文堂、一九九〇年、二七頁。

（7）同前、七六―七七頁。

（8）同前「あとがき」、一七六頁。

（9）Paul Ricœur, *Temps et récit 1*, Paris, Seuil, 1983, p. 85.

（10）Augustinus, *Confessiones*, Lib. XI.

（11）これは、初期の「意志の哲学」において、リクールが自らの行程の終着点として予描していた「意志の詩学（Poétique de la volonté）」にまで遡る用法である。この点については、拙著『ポール・リクールの思想　意味の探索』（創文社、一九九八年）の第五章を参照されたい。

（12）Paul Ricœur, *Temps et récit 3*, Paris, Seuil, 1985, p. 374.

（13）Aristoteles, *Poetica*, 1451a.

（14）Paul Ricœur, *Temps et récit 1*, Paris, Seuil, 1983, p. 111.

（15）解釈を促す意味の運動をこのような意味での「類比」の相の下で捉える立場は、一九六〇年代の「象徴の解釈学」の時期から表れている。たとえば『悪の象徴系』（一九六〇年）では、「象徴」自体の規定の中に以下のような形で「類比」が組みこまれている。「象徴とは、第一の意味がわれわれを潜在的な意味へと参与させ、そうして類似を知的に支配できないままにわれわれを象徴されたものへと同化させる運動である。象徴が与えるものだというのはこの意味においてである。すなわち、象徴は類比的に第二の意味を与える第一の志向性であるがゆえに、与えるものなのである」（Paul Ricœur, *Finitude et culpabilité 2. La symbolique du mal*, Paris, Aubier, 1960, p. 178–179. 傍点部は筆者による）。

この点は、一九七〇年代の代表作である『生きた隠喩』（一九七五年）でも基本的には変わらない。そこでは、隠喩の営みの核心に見られる「voir comme」を「以前の範疇化を破り、先立つものの廃墟の上に新たな論理の前線をうち立てる」（Paul Ricœur, *La métaphore vive*, Paris, Seuil, p. 251）こととして特徴づけた上で、この営みの地平にêtre-comme（「として-在ること」）という存在自体の類比性を望見するのである。

（16）Paul Ricœur, *Soi-même comme un autre*, Paris, Seuil, 1990, p. 14.

(17) Ibid., p. 335.

(18) 「今日では、私は〔『時間と物語』における〕代理ないしは代表作用という概念を、隠喩の〈として〉よりもむしろ証言の〈として〉の側に引き寄せることによって救いだそうとするだろう。隠喩の〈として〉が、『生きた隠喩』の第八研究で練りあげた〈として－在ること（être-comme）〉と組になるものだとしても、そのことに変わりはない。〔…〕同じ理由で、今日の私は、〔…〕かつてほど同、他、類比の弁証法から多くの光が得られるとは思っていない。同と他の対立を超えたところで類比をもちだすというやり方は、現在の私には、エイコーン（像）の問題系に依拠しすぎているように見える。それを証言の篩にかける必要がある」（Paul Ricœur, «La marque du passé», in *Revue de Métaphysique et de Morale*, No. 1, 1998, p. 15–16）。

(19) ちなみに、attestation というのは、ハイデガーの Bezeugung の仏訳語として一般に流通している術語である。ただし、たとえばマルセルなどにもこの語の独自の用例があり、リクールの証し概念にはハイデガー以外からの由来を探る余地があることも事実である。なお、リクールの atttestation とハイデガーの Bezeugung の関係についてより詳細に論じたものとして、次の拙論を参照されたい。Yasuhiko Sugimura, «Pour une philosophie du témoignage : Ricœur et Heidegger autour de l'idée d',,attestation (Bezeugung)“», in *Etudes Théologiques et Religieuses*, Tome 80, 2005, Paris/Montpellier, p. 483-498.

(20) この点についてより詳細に論じたものとして、次の拙論を参照されたい。杉村靖彦「〈…まで生き続けること〉――リクール『記憶・歴史・忘却』における「ハイデッガーとの論争」」、秋富克哉・関口浩・的場哲朗編『ハイデッガー『存在と時間』の現在』南窓社、二〇〇七年、二〇九―二二七頁。

(21) Paul Ricœur, *La mémoire, l'histoire, l'oubli*, Paris, Seuil, 2000, p. 466.

(22) Ibid.

(23) Ibid, p. 467.

(24) リクールの定式中の demeurer というフランス語動詞は、「続く」と「残る」という意味を合わせもっており、demeurer vivant jusqu'à.. は「…まで生き残ること」と訳すこともできる。むしろそう訳した方が、「不可避的かつ偶然的な中断」としての死に刺し抜かれた在り方を際立たせられるという点では、適切かもしれない。

（25）「自己に対する長い作業を経て初めて、まったく事実的なものであった死の必然性が、なるほど〈死にうる〉ということにではないとしても、〈死なねばならない〉ことの受容へと転じることがありうる。これは比類なき独特の「先駆」であり、智恵の果実である」（Paul Ricœur, *La mémoire, l'histoire, l'oubli*, op. cit., p. 88）。

（26）一九六五年の有名な論文「実存と解釈学」で、すでにリクールは、「現存在分析論の短い道を言語の諸分析が始動する長い道で置き換える」ことを提唱している（Paul Ricœur, « Existence et herméneutique »,in *Le conflit des interprétations*, Paris, Seuil, 1969, p. 14. 強調は筆者による）。

（27）Paul Ricœur, *La mémoire, l'histoire, l'oubli*, op. cit., p. 88.

（28）Ibid., p. 468-471.

（29）「他者の死——迂回の別の形態——を経由する道を行く中で、私たちは二つのことを順次学んでいく。すなわち、喪失と喪である」（Ibid.,p. 468）。

（30）Vladimir Jankélévitch, *L'irréversible et la nostalgie*, Paris, Flammarion, 1974, p. 275.（ウラジミール・ジャンケレヴィッチ『帰らぬ時と郷愁』国文社）

（31）Paul Ricœur, *Vivant jusqu'à la mort. Suivi de Fragments*, éd. par Olivier Abel et Catherine Goldenstein, Paris, Seuil, 2007. この死後刊行草稿をも視野に入れて、本章のテーマを「宗教的なもの」との連関で論じたものとして、次の拙論を参照されたい。Yasuhiko Sugimura, « "Demeurer vivant jusqu'à...": La question de la vie et de la mort et le "religieux commun" chez le dernier Ricœur », *Etudes Ricœuriennes / Ricœurian Studies*, Vol. 3, No. 2, 2012, édité par Johann Michel, David Scotson et Yasuhiko Sugimura, University of Pittsburgh Press, 2012, p. 26-37.

（32）Ibid., p. 36.

（33）Ibid., p. 63.

（34）坂部恵「自在・ふるまい・かなしみ」（一九八六年初出、その後『ペルソナの詩学』（岩波書店、一九八九年）に所収）、『坂部恵集3　共存・あわいのポエジー』岩波書店、二〇〇七年、三〇〇頁。

（35）たとえば、坂部は「生死のあわい」を「生と死の相互浸透」や「生死の可逆性」と言いかえるが（坂部恵「生と死のあわい」（一九九八年）、『坂部恵集3』、三〇八頁、三一四頁）、リクールならば決してそのような言い方はしないだろう。

第六章　テクストの世界と生の世界　矛盾する二つのパラダイム？

ポール・リクールと〈読むこと〉の現象学

ミカエル・フェッセル

本考察は、以下の二つの引用に関わる状況の内に位置づけられるものであり、それらの引用は外見上、互いにかけ離れたように見えるものの、同じ問題系に向けて合図を送っている。

最初の引用は、たとえリクールがそれに出会ったことがあるのは確かだとしても、私の知る限り、彼によって注解を加えられてはいないものである。それは『存在と時間』序論の一節であり、ハイデガーはそこで、現象学的存在論の出発点の問題を提起し、この出発点を、存在の問いに関して現存在に認められた特権の内に見定めている。ハイデガーは次のように問う。「存在の意味は、いかなる存在者に即して読まれるべきなのだろうか（An welchem Seienden soll der Sinn von Sein abgelesen werden）」[1]。ハイデガーによって明確に述べられてはいないが、読む（lecture）というメタファーの使用は、「問いただされているもの（Befragte）」が意味（存在の意味）であり、また、したがって、「問いかけられているもの（Erfragte）」

〔存在者〕がテクストに比較可能である、ということを示唆している。このメタファーは、ハイデガーがまさにそこで自らの探究の方法論的特殊性を提示する『存在と時間』の最初の数節が構築するような、存在論と現象学と解釈学の間の関係を俎上に載せる〔陰で操る〕ことになる。ハイデガーにとって重要なのは、「理解すること（comprendre）」を、一つの存在論的次元として、一つの実存範疇として主題化する、言葉の広い意味での解釈学（herméneutique）が実際に存在するからこそ、テクストの読解・解釈の方法という、制限された意味での解釈学が存在する事実を示すことである。したがって、現存在について、存在の意味がそれに即して解読されるようなテクストに似ていると言うことは、「テクスト」という言葉の定義を問い直すことを意味する。経験のなかで出会う文化的対象という仕方で実在するテクストだけが、まず世界の中に存在しているというわけではない。逆に、テクスト性（textualité）は、世界内存在自身の一特徴として理解されねばならない。私が思うに、そして私がこれから示そうとするように、これがポール・リクールによって、別の道をたどって擁護されることになるテーゼである。

第二の引用は、たびたびリクールによって注釈を加えられるものであり、マルセル・プルーストの「見出された時」から彼が引いてきたものである。プルーストは次のように書いている。

だが私自身に話を戻すならば、私は自分の本のことをもっと謙虚に考えていたし、しかも、おそらくその本を読む人々のことを思って、それを私の読者と言うのは、不正確でさえあるだろう。というのも、私の考えでは、彼らは私の読者ではなくて、彼ら自身の読者だろうからであり、私の本は、コンブレーの眼鏡屋がお客に差し出すような、一種の拡大鏡にすぎないからである。私の本、それによっ

て私は彼らに、彼ら自身のことを読む手段を提供するだろう。(2)

ここで言及されている「本」は、たとえプルーストが想像上の読者のことを言っているのだとしても、ハイデガーが示唆することとは逆に、一つの内世界的存在者である。けれども、作家〔プルースト〕にとって重要なのは、あたかも読むという行為が、自己解読（あるいは自己の解読）という性格を持っているかのように、自分の読者に「彼ら自身のことを読む」手段を与えることであって、それをハイデガーによって俎上に載せられた〔理解という〕働きと近づけることは、不当というわけではない。リクールがこの〔プルーストの〕一節に敏感なのも、彼がまさに以下の事実を明らかにするからである。つまり、読むということは単に客観的意味の解釈なのではなく、自己理解の中心的な一要素だという事実である。理解というものを、主体に対して最初はなじみのない外的な意味を、その主体が単に自己固有化することとして解釈しないように気をつけねばならない。読むこと（lire）は、自己（soi）と自我（moi）の間の、あるいはこういう言い方がよければ、idem〔同じ〕という同一性とipse〔自身〕という同一性の間の隔たりの経験としてリクールが主題化することになる、疎隔化（distanciation）から最初に生じるのである。

読むことが、解釈学的現象学にとっての良きパラダイムとして採用できるのは、(1) 読むことが、主体をそのままにはしない意味（sens）によって、主体がそのさなかに触発される〔影響される〕働きを表しているからであり、(2) この意味の指示対象が現象の世界だからである、ということを私は示したい。読者を触発するのは、世界の中のテクストではなく、テクストの世界（monde du texte）であり、さもなければ、リクールは解釈学的現象学ではなく、〔単に〕解釈学を行なったのだということになろう。それゆえ、考えなければならないのはある媒介（médiation）であって、この媒介を通じて、テクストの世界が（さしあたりは知覚世界として理解された）生の世界〔生活世界〕（monde de la vie）に通じると同時に、また反対に、生の世界がテクスト性についてのある種の経験から出発して把握できるようになる。その場合、リクールにおける知覚の現象学の、かくも驚くべき不在は、人間と世界の関係を規定する、さまざまな（例えば身体的）能力についての直接的な記述に取りかかることの拒否によって説明されるだろう。けれども、おそらくハイデガーとは違ってリクールは、理解についての自らの分析の中に感性的知覚の場所を空白のままにはしなかった。読むことが生の世界についての問いの中に入るための正しき道であり得るのは、主体が自らを取り囲む諸々の意義（significations）との間で取り結ぶ関係から出発してでなければ、知覚は記述されないからである。

われわれは以上のことを通して、解釈学的現象学が出会わざるを得ない臨界点に触れる。テクストの世界と生の世界を近づけることは、言語的観念論だという非難を避けがたく生み出してしまう。[3] そのうえ、リクールのいくつかの定式は、『時間と物語Ⅰ』から抜き出された次のような危うい定義のように、明らかにこうした方向に向かっている。「世界は、私が読み、解釈し、愛した、記述的もしくは詩的なあらゆる種類のテクストによって開かれる指示（référence）の総体である」[4]。テクストはここで、指示の総体と多様なスタイルにおいて多元化されてはいても、いかなるテクスチャーが問題となっているのか（言語的なのか、感性的なのか）を決定されることなく、世界を吸収してしまうように見える。「作品の世界（monde de l'œuvre）」という概念が指示性（référentialité）の概念と一つになる傾向を持つにつれて、リクールが生の世界というテーマを徐々に放棄するという事実が、こうした側面に付け加わる。われわれの著者〔リクール〕のいくつかの言明を読めば、世界は読まれ得るものの総体、あるいはさらにひどいことには、日常的な言葉、文学作品や物語の中で実際に既に語られてしまったことの総体を表しているとわれわれは言ってしまいそうになる。

しかしながら、このような解釈を相対化し、さらに、私が思うに、それを無効にするものとはまさに、読むことという現象に（あるいはむしろ、現象化の行為としての読むことに）対する、リクールの次第に際立ってゆく注意である。仮に、読むことが世界に適用される解読行為として理解され、それゆえ世界が一冊の本に似たものとなる場合にしか、言語的観念論は存在しない。この場合、一冊の本はさらに、多様な解釈を受け入れる内世界的な文化的対象にならって理解されねばならなくなってしまう。だがリクールにおいて、読むことは、解釈する意識のさまざまな活動の中の一つとしては決して理解されず、むしろ、知覚の目覚ましい一様相として理解されるものである。テクストの世界は、生の世界に取って代わるのではなく、テクストの世界と読者の世界との間の衝突が、新たな諸々の知覚をもたらすような、新たな種類の指示性を生み出す。そこで、テクストの世界が生の世界と同じ役割、すなわち未聞のものを知覚させること、固有の、しかも大抵の場合は隠されている、主体の諸々の可能性に達することという役割を果たすのならば、生の世界よりテクストの世界を選んで何になるのか、と問うことができよう。テクストの世界へのこのような訴えかけが、批判的な目的を持つことを示すようわれわれは努めよう。リクールは、生の世界に割り当てられた体系的役割のなかで「生」の概念を重層決定しようとする、現象学的あるいは準現象学的ないくつかの用法とは明白に一線を画している。

目下の研究は三段階で行なわれる。私は最初に、パラドックスを意に介せず、知覚の詩学（poétique

de la perception）と呼べようものの主要な諸特徴に注意を促したい。「テクストの世界」という概念が導入される前でさえ、リクールは『生きた隠喩』において、生の世界への接近についての、まったくオリジナルな――というのも、それが直観主義的でないからだが――理論を提示している。私は次に、いかなる程度において「テクストの世界」はまったく正当な現象学的カテゴリーであるか――たとえこのカテゴリーがその源泉を解釈学的なタイプの反省の中に見出すとしても――を示すことに取り組みたい。リクールの思想に向けられた、言語的観念論という非難の価値評価をしなければならないのは、まさにこの段階においてである。私は最後に、言語を絶したもののための擁護ともはや理解してはならない生の世界の現象学に対する、このテーマの反動的影響を検討したい。テクストの世界を経由することの目的は、生気論的存在論に再び陥ることとすべてから、生の世界の記述を守るためである。

エポケーとしての詩

「生の世界」というフッサールのテーマを対象とし、またエマニュエル・レヴィナスへのオマージュとして書かれたテクスト(5)のなかで、リクールは、生の世界（Lebenswelt）の存在論的優先性と、それに到達するための「遡行的問い」（Rückfrage）の必要性との間の緊張関係を強調している。生の世界は、存在論的には根源的であるが、認識論的には、科学的活動によって生み出された理念化や客観化の除去から出発してしか、そこに到達することはできない。もし生の世界があらゆる述定の問われざる地盤を表しているとしても、われわれはそれについてのいかなる直接的直観も持ってはいない。そのような理由で、問題となっている現象（ここでは「生の世界」）が直観的明証性の特徴のうちのいかなるものも備えていない以上、解釈学的迂回は記述的必要性に属している。よりよく記述するために解釈しなければならないというのは、われわれを取り巻くものの知覚を統御する諸々の予期の構造化に寄与する、科学的・文化的沈殿物を宙吊りにすることによってしか、生の世界は接近可能ではないからである。

それゆえリクールにとって、存在論における記述の完遂を可能な限り遅らせることが重要となる。解釈学の批判的役割はまさしく、存在の直接的主題化を、意味についての探究に代えることへの配慮に存している。こうしてまさに生の世界に関してこそ、現象学の解釈学的前提が確証されることになる。

生の世界が、なんだか分からぬ言語を絶した直接性とは混同されず、また人間的経験の生命的で情動的な覆い＝外見とは同一視されず、意味のあの備蓄、生ける経験の意味のあの余剰――それが客観化的で説明的な態度を可能にするのだが――を表しているだけに、生の世界への回帰は、解釈学にとってあのパラダイム的な役割をますます演じることができる。(6)

現象学的で解釈学的な手続きは、それらが同じ目的を、つまり諸科学の客観化と説明に対して、「後退的な歩み」を実行するという目的を共有している限りにおいてのみ、相互に修正し合うことができる。しかし、解釈学に固有の利点は、根源的なものの持つ経験としての性格をそれから奪ってしまうことになる言語を絶したものへと、この根源的なものを委ねて放棄しないということに存する。それゆえ、記述的なあらゆる企てにおいて絶えず再び生じる直観的直接性への誘惑に抗して、根本的なものは、言語の中で常に既に分節化されているということを認めなければならない。

リクールの固有性とは、この言語を詩的言説（discours poétique）として明示したことであり、それは一九七〇年代に、生の世界への接近に関して隠喩に割り当てられた役割を説明するものである。『生きた隠喩』の本題全体が、隠喩は、意味論的な非妥当性の転義（trope）として、意味についての探究だけでなく、指示理論の改鋳にも関わることを証明しようとしている。ある用語が、それには異質な使用域に移し替えられることによって生み出される詩的隔たりは、語彙のコードを問い直すと同時に、意味論的な諸効果を生み出す。これらの諸効果は、物そのものの知覚をとどめざるを得ず、この知覚は、隠喩的な働きによって、「似たもの（semblable）」についての知覚として定義し直される状態になる。

したがって、「繫辞自身の隠喩的様相」(7)というものが存在する。すなわち、隠喩的な手法は、その述定的役割においてだけではなく、その実存的役割において、この繫辞に影響を与える。例えば、老いについて、それはたそがれ「のような（comme）」ものだと語ることは、比喩的な意味と文字通りの意味の間の絶えざる緊張関係において、老いではないものを語ると同時に、老いであるものを描き直すことである。隠喩は、語のレベルよりはむしろ文のレベルで検討されれば、存在論の核心そのものに両義性を登場させる。リクールはこうして、それがまさに形式論理にも科学的客観性にも還元されない限りにおいて、「隠喩的な真理」という大胆な概念を作り上げる。

詩的言説とは、通常の指示をエポケーすることが、そこでは第二段階での指示の展開の消極的条件となるような言説である。(8)

形相的把握というフッサール的な手法へのほのめかしは、解釈学的現象学に向けてのその転覆と同様に、明らかである。事実、隠喩は本質観取へと開いているのではなく、そのつど解釈を求める「…として見ること（voir comme）」へと開いている。この「見ること」の本性とはいかなるものなのだろうか。隠喩が既得のカテゴリーの動揺を生み出す以上、それは言語の中に前述定的なものが侵入することを表している。このことによってこそわれわれは、詩的言語の分析によって引き受けられ得るような、生の世界というテーマに到達する。「詩的言説が言語へともたらすものとは、前客観的世界であり、そこでわれわれは既に生来の自らを見出すが、しかしまた、われわれはこの世界の内に、われわれの最も固有の可能性を投企する」(9)。似たものを同じものに同一化することなく際立たせる隠喩とはまさに、世界におけるある種の読む可能性（lisibilité）を保証する、主要な詩的道具である。隠喩は諸現象を、それらが文字通りの意味であるのではないもの「…として」見ることを、しかしそれらが互いの諸関係において意味するもの「…として」見ることを、読者に可能にする。隠喩とはそれゆえ転義であり、そこで意義自身は現出することの支配を含み込んでいる(10)。

リクール解釈学の主要テーゼの一つは、記号（signe）は世界の外への退去であると同時に、世界への復帰でもある、ということである。それゆえ表象＝再現前化の斜面で失われたものは、再記述の斜面で獲得されるが、それはまさに、対象の概念、現実性の概念、さらに真理といった概念のぐらつきが、日常的なものの変形の消極的条件だからである。そうしたことからも、「直接的な仕方では語られ得ない、われわれの世界内存在の諸々の側面への、より根元的な指示能力」が現れるのは、「文字通りの意味が崩壊した廃墟[11]」の上である以上、こうした問いかけの現象学的定着が確証される。だが世界は、未聞の意義の「世界」（Welt）のために、記号の「環世界」（Umwelt）が崩壊した廃墟を通してとは別の仕方では、決して現れないのだろうか。厳密な意味での現象学的還元にせよ（フッサール）、不安にせよ（ハイデガー）、日常的なものの隠喩化にせよ（リクール）、対象への関係及びそれと結びついた明証性の典型を宙吊りにすることによってのみ、世界は固有の現象として到来する。詩的言語は開示するという役割を持つ。すなわち、指示性は「記述（description）」には汲み尽くされないということを、詩的言語は示している。

テクストの世界

詩的言語の指示的な役割に関してこれまで述べてきたことから、それ自身に内在的で、自動詞的な〔外部に結果を生み出さない〕諸記号の世界（monde des signes）などはまったく存在しない、という結論をわれわれは引き出すことができる。リクールはそのことを明確に指摘している。「言語は一つの世界ではまったくない[12]」。なぜならまさに、その目的は新たな知覚へと開くことだからである。文からは形式的な整合性しか引き出すことはできない以上、存在論の「短い道」に関して繰り返される予防措置は、いかなる唯名論も正当化しない。しかしながら、言語は一つの世界ではないのに、『生きた隠喩』の後で、物語に関して、リクールは、「テクストの世界」という表現を導入する。この表現の導入のモチーフはいかなるものなのだろうか。物語的言説（discours narratif）は、詩的言説一般とは逆に、こうした〔テクストの世界という〕概念を呼び求めることを、どのように理解すればいいのだろうか。

「テクストの世界」という概念の用法は最初に、『生きた隠喩』で展開された問題系の限界によって説明される。リクールは次のように述べている。「隠喩的指示の奇跡は、指示を行なうのは言語そのものなのか、それとも言語を口にする人なのか、という問いを、またそれゆえ、いかなる条件において、隠喩的に語る何者かは世界に対して間接的に指示を行なうのか、という問いを解決されないままに残している」(13)。隠喩的指示の存在は確かだとしても、それが実際に存在することが、著者の意図なのか、あるいはテクストに内在的なある力なのかという、その源泉の問題に決着をつけるわけではない。なぜ「テクストの世界」について語らねばならないのかということを説明する第一の理由は、解釈学的行為を脱心理学化する必要性に起因する。こうした定式において、「世界」という概念は、テクストの意味論的な自律性を表しており、テクストの解釈は作者の主観的な意図を再構成することに存するのではない。テクストは作者の意志を反映しているというよりも、話し手、語ること、語られたこと、出来事、そして究極的には世界を一つに寄せ集める、総合的な活動の帰結を表している。ところが、「世界」という整序体〔連辞〕は、一つの存続性という観念を含意しており、それは自身によってあるのでないが、書く人の意図のみに存しているのでもないということが分かるだろう。意図はたまたまテクストの意味を説明することもあるが、その指示を説明はできない。だからテクストの世界は、(虚構の、または過去の)テクストによって語られた世界以上のものである。「伝達されるものとは、最終的には、作品の意味を越えて、作品が投企し、作品の地平を成す世界である」(14)。

現象学が世界一般を、とりわけ生の世界をその中心的特徴とみなしていることが知られている、地平(horizon)というこのイメージを強調しておかねばならない。テクストは自らの内的整合性を越えて地平を投企すると言うことで、リクールは、言説という審級を、記号のシステムの内在へと言語学的に還元することに反対している。つまり構造の彼方で、テクストは出来事への道を開いている。語ることとは常に、何事かに関して、誰かに、何事かを語ることであるという、リクールにおいて一貫したテーゼを取り上げ直すことだけが重要なのではない。より根本的には、地平というテーマは以下のことを意味する。つまり、テクストによって語られる経験は、その経験を取り囲み、区別する輪郭を持っており、「潜勢力の地平の上に立ち昇る[15]」ということである。謎は、ここでテクストとの対峙と知覚自身との間でほのめかされている対比にある。リクールにおいては常に暗黙のものである、テクスト性と解釈と世界経験の間のこのような近づけを、どのように理解すればいいのだろうか。テクストの世界との出会いが差し向けるのは、いかなるタイプの感性的経験に（また、感性についてのいかなる着想に）であろうか。

これらの問いに対する回答は、物語による出来事の「統合形象化（configuration）」と、読むことにおけるそれら出来事の「再形象化（refiguration）」の間に、リクールが設けた繋がりの中に見出される。この問題は次第に、「ミメーシス」の三つの層をもたらすようになる。すなわちその層とは、行為の前物語的な構造（ミメーシスⅠ）、物語における時間の形態化（ミメーシスⅡ）、読むという行為におけるその再形象化（ミメーシスⅢ）である。私はまずミメーシスⅡとミメーシスⅢのあいだの結びつきを取り上げ、最後にミメーシスⅠに戻ることにするが、それは単に、このことが言語的観念論という反論について結論を下すことを可能にしてくれる限りにおいてである。

この点で記号と似ているのだが、「テクストの世界」は、明白に矛盾する次の二つの傾向を示している。他一方で、「統合形象化」と名づけられた、物語の有機的統一に基づく、知覚の世界の外への追放運動。他方で、この同じ物語による、現実を発見し変形する（「再形象化」）能力の増大。隠喩に関してそうだったように、相対的に自律したテクストの世界が存在する。なぜなら文学的物語は、指呼詞の行使を一時的に中断するからであり、それは直示的な指示が消え去ることを示している。詩的テクストの「これ」は、その内容がいかなるものであれ、周囲世界の諸項によって記述することはできない。テクストの世界は一切の感性的特徴を欠いており、いかなる経験にも通じていないということなのだろうか。そうだとすると、筋立て（intrigue）の内に置くこと（ミメーシスⅡ）は、テクストの世界を再形象化するための条件、言わばその消極的条件でしかないということを忘れることになる。言語は完全に一つの宇宙（univers）を構成するのではなく、テクストは、もっぱら言語的な次元のものであるというわけではもはやない経験の中で再形象化されることでのみ、「世界」を作るのである。

この再形象化は読むことの中で生じる。読むことは、単にテクストの世界への接近を開くだけではなく、そこで読者の世界の相貌を転覆し、時にはそれに反するものにおいて、テクストの世界を現れさせる。こうした転覆を説明するためにリクールは、しばしばゲームの比喩を使用する。「読むという行為においてこそ、受け手は物語的拘束を用いてゲームを行ない、逸脱を行ない＝隔たりを実現し、小説の闘いに参加する」[16]。物語がその原理的な非決定性によって特徴づけられているという理由によってのみ、時間的経験の再形象化は、少なくとも文学的テクストに関しては可能である。筋立てにおいて働いている諸規則とは、いかなる余地もその形象的活動に残されることなく読者が従うべき法則では決してない。これまでは、読者が到達する唯一の世界は想像的なものであると思われるかもしれない。すなわち、筋立ての内に置くことによって図式化された登場人物や出来事が、読むという行為によって再形象化されるのだと。リクールによれば、想像力は感性的能力である以上に意味論的役割を表している以上、[17] まさしくこのような想像的な次元こそが、言語的観念論という非難に道を開く。「主体は想像しつつ知覚し、読みつつ想像し、解釈しつつ読む」。これは、世界を内世界的テクストの諸次元へと、矛盾する仕方で還元するような解釈学的定式であり得るかもしれない。

〔しかし〕このような解釈は維持できない。というのも、この解釈は、リクールが読むという行為に帰属させている、出来事やさらには「衝突」という特徴をあえて考慮に入れることなく、読むことと解釈することを同一視しているからである。読むことという現象についての忍耐を要する分析は、「テクストの世界と読者の世界」という意義深い仕方で題された、『時間と物語Ⅲ』のある章の中で押し進められている。この章は、フィクションの時間と歴史の時間の間の交差点とはいかなるものかという、ローカルな見かけを持つ問題を対象としている。しばしばそうであるように、リクールは自らの分析をさまざまな方面で展開している（虚構主義と存在論的リアリズムの間の二者択一の批判、歴史の年代記的時間と文学的フィクションの心理学的時間の間の対立の問い直し、読むという現象の記述）。分散した見かけに反して、この章の意味は一義的である。すなわち、読むという現象がテクストの指示性の成就を記している限りでの、読むという現象の記述を行なうことが重要だということである。この点で、リクールが自らの準拠先と用語法の本質的な部分を現象学から借りていることは、まさしく示唆的である。こうして彼は次のように指摘する。「テクストの世界は、読むことから切り離されてしまうと、内在における一つの超越にとどまったままとなる」[18]。ここで言及されている内在とは、その筋立てによって意義と出来事の閉じた宇宙を構成するように見える物語の、言わば非主観的な内在である。しかし、読むということは、テクストに対して外的で偶然的な仕方で生じるのではない以上、この章全体は、こうした〔テクストの〕自律性が見かけでしかないことを示すのが目的となっている。本は、読むという出来事によってのみ、読むという出来事においてのみ、世界へと開くのである以上、プルーストが望んでいたように、まさに読者こそが本を「作る」のである。

このような出来事をどのように説明すればいいのだろうか。最終的には、読者自身が作品を統合形象化することに寄与する限りで、読者こそが指示を実現する。統合形象化に対して、再形象化の反動的影響が存在する。すなわち、読むこととは、既に作られたテクストを解釈することだけではなく、テクストにその地平という次元を再建することでもある。既に示唆したように、一つのテクストはその構造的な未完成さによって特徴づけられ、この未完成さは読者の想像的活動を求める。物語が上演する「文の連なり」は、一つの世界として構成されることを求めるが、この世界は——これが重要な点である——作者の作品ではなく、読むという行為の帰結なのである。この点を明らかにするために、リクールはロマン・インガルデンとヴォルフガング・イーザーから、「予持」と「充実」という用語で行なわれる、読むことについての記述を借りている。テクストの中の各々の文は、一つのパースペクティヴを開きつつ、それ自身を越えて屹立する。それゆえ、複数の文が連なるにつれて、読者による予期（「予持」）が存在するようになる。しかし、対象の知覚において生み出されるものとは逆に、「文学的対象は、これらの期待を直観的に「充実させ」にはやってこない。文学的対象は、期待を変容することしかできない[19]」。テクストは、読むという行為のさなかにおいてのみ現象となるのだが、こうした行為の志向的な形式が、テクストを個別の現象として打ち立てる。確かに、テクストがそれ自身によってはいかなる充実ももたらさないとすれば、読者の期待を絶えず変容することによってのみ、テクストは「世界」となるのである。こうした一連の変容が、読むことを特徴づけるタイプの出来事性を構造化している。

読むという行為のこうした本質的運動性を説明するために、リクールは「旅人の視点」という比喩を用いている。読者はその想像上の旅の目的地を知らないが、それ以上に、その目的地が、テクストに内在的な筋立てによって決められているというわけでもない。したがって、読むことの行程を次のように現象学的に解釈しなければならない。すなわち、諸々の文の流れによって変容される期待は、周囲世界に対する読者の追放を、そのプラグマティックな（ハイデガーなら「有用な」と言っただろう）次元を、読者から奪い去るような仕様を引き起こす。この「慣れ親しみを奪うこと（défamiliarisation）の戦略」が、現代小説では特に機能しており（リクールはジョイスの『ユリシーズ』を引用している）[20]、そこで読者は独力で作品を統合形象化しなければならない。読むことにおいては出来事が存在する。なぜなら読むことは、それが織りなされている志向的変容以外にも、通常はそれへの接近を統御している沈殿したカテゴリーを宙吊りにすることによって、読者の世界を変容するからである。生の世界への接近は、テクストの世界と読者の世界の間のこうした対峙によってのみ可能となったのである。それは、通常の生を特徴づける期待に対する方向喪失（désorientation）によってなされる時にしか、決して同じようには激しいものとならないような対峙である。それは（まだ）解釈ではなく、まさに、予持と充実の間の絶えざる緊張関係のなかで体験される経験である。読むという出来事は、世界の非決定性を現れさせるが、この世界は同時に、コスモスと同一視することができなくなる。読むことは、葛藤に応じて意味の解釈を超過する経験であり、この葛藤は、⑴作品の内部で、また⑵通常の知覚の図式と詩的想像力によって構成される図式の間の対抗関係によって、絶えず再生するのである。

世界から生へ、そして再び世界へ

読むという行為についてのこうした記述から、私は最後に結論として、『時間と物語III』の同じ章でリクールが言及している、「感性的隔たり（écart esthétique）」という概念を取り上げたい。この著作では結局まれにしか用いられない、この「感性的（esthétique）」という語の登場には、これまで十分に注意が払われていなかった。おそらく、リクールが知覚というテーマに直接取り組むのを拒んだのと同じ理由から、彼はアイステーシス〔感覚〕への直通路をたどるのではなく、生産的想像力の力能を問おうとする。しかしながら、これまでの考察は、テクストの世界と生の世界の間の連節が、感性的経験の形態学についての省察を当然のごとく呼び求めることを示している。

この定式が現れるのは、ハンス・ローベルト・ヤウスの受容美学をめぐる議論のコンテクストにおいてである。リクールは、ヤウスによる、作品の意義とその受容との間の中心的等式を引き合いに出しているが、それは読むことの現象をめぐる彼の記述に完全に組み込まれるテーゼである。既に見たように、文学的テクストを読むことは、読者の期待の地平を変容し、時にはそれに反する。しかしこの地平は、新しい作品が問い直しにやってくる、先行的諸伝統によって固定された指示のシステム〔座標系〕から成るのでなければ、何から成るのというのだろうか。言い換えれば、「文学史の確立のための決定的要因とは、あらかじめ存在している期待の地平と、作品の受容を方向づける新たな作品との間の、継起的な諸々の感性的隔たりを同定することである[21]」。ある作品の受容は歴史を持つ。なぜならそれは、そこでその作品の意義が、その作品の解釈のコンテクストと同時に変容するような、一連の出来事から成るからである。

　ここで文学史について語られていることは、読むことの経験の中にも根づいている。読むことの主要な効果が、読者の期待の地平を変容することであるという理由によってのみ、「影響作用史」が存在する。すなわち、「新たな作品が感性的隔たりを創造することができるのは、文学的生の総体と日常的実践との間に、ある隔たりがあらかじめ実際に存在しているからである[22]」。周知のように、リクールは、読むことによる再形象化を、解釈学、特にガダマーの解釈学が「適用（application）」と名づけるものと同一視している。この適用に関して、正確にはどうなのだろうか。文学作品は、読者には知られていない期待の地平を開く。まさにそれこそが、感性的隔たりの持つ意味である。読者が到達する世界は、読者がその中で生きている世界、つまり大抵の場合は気づかれないものとなって受け継がれる、諸々の伝統性〔伝承性〕から成る世界とは区別される。「地平融合」というガダマーのイメージが、おそらくはあまりに和協神学的な仕方で言い表しているものは、リクールにおいては、異なる諸々の知覚的で象徴的な宇宙の間の隔たりや葛藤という形を取る。結局のところ、感性的〔美的〕快楽は、日常的なもののカテゴリーを理解させるのだが、その時同時に、感性的〔美的〕快楽は日常的なもののカテゴリーを転覆する。リクールはこの点に関して、「どんな知覚に対してもフッサールが認めた地平という特徴によって、開きつつある受容」と絡み合った、「テクストという楽譜の諸規定に注意を払う、知覚を行なう受容[23]」と語っている。「感性的」という語が表現してもいるこの絡み合いは、知覚と想像的なものの絡み合いそのものである。それはまさに、読むことにおける、生産的想像力の経験でもある、日常的なものの変形的形象化（transfiguration）なのである。

この感性的隔たりという概念から、われわれのテーマに関する二つの主要な結論を引き出すことができる。

⑴最初の結論は、ミメーシスⅠと、つまりわれわれが今まで意図的に脇に置いておいた、行為と経験の前物語的構造と結びついている。リクールによれば、仮に読者の世界が諸々の規範、象徴、文の中で既に分節化されていなければ、テクストは、読者の世界と対話あるいは対立の状態に入る世界をもたらすことはできない。生は生として「物語ること（narration）を求めて」いるというのが、リクールの一貫したテーゼである。なぜなら生は、常に既に、諸々の物語の細部の中で分節化されており、諸々の登場人物によって住まわれており、何らかの想像的なものを備給されているからである。ミメーシスⅠが象徴的なものと実存的なものの間のこうしたもつれを表している限りで、解釈学的現象学に対してかなり頻繁に非難が向けられる、言語的観念論の補足的な証拠を、われわれはそこに見てしまいそうになる。またリクールが知覚と解釈を対立させているのではないということも正しい。なぜなら、一般的な意味での象徴的なものは、そこから出発して経験の相貌を再構成することが可能となる媒体（medium）を構成しているからである。しかし、生が言語によって備給されているということから、生が言語でしかないという結論を引き出すことができるのだろうか。そうは思えないし、もし観念論というレッテルを維持することに何が何でもこだわるのであれば、その時には、（カント的な意味での）超越論的観念論と言わねばならなくなろう。リクールのテーゼとは、言語が（何であれ何らかの形で）生を構成するということではなく、生は言語の媒介によってのみ接近可能であり、生は常に既に言語において自らを表現しようとするということで

ある。別の言い方をすれば、読むことという現象が証し立てるように、主体が世界に住むことの構造が、詩的経験のおかげで主体に開示されようとも、主体は諸記号の宇宙（そうしたものはまったく存在しない）に住んでいるのではない。こういう理由で、「テクスト」は自分自身の読者としての主体の関心を引き起こすが、それは、テクストが自己や世界についての形而上学的教えを含んでいるからではなく、生の現実への直接的な接近というものが存在しないからである。生は確かに諸々の物語から成るのではないが、いかなる直接的な直観的経験においても接近可能ではなく、こうして生は、哲学的生気論のあらゆるヴァリアントが生に絶えず授けている直接性という仮象を失うことになる。[24]

(2) 象徴的媒介についてのこうしたこだわりは、翻って、現象学が生の世界を主題化するやり方に対する反動的効果を生み出す。リクールによる、詩的な基礎からの知覚の現象学の改鋳は、世界の視向はそこでわれわれが行動する（agir）ことのできる地平の視向である、ということを証し立てている。世界内存在の実践的次元についてのこうしたこだわりは、「生」という言葉の中にある、潜在的に存在論化するものに対する中和化から生じている。われわれは、世界という概念に対するリクールの最終的な展開において、テオリア的領域から倫理的領域への強調点の移動に立ち会う。すなわち、読むことによって開かれる地平はまず、実践することのできる諸々の可能性によって構成されているのである。テクストの多様な意味論的次元を明らかにすることは、「世界の提示（proposition de monde）」と相関的であることが分かるが、この「世界の提示」は、テクストが求めるものとは読者によって求められるものでもあり得るということを意味している。生の世界は「作るべき」世界である（これは世界が「与えられて」いないということから既に導かれていたことであるが）と言うことだけが重要なのではなく、より大胆に言えば、再形象化する想像力を、行動する能力の本質的構成要素と同列に扱うことが重要なのである。物語が行為の一カテゴリーであるというのも、読むことが、「われわれがそれを通して、われわれ自身に異質な諸世界に住まう訓練をするような、思考の経験[25]」だからである。ところで、この他性の経験は、読者が自らの私的世界への従属を相対化するよう読者に強いる限りにおいて、「別な仕方で行動することと存在することへと駆り立てるものとなる」。想像的変容はここで、〈…の可能な人間〉(homme capable)の現象学の主要カテゴリーである「我能う(je peux)」に対して直接に行なわれる。想像的経験の持つ実践的次元へのこのようなこだわりは、世界を特徴づける、地平という、またそれゆえ未完成という形態と直接に結びついている。「生の世界」は、言語を絶したものと所与にとっての隠れ家であることをやめる。なぜなら、想像力によって構造化された、世界の現出様態は、生からその根本的な内在と自己充足という次元を取り除くからである。読むことという パラダイムは、われわれ自身についての直接的存在論にとっての失望の種を含むことによって、主体が想像する諸世界と、運命という見かけと共に主体に与えられる生との間に、救いとなるような批判的距離を維持するのである。

(米虫正巳・落合 芳 訳)

注

(1) M. Heidegger, *Être et temps*, §2, trad. Martineau (modifiée), Paris, Authentica, 1985, p. 7.

(2) M. Proust, *Le Temps retrouvé*, dans *À la recherche du temps perdu*, tome III, Paris, « Bibliothèque de la Pléiade », 1954, p. 1033. リクールは、特に以下においてこの箇所を引用し、注釈を加えている。« Le problème de l'hermé-

neutique », *Essais et conférences 2*, Paris, Éditions du Seuil, 2010, p. 72.

（3）　アンスコムを受けて、クロード・ロマーノは言語的観念論を「言語による経験の構造化の外では、経験はいかなる理解可能性の輪郭も示さない」というテーゼによって定義している（*Au cœur de la raison, la phénoménologie*, Paris, Gallimard-Folio, 2010, p. 878）. 生の世界に適用されれば、こうしたテーゼは文化的相対主義にしか導くことはない。

（4）　P. Ricœur, *Temps et récit 1*, Paris, Éditions du Seuil, 1983, rééd. « Points », p. 151.

（5）　P. Ricœur, « L'originaire et la question en retour dans la *Krisis* de Husserl », dans *À l'école de la phénoménologie*, Paris, Vrin, 1986, p. 285–295.

（6）　P. Ricœur, *Du Texte à l'action*, Éditions du Seuil, Paris, 1986, p. 62.

（7）　Paul Ricœur, *La Métaphore vive*, Paris, Éditions du Seuil, 1975, rééd. « Points », p. 312.　ここで私は、次の論考で展開した分析を要約した形で繰り返すことにする。« La lisibilité du monde, La véhémence phénoménologique de Paul Ricœur », *Cahiers de L'Herne*, Paris, 2004, p. 168–178.

（8）　*Ibid.*, p. 386.

（9）　*Ibid.*, p. 387.　この引用の末尾は、リクールの哲学的行程のこの当時にも依然として彼がそこに身を置いている、ハイデガー的な枠組みを十分に示している。たとえ「…として見ること」が、ウィトゲンシュタイン的な言葉において明確化されようとも、リクールの考察は、命題論的〔提示的・表明的〕ロゴスと解釈学的ロゴスの間の二元性を背景にして位置づけられる。この点に関するリクールの慎重さはおそらく、形而上学の名残としての隠喩に対するハイデガーの批判によって説明される（*la Métaphore vive*, *op. cit.*, p. 356–370 を参照のこと）。

（10）　それこそはまさに、リクールが範疇的直観に与える限定的な意味、すなわち、本質の把握ではなく、詩的言説から直に意義が現出することという意味である。こうした立場が、言語は意義を「まったく変容しない」「非生産的な層」でしかないという、フッサールの（既にデカルト的な）テーゼと真っ向から一線を画しているのは明らかである。

（11）　P. Ricœur, *Temps et récit 1*, *op. cit.*, p. 150.

（12）　*Ibid.*, p. 148.

（13）　P. Ricœur, « Le problème de l'herméneutique », *op. cit.*, p. 43.

（14） P. Ricœur, *Temps et récit 1*, *op. cit.*, p. 146.
（15） *Ibid.*, p. 147.
（16） *Ibid.*, p. 147.
（17） この点に関しては以下を参照。P. Ricœur, « L'imagination dans le discours et dans l'action », *Du Texte à l'action*, *op. cit.*, p. 213–236.
（18） P. Ricœur, *Temps et récit 3*, Paris, Éditions du Seuil, 1985, rééd. « Points », p. 287.
（19） *Ibid.*, p. 305.
（20） *Ibid.*, p. 307 et *sq*.
（21） *Ibid.*, p. 313.
（22） *Ibid.*, p. 316–317.
（23） *Ibid.*, p. 320.
（24） 『記憶・歴史・忘却』の末尾は、物語（ここでは歴史的な物語）に対する生の独立性と同時に、生についてのどんな直接的知覚も延期することの必要性を完全に表している。「歴史のもとに記憶と忘却。記憶と忘却のもとに生。しかし生について書くことは別の歴史〔物語〕である。未完」(Paris, Éditions du Seuil, 2000, rééd. «Points», p. 657)。
（25） *Ibid.*, p. 447.

第七章　知覚的経験における両義的なものと注意

メルロ＝ポンティにおけるプルーストの現象学的読解について

落合　芳

一般的にメルロ＝ポンティの思想は次の三つの時期に区分される。初期は神経生理学やゲシュタルト心理学に基礎を置き、行動や知覚の研究が中心になっている。中期はソシュール言語学や発達心理学やマルクス主義から強い影響を受け、歴史や言語の研究が中心になっている。後期は絵画についての探究をはじめ、肉の存在論が中心になっている。

ところで、メルロ＝ポンティの著作にプルーストを主題的に扱ったものはあまりないものの、メルロ＝ポンティのプルーストについての記述は、知覚をはじめ絵画や時間性などのすべての領域かつすべての時期に点在している。これに加えて、メルロ＝ポンティの文章には、プルーストからの引用だと明示されていないにもかかわらず、明らかに『失われた時を求めて』を念頭においていると思われる箇所が珍しくない。

特にこの傾向が顕著なのは、『制度化・受動性』と題されたコレージュ・ド・フランスでの講義録である。そこでは『失われた時を求めて』からの引用がメルロ＝ポンティ自身の哲学的反省と一緒に混じり合っている。[1] その長さはときには何ページにもわたり、引用からのみ構成されていることもあり、たいていの場合は、ストーリーの要約や簡単なコメントが書かれているだけである。メルロ＝ポンティの読者としてはこの記述の特異性に当惑させられる。これらの事実はいったい何を意味しているのだろうか。

メルロ＝ポンティにおけるプルーストに関しては、いくつかの先行研究があるが、日本のメルロ＝ポンティ研究では、このテーマはこれまで注意深く避けられてきた観がある。その理由としては、プルーストのテクスト自体の持つ小説と哲学論文と随想の混じり合った混淆的性格が、領域ごとに細分化したメルロ＝ポンティ研究では盲点になっているという内的な要因、文学研究と哲学研究の対話の欠如による外的な要因がある。他方には『失われた時を求めて』の膨大なテクストの量とプルースト研究の細分化と翻訳の問題があり、これも決して無視できる要因ではないが、ここでは扱わない。[2]

本章では、まずメルロ＝ポンティにおけるプルーストを読解する際に重要な糸口となる最新のプルースト草稿研究の意義を示す。次に、メルロ＝ポンティ現象学におけるプルーストの特異な位置づけを確認し、その扱いにくさの原因となる枠組みを示す。続いて、プルーストのテクストを、メルロ＝ポンティの芸術論ではこれまであまり注目されてこなかった注意の概念から検討する。最後に、この注意の問題を、文学作品で曖昧なものの中から対象を措定する場面の分析と関連づけることで、通常はメルロ＝ポンティ哲学の中期以降に位置づけられる身ぶりや絵画といった言語以外の表現と言語表現の関係を解明することを目指す。このことはメルロ＝ポンティにおけるプルーストについての先行研究ではまだ十分に論じられているとはいえず、日本の文学作品を例にとり、その適用可能性を示唆する。

1　『失われた時を求めて』草稿研究の意義

まず、メルロ＝ポンティとの関係で、プルーストの『失われた時を求めて』を検討するために考慮するべき枠組みをおさえておく。さまざまな読み方が可能であるとはいえ、そのタイトルに示されるとおり、この作品における最大のテーマは時間である。マドレーヌを口にしたことをきっかけに無意志的記憶が蘇ることから始まるこの物語の複雑な構造は、しばしば大聖堂建築に喩えられる。便宜上、ごく単純化するならば、この作品を検討する観点は次の二つに分類することができる。一点目は作品をテクストの意味という内的側面からとらえた場合の全体像、二点目は紙に文字が印刷された本としての物質的な外的側面である。

一点目の内的側面としての全体像は、この作品が全体としては、一人の作家誕生の物語としてとらえられるということである。要するに、この作品は、書かれつつある作品の枠内でプルーストが自己言及的に述べていたように、「絶えざる生成（perpétuel devenir）の内にあった」（*RTP* IV, 619）のである。物語の終わりで、語り手は「まだ時間があるだろうか？」（*RTP* IV, 621）と自問し、書こうとしている作品の未完性を語りながら物語を終える。[3] 厳密には、中野知律が指摘するようにプルーストは、「それまでの物語の中から〈書きつつある主人公〉の姿を消すという方策によって［…］生から作品への変容の瞬間を書き落と」[4]している。メルロ＝ポンティは、「プルーストは、語り手が書こうと決心するその瞬間に到達したときに円環を閉じる」(VI 231) と述べているが、この円環は完全に閉じられることがないために、それは『失われた時を求めて』の持つ未完性を別の仕方で表していると考えてよい。つまり、メルロ＝ポンティのこのイメージは物語の全体像を適切に示している。

二点目としては、この作品の物質的側面、このテクストが紙に印刷された文字として存在するという外的な要因である。一九七〇年代から八〇年代にかけて、吉川一義と吉田城をはじめとする日本のプルースト研究者がプルーストの草稿研究において大きな役割を果たしたことはよく知られている。実際、プルーストはこの物語の最後にFINと書いた後も、一〇年以上にわたって校正を続けた(5)。草稿研究における「生成論」(génétique) とは、その校正作業を彼の創作活動の重要な一部とみなし、草稿/決定稿の固定的な二項対立から脱し、エクリチュールの潜在的生成や動きを見ようとするものである(6)。

そこには書くことに対して作家が持つ矛盾した意識が存在する。一方では、作家の書く行為の持続可能性、つまり「すでに書かれたものの内に、無限に書き直しうる可能性(7)」に対する意識がある。このような「書き直しによる無限の生産可能性が潜むテクスト(8)」という考え方は、「テル・ケル」派やロラン・バルトが提唱した、「読むことによって開かれる意味作用の際限のない発生と生成を宿す場としてのテクストの概念(9)」による。他方では、ジャン＝イヴ・タディエが注意を促していた通り、「プルーストが終えることの不可能な書物を書こうとしていたなどと思い違いをしてはならない」(*RTP* I XCVII)(10) のであり、「作家の終える意志(11)」が明確にあったことには留意する必要がある。

とはいえ、草稿研究の意義とは、プルーストが完結させる意志を持ちつつも内部には際限なく生成するテクストがあるという二重の枠組みの中で作品を検討する可能性を開いたことにある。つまり、物質的次元においては、プルースト自身の作品を終える意志が明確に示されているが、理念的次元では、テクストの意味内容にその未完性が存在していること、物理的次元では決定稿とはなりえなかったエクリチュールの可能性の検討によって、作品における表現の生成過程を辿れるようになることが重要なのである。

以上のことから、この内的側面と外的側面という二つの観点に共通しているのは、未完性と生成に即したテクストの運動であることが分かる。プルーストの草稿研究では、物質的側面を手がかりに、内的側面のテクストの生成を探るといえるが、既存のメルロ＝ポンティ研究では、プルーストとの関係を扱う際には草稿研究が考慮されていない。ここに草稿研究を踏まえてプルーストとメルロ＝ポンティを関係づける必要性がある。というのも、メルロ＝ポンティの急逝により、彼自身は上述の外的側面に即したプルーストの読解を知りえなかったが、メルロ＝ポンティの絵画論の中にその萌芽がみられる言語の創造性の問題とは、まさにプルーストが一貫して取り組んだ未完性と生成の中にあるテクストの問題と結びつくからである。

2　メルロ＝ポンティにおけるプルースト(1)——無意志的想起

ドミニク・ドゥサンティの証言によると、『行動の構造』[12]を書く以前の高等師範学校の復習教師時代から、メルロ＝ポンティはプルーストを愛読し、必ずしもよく知られているとはいえない部分を友人たちの前で暗唱して遊ぶのが好きで、その様子はしばしば現実離れしているほどだったという[13]。

例えばメルロ＝ポンティの著作にも、プルーストを参照した印象派絵画の色彩についての詳細な説明、幻影肢（*RTP* IV, 72, 172）、具体的思考に対する抽象的思考を飛行機による上空飛行に喩える比喩（*RTP* III, 907, 908, *RTP* IV, 338, 339）[14]がしばしば登場している。上述したようなプルーストへの偏愛も考慮に入れるならば、プルーストはメルロ＝ポンティ現象学の形成にも影響を及ぼしていると充分に考えられる。具体例を示そう。

まず『行動の構造』では、エル・グレコの絵画を視覚異常と合わせて検討している箇所（SC 302）が挙げられる。『失われた時を求めて』では膨大な絵画が参照されており、グレコについては、「花咲く乙女たちのかげにII」でヴィルパリジ夫人が、名前は挙げないものの、語り手の父がどれほどグレコを好きなのか、ということについて語る場面がある（*RTP* II, 61）。語り手は旅行中の父について、ヴィルパリジ夫人がその状況を自分よりよく知っている様子で、さらに夫人が自分の知らない父の絵画の好みまで把握していることに驚く。

続いて、『知覚の現象学』で、後期の絵画論へと続く重要概念となる「身体図式」の概念を形成する際には、メルロ＝ポンティは「ある女性は別に計測しなくとも、自分の帽子の羽とそれを壊すかもしれぬ物体との間に安全な間隔を保っている」（PP 167）と述べていた。ここではヘッドの著作[15]を参照しているとはいえ、メルロ＝ポンティが同時にプルーストの作中に登場する女性たちの帽子を思い浮かべていることは推測できる。実際、作中当時の流行では、どの婦人帽も巨大になっていたことが確認できるが（Cf. *RTP* I, 425, 370, *RTP* III, 140, etc.）、メルロ＝ポンティが生きた時代にはこの流行は廃れていたことからも、ここでメルロ＝ポンティがプルーストの作品を知覚的経験の素材としていたことは明らかである。

あるいはまた、『失われた時を求めて』には、一〇〇〇人以上の人名が出てくるが、社交界や語り手をとりまく人間関係は夜空の星の運行のように時間の流れの中で変化してゆき、華々しく登場した人物がやがて背後に退いていく。このように物語の中では、メルロ＝ポンティがしばしばその哲学で言及する図と地の逆転があたかも起こっているかのようである。それに加えて、プルーストの名前は挙げられていないものの、メルロ＝ポンティが小説家の役割について述べる箇所で、「物語の順序や視点の選択に変更を加えると、出来事の小説的な意味が変容を被ってしまうほどでなくてはならない」（PP 177）と言うとき、『失われた時を求めて』に代表されるような文学的な時間構造が想定されているといってよい。

だからこそ、これまでの研究では、メルロ＝ポンティにおける『失われた時を求めて』の意味を明らかにしようとする際に、時間性という観点が重視されてきた。実際、これまでの研究で最も多くとりあげられてきたのは有名なマドレーヌの場面である。

この場面をとりあげる前に注意しておくべきことがある。それは、『失われた時を求めて』という魅力的なタイトルがメルロ＝ポンティ読解においては誤解を招きやすいということである。例えば、メルロ＝ポンティは、時間性分析の箇所で「失われた時間に再び出会い」（PP 478）とさりげなくプルーストを滑り込ませているが、この箇所は表面的にはプルーストとの内容的な関連性は薄い。あるいは、メルロ＝ポンティはプルーストの時間に関する箇所だけを引用するわけではなく、反対に、必ずしもプルーストを参照する箇所で時間のみを検討しているわけではないという複雑な事情があるし、そもそもその文学論でプルーストを主題的に検討しているわけでもない。[16] また、『知覚の現象学』の時間性をめぐる箇所では、プルーストが依拠していたベルクソンの時間論に言及しているが（PP 474-475, note 1）、だからといってベルクソンの時間論をもとにするだけでは、プルーストにみられるようなテクストの未完性と生成を問題にするのは難しいであろう。

マドレーヌと時間や記憶にまつわる描写に戻ろう。お茶に浸したマドレーヌを口にした瞬間に、語り手は「身震いし、私は自分の内部で尋常ならざることがおこっているのに気づいた」（*RTP* I, 44）。しかし、続けて自分の意志で二回、三回とその記憶を蘇らせることを試みるとうまくいかない（*RTP* I, 45）。つまり、以下の引用で見るように、マドレーヌは無意志的想起の失敗の例として呈示される[17]。

> この思い出、この古い瞬間は、同じような瞬間の牽引力が、ずっと遠くからやってきて、私の奥底で、促し、揺り動かし、持ち上げようとしているものだが、はたしてこの思い出は私の明確な意識の表面にまで到達するのだろうか？　私には分からない。今はもう私には何も感じられない。思い出は停止し、もしかするとふたたび沈んでいったのかもしれない。その闇の中からいつかまた思い出が浮かび上がるかどうかは、誰が知ろう？　十度も私はやりなおし、思い出の方に身をかがめねばならない。
>
> （*RTP* I, 46）

マドレーヌの最初の一口によって引き起こされたその記憶は、サンザシやジルベルトとの初恋やコンブレーの思い出と互いに複雑に絡み合っている。それらは現実には決して辿り着き得ないがゆえにいっそう鮮やかで魅惑的な過去そのものを形成している。こうしたサンザシや初恋の思い出などの同伴物は、物語の中で語り手が繰り返し描く過去に立ち返る道標のようなものである（Cf. *RTP* III, 135, *RTP* IV, 268, 457, 458, etc.）。

しかし、このような無意志的想起を引き起こすものは、マドレーヌだけではない。コレージュ・ド・フランスの講義ノートでメルロ＝ポンティも言及している「郵政省の官房長」（IP 257 Cf. *RTP* II, 4, *RTP* III, 135 etc.）という謎の語もそうである。最初、この語はバルベックの堤防の上ですれ違った見知らぬ人が発した語にすぎなかった。しかし、既に語り手がジルベルトに対してほぼ完全な無関心な状態にいたにもかかわらず、語り手にジルベルトと引き離された時のことを思い出させ、ついには激しい苦痛を引き起こすことになった。このような「私たち自身のなかで知性が使い道も分からずに無視してしまった部分、過去のなかから最後までとっておいたもの、最良のもの、すべての涙が涸れ尽きたと思われるときもなお私たちに涙を流させるもの、そうしたものを見出すことのできる至るところに最良の記憶は存在している」（*RTP* II, 4）のである。さらにプルーストは、「記憶の最良の部分は私たちの外部にある」（*Ibid.*）と述べていた。このようにして想起されたコンブレーは「純粋過去（passé pur）」[18]と呼ばれるものである。語り手はマドレーヌの味を再認した瞬間、その強烈な喜びにより「死への不安」が止むのであり、それは私が現在と過去という時間の外に出た超時間的な存在だったからにほかならない（Cf. *RTP* IV, 450）。

プルースト的な無意志的想起に関するメルロ＝ポンティのこだわりは、このように一貫してみることができるが、この無意志的想起は身体と無関係ではない。マドレーヌを起点に起こった想起に伴うコンブレーやサンザシといった同伴物は、「過去の身体から現在の身体へと」それらを「取り巻くもの（entourage）」（IP 254）である。つまり、それは単に現在に関わっているだけではなく、同時に過去にも関わっているが、身体を通して過去と現在にかかわっているのである。メルロ＝ポンティはこのような無意志的想起と身体の関わりに関して次のように述べている。「想起することとは、古い身体性の想起であり、身体を持つということは、また身体性という過去を持っていることであり、身体の時間があり、身体性の時間的構造がある」(IP 261)。

メルロ＝ポンティが強調するのは、一瞬一瞬の今が紡ぎ出される結果、獲得されることになる「建築術的過去(passé architectonique)」(VI 296)[19]、つまり、大聖堂の建築のように、また『失われた時を求めて』という作品のように、複雑で多層的な構造を持つ時間であり、そうした時間においては、われわれは複雑さのために全体を見渡すことができない。そのため、「人生はわれわれが探していたものとは別のもの、別のものと同じものをわれわれに与える」(IP 82)。あるいは、プルーストの描く盲目的な愛についての葛藤のように、人を「その身体性ゆえに状況に釘付けにし」(S 293)、やがて当人の思いもしなかった新たな心情へと移行させていく。

マドレーヌによって蘇った過去の記憶は、能動的な意志の働きによって得られたものではなく、後述のとおり、そこにはある種の両義的な領域との関わりが伴うのであり、これを時間の中における現在と過去のゲシュタルト的な図と地の反転により説明することができる。同様に、プルーストの作品が描く時間についても同じことがいえるのであり、彼は最初から明確な作品のコンセプトを持っていたわけではなかった。物語の末尾で語られるとおり、「かくも長いこれらすべての時間、それは一度も中断されることなく、私によって生きられ、考えられ、分泌されたもので、それが私の一生であり、私自身であった」のだが(*RTP* IV, 624)、このような時間こそがメルロ＝ポンティのいう建築術的過去、すなわちプルーストのいう「身体化した時間」(temps incorporé)(*RTP* IV, 623)[20]であるといえる。

3　メルロ＝ポンティにおけるプルースト(2)——知覚的経験と注意

しかし、以上のことだけではメルロ＝ポンティにとってのプルーストを汲みつくしたことにはならない。なぜなら、メルロ＝ポンティがその著作の中でプルーストに言及するのは、無意志的想起の場面だけではないからである。実際、メルロ＝ポンティがプルーストから最も好んで引用するのは、愛についてのありとあらゆる記述（嫉妬・疑い・嘘・絶望・サディズム・マゾヒズム等）であり、さらには、疲れている時やうとうとしている時の曖昧な身体的知覚や忘却や音楽[21]についての記述からも数多くの引用がみられる。それはまさに、メルロ＝ポンティ自身が言うように、プルーストの作品全体が「倦むことなく身体について語る報告書」（S 292）だからであり、それゆえにメルロ＝ポンティはプルーストの作品を知覚経験の素材として使用したと言うことができる。

このようなメルロ＝ポンティのテクストにおけるプルーストの遍在性について、アンヌ・シモンは、『知覚の現象学』から『見えるものと見えないもの』に至るまでメルロ＝ポンティは『失われた時を求めて』にみられるようなプルースト的思考と記述に「とり憑かれている」と指摘する。[22]それは概ね正しい。しかし、アンヌ・シモンは『行動の構造』で扱われた有機体レベルの構造を考慮していない。そのことはある問題を引き起こす。プルーストのような小説家を含む芸術家は、世界の見えに基づいたスタイルをそれぞれ持っている。こうしたスタイルの生成を遡れば、芸術家自身の幼少期を含む過去の身体像および身体性に根差した身体図式の形成が不可欠である。芸術家の身体がスタイルに基づいた表現を獲得する瞬間には、単純な有機体レベルの知覚の領域と芸術家に固有の芸術表現の領域との往還が行われており、それを可能にするものこそが過去の身体像の要約ともいえる身体図式なのである[23]。

だが、アンヌ・シモンのように『行動の構造』を考慮に入れないならば、このことは説明できなくなってしまう。実際のところ、彼女が指摘しているように、プルーストはメルロ＝ポンティが常に既に「世界の経験」と呼んだ自己の経験に到達しており[24]、「存在論的パースペクティブであれ、美学的パースペクティブであれ、メルロ＝ポンティの思想につきまとうであろう動的な奥行きの深層にある同じ図式が、プルーストにおける記述あるいは感覚能力による世界への接近を構造化している[25]」ということが正しいとしても、彼女はこの図式が何であるのかは具体的に述べることができていない。しかし、『行動の構造』を踏まえるならば、まさにこの図式こそが世界の見えに基づいた、メルロ＝ポンティ的意味での身体図式に対応しているといえるのではないだろうか。よって、メルロ＝ポンティは、最初から、つまり『行動の構造』から『見えるものと見えないもの』に至るまでプルースト的思考と記述にとり憑かれているといったほうがより正確である。

ここでわれわれが注目したいのは、時間性が問題となる『知覚の現象学』後半部ではなく、むしろ冒頭での注意をめぐる記述である。

注意についての記述は『知覚の現象学』の冒頭に集中している。経験論と主知主義を共に批判するメルロ＝ポンティの定義によると、注意は単に生産的なものでも非生産的なものでもなく（Cf. PP 34-35）、知覚によって目覚めさせられ、ある領野を自分に対してつくり出すことで、それらを発展させたり豊かにしたりすることができるものである（Cf. PP 34, 37）。言い換えると、注意は対象措定の前段階なのであり、

「先在的な所与を図とみなすことによって、その中に一つの新しい分節化を実現する」(PP 38)。したがって、あらかじめ決定された注意というものはないのであり、今までは単に未決定な地平の形でしか提供されていなかったものを顕在化し、主題化するような、新しい対象の積極的な構成なのである(Cf. PP 39)。ただし、こうした注意は必ずしも能動的というわけではなく、「対象が開始する作用」(PP 36)としてあくまでも受動的なものである。

注意を引き起こす対象はもともとそこにあるのではなく、「まだ漠然としている意味を注意に提供してそれを決定してもらうこと」(PP 39)によってのみ、対象自身を明確化することが可能となる。したがって、対象は注意の「動機」であり、その原因ではない。メルロ＝ポンティはこの未決定なものから決定されたものへの移行にあたって注意が重要な役割を果たすと考えていた。このことは、さきほどの問題にもかかわらず、アンヌ・シモンがプルーストの記述の特徴として、「プルーストは現実を現前の出現の運動、内部から動かすもの、見えない厚みとして特徴づけるが、しかしながらまた、その表面よりも含みのある(prégnante)、対象の純粋な布置を超える地平の領野からの発見としても特徴づける」[26]と指摘したこととも一致する。つまり、漠然としたもののなかから未知の何かを顕在させるものこそが注意なのである。

そもそも『知覚の現象学』以前から、メルロ＝ポンティは『行動の構造』で「光の点が私の注意を〝ひきつけ〟た」(SC 5)という例を出し、最も単純な刺激と反応に関連して、現象に即して反射を理解しようとするところから行動の現象学的分析に着手し、その構造の上に知覚の現象学を創設した[27]。物理的秩序、生命的秩序、人間的秩序という三つの区分があり、さらにその上には前期の知覚論、中期の言語論、後期の絵画論が積み上げられていることからも、時代区分・領域ごとに層をなすメルロ＝ポンティ哲学においては、「注意」は知覚の基礎部分をなすといえる。

では、こうした注意の概念はメルロ＝ポンティにとってのプルーストとどのような関係にあるのだろうか。この節の冒頭で述べたように、メルロ＝ポンティはプルーストの作品全体を「身体についての飽くことなき報告書」（S 292）としてとらえた上で、そのような身体性を「過去の守護者」（S 292, VI 297）と呼ぶ。彼は記憶と忘却、覚醒と睡眠、知覚と夢、といった対立しつつ相互内属する能動と受動のせめぎあいの関係を豊かに描写した。このことは、メルロ＝ポンティの考える身体がさまざまな段階の構造の層に同時に身を浸しているということをわれわれに思い起こさせる。絵画論では、知覚されたものを表現へともたらすものが意味という共通項であり、このように層をなして重なりあう異なる構造の間を自由に行き来することを可能にするものこそが、芸術家の身体である。プルーストもそのような両義性に身を浸していたと考えることができるのであり、このことは錯覚の問題と関係している。つまり、鳥にも兎にも見える絵の錯覚は単なる誤りとしてとらえられるのではなく、表象と意味の一対一関係にとどまらない表現の豊かさを含んでいるのであり、ある意味から別の意味に移行する際には注意が働いている。

メルロ＝ポンティが挙げている眠りの例を見てみよう。「眠ることとの意志が眠ることを妨げる」（IP 189, Cf. IP 167）という例はプルーストの繰り返し描く不眠を明らかに想定しており、能動によってのみでは決して近づき得ないことについての好例である。このように身体は過去の保持者としてだけではなく、われわれの世界への関係を保持するものとして存在する。例えば、眠っている間に物音で目を醒ますことがあるように（Cf. IP 176）。このことは彼の意識が完全に無くなっているのではなく、眠る身体の中にも意識が存在しているということを示している。また、眠りと不眠の関係が図と地の関係であるとすれば、地の上に図を持つということは、非分節化によってそれが消失することを可能性として持っている。このような図－地という区別は、「主観」と「客観」との間に第三項を導入するといえる（Cf. VI 250）。要するに、この第三項こそが表現する者が向き合う両義性の領域であり、表現する者を表現へと突き動かす豊穣な前言語的領域といえるのである。そこでは図と地および言葉と沈黙の両義性がせめぎあっているのであり、知覚に方向づけのきっかけを与えるものこそが、注意なのである。このように注意を軸にして、メルロ＝ポンティは表現と表現以前の世界を図と地――ゲシュタルト的関係――としてとらえる。

われわれが最初に示唆しておいた、テクストの未完性と生成の問題もここで関係してくる。プルーストがバルザックの影響により印象派絵画を文学作品として描いていたのに対し、メルロ＝ポンティはソシュール言語学の意味論を絵画論に接続し、プルーストがまさにそう主張していた通り、[29]絵画と言語を類比的に扱ったため（Cf. S 59）、「作家はその言語を画家が絵筆で描くように使う」（IP 90）と述べていた。つまり、作家の仕事はいくつかの「哲学的観念を主題化することではなく、それらをちょうど物のようなやり方でわれわれの前に存在させることである」（SN 45）。このことに関しては、ジャン＝ピエール・リシャールも、セザンヌの絵画の制作過程をプルーストの制作と類比的にとらえ、[30]後述のとおりプルーストが描く海原と麦畑を比喩による錯視を踏まえてとらえる分析をした。

このような制作過程では、有機体レベルの身体も考慮する必要があり、知覚に根差した身体図式が大きな役割を果たすことについては既に他で論じたのでここでは詳しく立ち入らないが、[31]こうしたプルーストやセザンヌやバルザックの制作過程は、メルロ＝ポンティが『知覚の現象学』の序文の最後で述べていたとおり、「世界や歴史の意味をその生まれ出ずる状態においてとらえようとする」（PP XVI）現象学のたゆまぬ営みと類比的にとらえられている。言い換えるとそれは、生成する意味を止めることなく言葉で表現しようとする根気強い試みである。こうした常に経験の端緒に立ち戻る表現活動として、プルーストの草稿や、セザンヌの失敗したタッチがあるのであり、これこそがテクストの未完性と生成の根本にあるものである[32]。

そのようなテクストとしての『失われた時を求めて』では、さまざまな芸術作品を学ぶことにより、語り手は芸術を見る目を研鑽する。メルロ＝ポンティはあたかも自分が経験したことであるかのように、このような記述を読むことでその世界を生き、自分の哲学に知覚的な素材を与えるものとして利用していたが、まさにそのテクストとは無限に開かれた未完性を前提にしている常に生成の途上にあるようなテクストである。メルロ＝ポンティが問題にしようとして途上に終わった表現の生成過程の研究を、文学の領域に即して展開しようとするならば、まさにそのテクストのあり方を明らかにした草稿研究を踏まえることで、その可能性を開くことができるのではないだろうか。

4　両義性の作家分析のために——日本文学への適用の可能性

ジャン＝ピエール・リシャールは、プルーストの制作態度について、「プルーストは対象を攻撃するのが決して好きではなく、いつもそれが侵入し、入り込むがままにする[33]」と考えており、そこでは受動性が大きな役割を果たしている。一九五三年から五四年にかけての講義のレジュメ「言語行為の問題」でメルロ＝ポンティ自身の引用したプルーストの言葉を振り返っておくと、「見出された時」第三章で述べられたように、この作品は「未知の記号（それは、私の注意が私の無意識を探索しながら、水深を測る潜水夫のように、さぐり、つきあたり、輪郭をなでまわしにゆく、浮き彫りにされたような記号）でもって書かれた内的な書物」（*RTP* IV, 458, RC 41——強調引用者）である。

われわれが前節でとりあげた注意は、メルロ＝ポンティがコフカを参照しつつ『知覚の現象学』で提示していた注意であるが、このプルーストの引用の括弧内の彼自身による補足から、ここでは日常的な意味での注意という用語を使いながら、創作活動を行う作家の行為としての注意に言及していることが分かる。プルースト自身にとって、執筆作業は喘息や神経症といった心身の不調と隣り合わせの極度の緊張を伴うものだったが、その中で自身の知覚経験や感情における記憶を辿る行為は、注意による図と地の反転や地平を設定する作業でもあった。そうした作業を経た上で、彼はこのもう一つの注意によって記憶を辿りながら表現にもたらすことで、エクリチュールを文学作品の領域にまで高めることができたのである。

ここで、メルロ＝ポンティが「言語の専門家としての作家は不安定さの専門家」（S 295）であると語ることで意図していたことをわれわれは理解することができる。つまり、プルーストが辿りつきえたような表現の領域では、作家の身体こそが主観と客観のあいだの第三項に触れることを可能にするのであり、スタイルに内在する世界の見えを通して作家が身を浸す表現以前の前述定的な世界、「生な意味の層」、「非-知の直接的快楽、まだテーマ化されていない意識、あるいはメルロ＝ポンティがそれについて言ったように、「野生」[34]に触れることで新たな表現活動がなされるのである。要するに、作家の表現を問題にすることとは、作家の身体図式——これが作家の生および知覚と作品の往還を可能にする——に対して知覚的なレベルでの注意が果たす役割から出発して、表現を獲得する過程として問い直すことである。すなわち、

『失われた時を求めて』における細部の両義的な表現を真に理解するには、ゲシュタルト的な知覚においての注意が果たす役割を理解する必要があるといえる。

このようにプルーストとの関係に着目するならば、メルロ＝ポンティの現象学は、すべての文学作品には適用できないかもしれないが、少なくともプルーストをはじめとする両義的表現を本質とするある種の文学作品を解明するための一つの手がかりとなりうる。以下に日本文学を例にとり、その可能性を示してみよう。

プルーストが日本で最初に受容された頃の状況を確認しよう。一九一四年一月十七日、夏目漱石は東京高等工業学校での講演で「ベルグソンを立場として、フランスの文芸が近頃出てきている」と語っており、直接名前を挙げることはしていないものの、「その文芸」はプルーストを指すとされる。これは一九一三年十一月十四日の『スワンの家のほうへ』発売[35]から二カ月後のことであり、日本においても早くからプルーストとベルクソン哲学との関連性が知られていたことが分かる。これはちょうど大正ベルクソン・ブームを巻き起こした『物質と記憶』邦訳の前年にあたり、漱石の『道草』（一九一五年）にも、主人公がベルクソンの「記憶に関する新説」を青年に向けて語る場面がある[36]。また、プルーストの良き理解者であったジャック・リヴィエールが『スワンの家のほうへ』を初めて読んだのは一九一四年の春[37]であり、それほど時差はないといいえる。

実際、さまざまな作家がしばしばその文学作品でプルーストに言及しており、そこには日本の作家たちも含まれる。日本に紹介された当初から、プルーストはベルクソン哲学と対をなすものだとみなされ、物語の冒頭と末尾で無意志的記憶と作品全体にわたる時間の問題を象徴するもの――マドレーヌ（*RTP* I,

46）とベルクソンの記憶の円錐（*RTP* IV, 624）——はその分析に典型的な枠組みを与えるものとみなされてきた。しかしながら、ベルクソンを参照するだけで充分だろうか。以下で概観するように、優れた随筆家としても知られ、両義性を緻密に表現した作家内田百閒（一八八九—一九七一）[38]も時間の問題に強い関心を持っていたが、メルロ＝ポンティ哲学からのアプローチ、特にプルーストに関連した注意の概念を踏まえた分析や図と地の構造分析によって、文学作品の表現メカニズムを解明することに貢献できる部分も多いと思われる。

内田百閒は夏目漱石の弟子であり、いかにして時間をとらえるかということに苦心した。不気味さとユーモアが交錯する、精緻な両義性に戯れるその世界は夢の感触のようでもあり、その作風はしばしばカフカに喩えられる。三島由紀夫から「現代随一の文章家」と絶賛され、室生犀星にその随筆を「天下無敵かもしれない」と評されているにもかかわらず、彼はいまだ充分に評価されているとはいえない。同じ夏目漱石門下の芥川龍之介は百閒の小説『冥途』に対する当時の批評家の無理解を嘆き、「僕は君を一ばんよく知っているよ」と語っていた。

処女作『冥途』（一九二三年）に先立つこと六年、大正六年（一九一七）十一月に、内田百閒は、「私はなぜこう過去を顧みるのだろう。今夜は前に広げて読んでいる『消えぬ過去』から頻りに目を離して、昔に書いた文章のこと計り考えふけった。しまいにはその本を読んでいても些も面白くなってきて、とうとう本を伏せて、その考えに溺れてさっきまで考えつづけた[39]」と日記に書いている。その時、彼が手にしていたのは同年に出版されたばかりのヘルマン・ズーダーマン『消えぬ過去』の翻訳であると推定される[40]が、そのタイトルからも理解できるように、彼は時間に強い関心を持っていた。続いて、一九一八年一月にも日記で同じ問題に取り組んでいる(41)。そこで百閒は、記憶にある感覚をなんとかして表現にもたらそうと奮闘している。この箇所は、『失われた時を求めて』でマドレーヌと無意志的な記憶に関連した箇所の直前の記述、つまり本章冒頭で検討したプルーストの意志的な想起の失敗について記述した内容と同じ試みであるといえる。

例えば、百閒はプルーストに言及することはなかったが、『冥途』の仏訳者パトリック・オノレは、フランス文学の中で百閒の描く夢の経験に最も近い表現として、『失われた時を求めて』冒頭部分のプルーストの記述を挙げている(42)。すなわち、「つまり私自身が、本に語られていた教会とか、四重奏曲とか、フランソワ一世とカール五世の抗争とかになりかわっていたのである」(*RTP* I, 5) という箇所には、われわれが夢の中で複数の動詞の主語であり、いわばわれわれの妄想の主体であると同時に証人でもあることが的確に示されている。百閒はその日本語の自在さのおかげで、「異なったアイデンティティや異なった時間性の同時的な知覚(43)」をプルーストのように表現するに至っている。

具体的にその作品を一つとりあげて分析してみよう。『冥途』から「件《くだん》」の冒頭箇所を引用する。

黄色い大きな月が向うに懸かっている。色計りで光がない。夜かと思うとそうでもないらしい。後《うしろ》の空には蒼白い光が流れている。日がくれたのか、夜が明けるのか解らない。黄色い月の面を蜻蛉《とんぼ》が一匹浮く様に飛んだ。黒い影が月の面に消えたら、蜻蛉はどこへ行ったのか見えなくなってしまった。私は見果てもない広い原の真中に起《た》っている。軀《からだ》がびっしょりぬれて、尻尾の先からぽたぽたと雫が垂れている。件《くだん》の話は子供の折に聞いた事はあるけれども、自分がその件になろうとは思いもよらなかった。からだが牛で顔丈人間の浅間しい化物に生まれて、こんな所にぼんやり立っている。なんの影もない広野の中で、どうしていいか解らない。何故こんなところに置かれたのだか、私を生んだ牛はどこへ行ったのだか、そんな事は丸でわからない。(44)

ここでは漠然とした状況からだんだんと状況がはっきりしていく過程が描かれている。一人称の語り手は、自分のいる場所も時間も分からない。少しずつ状況を把握していく過程で、自分が野原の真ん中で体が牛で顔だけ人間のケモノに変身していることに気づく。そもそもタイトルの「件」の意味は、「例の」といった程度の中身を持たない言葉にすぎないが、漢字の左側部分にあたる部首の「にんべん」が人を意味し、漢字の右側部分にあたる「つくり」が牛を意味する。百閒は、語の意味とその視覚的な文字表象の違和感をユーモラスに表現することで、読者を文字表象の次元に立ち戻らせる。

この百閒のテクストでは、「件」という文字の日常的意味でなく、普段は意識しない「人」や「牛」といった文字の部分が彼を魅了したことが創作の源となっている。そこでは「人」や「牛」という字義通りの意味に分解された「件」という語のような表現が時おり見られる。それがある種のシグナルとして機能することで、一見確固としていたわれわれの言語世界は揺らぎ、夢の幻影の中に入ることができるのである。(45)この作品で描かれるのは、両義的なものが表現を獲得する過程で、それが同時に文字表象とも戯れていることである。このことを、われわれはメルロ＝ポンティ哲学の観点から、身体的経験に基づいた注意のゲシュタルト的な所与の顕在化、つまり図と地の反転の過程を文字で表現したものとしてとらえることができる。(46)

同様に、日本語とフランス語というテクストの違いはあるものの、このようなレトリックはプルースト『失われた時を求めて』にも多く見られる。ジョルジュ・プーレは『プルースト的空間』で、「対立するもの同士を突き合わせることで非論理的と見るのではなく、それらを並べることで全体性や連続性を示すことがプルーストにはよくある」[47]と指摘していた。これを踏まえて、ジャン＝ピエール・リシャールは、プルーストがallitération[48]と名付けたものを以下のように分析した。その例を引こう。

> ヴィヴォンヌ川に沈めた水差しは……川の水に満たされつつ、川の中に取り込まれてもいて、水が固体となったような（eau durcie）透明な外側をもつ「容器（contenant）」であると同時に、クリスタルガラスが液体となって流れ出したような（cristal liquide et courant）川というさらに大きな容器に沈められた「中身（contenu）」でもある。その水差しの喚起する清涼感が、食卓に置かれている場合よりもはるかにおいしく、はるかに苛立たしく感じられるのは、それが、両手ですくえない捉えどころなき水（l'eau sans consistance où les mains ne pouvaient la capter）と、たとえ口に含んでも楽しめない流動性なきガラス（le verre sans fluidité où le palais ne pourrait en jouir）との間の絶えまないallitérationにおいて逃げ去るようなものとして示されるにすぎないからである。（*RTP* I, 168）

このプルーストの文章には、彼が「allitérationと名付けるもの、つまり二つの異なったもの、二つの対立するものでもある、二つの同じものの隣接という相のもとに、透明性という感覚的な質のみが、矛盾しないものの二つの対立した様態に従って、分離されると同時に自らに結びつけられているのが見られる」[49]。

すなわち、透明であるという点で共通しているが、固体となった水と液体となったクリスタルガラス、容器と中身、とらえどころのない水と流動性なきガラスのように、対立関係にあるものが同時に提示される。これとは別の両義性の例を提示しよう。プルーストにおいては、そびえたつものという共通項から、隆起し、高揚する海の波の頂点は山頂（Cf. *RTP* II, 33）、波の盛り上がりは丘（Cf. *Ibid.*）を連想させるというように、海／山のメタファーが対になったものとして提示されるという規則性がある。[50] そのため、アルベルチーヌが私に「海の青い波の山の陽気な美しさをそっくり思い出させる」（*RTP* IV, 36）というように、山と海のイメージを重ね合わせることが可能になる。そのため、プルーストにおいては、こうした見かけ上の類似性に基づいた両義性による「錯覚は、感じられたものの真理への接近をしばしば与える」[51] ものとして描かれる。このことは、作中でエルスチールの絵画の新しさが、「私たちの最初の見方がそれによって形成される錯視に従って物を提示する」（*RTP* II, 194）点にあるとされていたことからも確認できる。

以上のように、メルロ＝ポンティ現象学に依拠することにより、プルーストだけではなく、彼ともある種の共通性を持つ内田百閒のような曖昧さ＝両義性（ambiguïté）を本質とする作家の文学作品の解明に関しても貢献する余地があるのではないだろうか。

著作略号一覧

Maurice Merleau-Ponty,

La structure du comportement, PUF, 1942.（SC）

Phénoménologie de la perception, Gallimard, 1945.（PP）

Résumés de cours, Collège de France 1952–1960, Gallimard, 1968.（RC）

Sens et Non-sens, Nagel, 1948.（SN）
Signes, Gallimard, 1960.（S）
Le visible et l'invisible, Gallimard, 1964.（VI）
Parcours deux 1951-1961, Verdier, 2000.（PII）
L'institution la passivité, Notes de cours au Collège de France (1954-1955), Belin, 2003.（IP）.
Marcel Proust, *À la recherche du temps perdu*, nouvelle édition de La Pléiade, 4 vols., 1987-1989.（プレイアッド版）（*RTP*）I, II, III, IV は巻数を示す。訳文は集英社版の鈴木道彦訳と岩波文庫版の吉川一義訳を参照したが、適宜訳語を変更した。

注

（1）この傾向は、以前からアンヌ・シモンによって指摘されていた。Cf. Anne Simon, *Proust ou le réel retrouvé*, PUF, 2000, p. 14.

（2）プルーストの日本語訳に関しては、一九二二年に第五編「囚われの女」の一部「彼女の眠」が重徳泗水によって訳され、一九三四年七月に作品社から研究誌「プルウスト研究」が発刊された。初めて『失われた時を求めて』の全訳が刊行されたのは、一九五三年三月から五五年十月である。新潮社から出たこの翻訳は、七名の分担訳による七巻本だった。井上究一郎による初の個人全訳は一九七三年から八二年の筑摩書房版に始まり、その後それが一九八四年から八九年に『プルースト全集』として、さらに一九九二年から九三年にはちくま文庫から刊行された。続いて、一九九六年から二〇〇一年には鈴木道彦訳が集英社から単行本として、その後二〇〇六年から〇七年には文庫として再刊されている。さらに二〇一〇年九月に高遠弘美訳が光文社文庫から、二〇一〇年十一月には吉川一義訳が岩波文庫から刊行が始まった。二〇一五年十月の現時点では、岩波文庫は全一四巻中八巻目まで、光文社文庫は全一四巻中三巻目までが刊行されている。つまり、刊行中のものも含めて四種類の個人訳があり、これは日本におけるプルーストに対する関心の高さの証拠である（高遠弘美「プルーストと暮らす日々6」産経新聞大阪版夕刊二〇一一年六月二十三

日。長谷川郁夫『吉田健一』新潮社、二〇一四年、八六頁。田中幸作「『失われた時を求めて』邦訳版と邦訳者」『岐阜聖徳学園大学紀要』外国語学部編五二集、二〇一三年、二九―三〇頁参照）。

（3）鈴木道彦『マルセル・プルーストの誕生』藤原書店、二〇一三年、四九七頁。プルーストにおける語り手の問題について、一九五〇年代には、ジェラール・ジュネットをはじめフランスの批評家・研究者の間では、語り手がマルセルであるという説が定着していた（同書、一七頁）。メルロ＝ポンティもその例に漏れず、プルーストと語り手を混同している（Cf. PP 96, PII 214）。一般にその根拠とされるのは、『失われた時を求めて』の中で二度だけその名前が出てくることである。しかしながら、この二つの場面は第五篇『囚われの女』にあり、この第五篇から最終第七篇までは、作者の死後に出版された未定稿の部分だった。のちにこの作品の個人全訳を刊行する鈴木道彦は、一九五九年にフランス語で刊行した論文において、死後刊行巻の草稿研究により、この語り手が「無名の一人称」（同書、二四頁）であること、二度出てくるマルセルの名が消される運命にあったことを検証した（*Bulletin de la Société des Amis de Marcel Proust et des amis de Combray*, No. 9, 1959）。そのため、日本では語り手の無名性はある程度知られているものの、フランスでは語り手＝マルセル説はいまだに根強く残っている。

ちなみに、メルロ＝ポンティとプルーストについての考察で、これまで語り手の問題はそれほど注目されてこなかった。ただし、ロラン・ブルールは、アラン・ド・ラトルを参照して語り手に年齢がないこと、語り手は距離を置いた哲学者ではなく、「社交界の人（homme du monde）」だと述べていた（Cf. Roland Breeur, *Singularité et sujet. Une lecture phénoménologique de Proust*, Jérôme Millon, 2000, p. 117 et p. 57）。

（4）中野知律『プルーストと創造の時間』名古屋大学出版会、二〇〇三年、一一二頁。

（5）鈴木道彦、前掲書、七四頁。

（6）中野知律、前掲書、三二三頁参照。

（7）同書、四一五頁。

（8）同書、三二四頁。

（9）同前。

（10）中野知律「作家はいつ書き終えるか」『一橋論叢』第一〇八巻第三号所収、一橋大学一橋学会編、日本評論社、一九九二年、五五頁。中野知律、前掲書、第Ⅲ部第四章として加筆収録された。

（11）同書、三二七頁。

（12）『行動の構造』の執筆は一九三八年には終了していた（メルロ＝ポンティ『『幾何学の起源』講義』加賀野井秀一・伊藤泰雄・本郷均訳、法政大学出版局、二〇〇五年、二六二頁参照）。

（13）Cf. Dominique Desanti, *Ce que le siècle m'a dit. Mémoires*, Plon, 1997, p. 141.

（14）〈上空飛行の思考〉という表現は当時の高等師範学校生のあいだで使われていた。このような上空飛行の思考に対して具体的な思考を対立させるということは、当時大きな影響力を持っていたブランシュヴィック、あるいはベルクソンやアランの主知主義的な立場とは別の立場をとるという態度表明であった（加賀野井秀一『メルロ＝ポンティ——触発する思想』白水社、二〇〇九年、四五頁）。

（15）Head and Holmes, *Sensory disturbances from cerebral lesions*, Brain, 1911-1912, p. 188.

（16）クロード・シモン論では「スワンの恋」の一節、「現実は記憶の中においてしか形成されない」（*RTP* I, 182, Cf. PII 314）を引用する。一九六〇年から六一年にかけての講義ノートで、メルロ＝ポンティはクロード・シモンの作品『風』をとおして独自の現象学的時間論を模索しさえした。ただし、クロード・シモン自身はメルロ＝ポンティの理解に満足していなかったようである。「クロード・シモンに関するノート」本郷均訳、『現代思想——総特集　メルロ＝ポンティ　身体論の深化と拡張』二〇〇八年十二月臨時増刊号、青土社、所収、二六一—三三頁。澤田哲生『メルロ＝ポンティと病理の現象学』人文書院、二〇一二年、二六八頁。シモン論は同書、二六五—二九〇頁。加國尚志「世界の肉　メルロ＝ポンティとクロード・シモンについての小さな考察」『メルロ＝ポンティ　哲学のはじまり・始まりの哲学』河出書房新社、二〇一〇年、一六一—一六七頁。それ以降に出た、メルロ＝ポンティとシモンの関係についての研究としては、Emmanuel de Saint Aubert, *Être et chair, du corps au désir : l'habilitation ontologique de la chair*, Vrin, 2013. pp. 363-378.

（17）Gilles Deleuze, *Proust et les signes*, PUF, 1964 ; 1996, p. 19.

（18）これをドゥルーズは「コンブレーの即自（en-soi de Combray）」と呼ぶ。Cf. Gilles Deleuze, *Différence et répétition*, PUF, 1968, p. 160 ; *Proust et les signes*, p. 76.

(19) この概念については、マウロ・カルボーネ、アンヌ・シモン、ラジブ・コーシッチらによって既に論じられている。

(20) フラマリオン版では「蒸発した（évaporé）」としているが（プルースト『失われた時を求めて』第一三巻、鈴木道彦訳、集英社、二〇〇一年、二三八頁 註231参照）、本章ではプレイアッド版に従う。

(21) メルロ＝ポンティの著作全体でも音楽についての記述は驚くほど少ない（加賀野井秀一、前掲書、二四三―二四四頁参照）。

(22) Anne Simon, « Proust et "l'architecture" du visible », dans *Merleau-Ponty & le littéraire*, Presses de l'École normale supérieure, 1998, p. 106.

(23) この点についての詳細に関しては、拙論「スタイルの創設――メルロ＝ポンティにおける意味と表現」『人文論究』第五三巻第四号、関西学院大学人文学会編、二〇〇四年を参照。

(24) Cf. Anne Simon, « Proust et "l'architecture" du visible », p. 116.

(25) Anne Simon, « Proust et la redéfinition du réel », *Littérature*, littérature et phénoménologie, sommaire no. 132, Larousse, décembre 2003, p. 56.

(26) Anne Simon, « Proust et la redéfinition du réel », p. 57.

(27) これは『行動の構造』と『知覚の現象学』との関連という問題に関わり、筆者としては前者が後者の基盤となっているという立場をとるが、ここでは詳述しない。

(28) S 292では男性形（gardien）、VI 297では女性形（gardienne）である。

(29) プルーストは「作家にとっての文体は画家にとっての色と同様に、技術にかかわる問題ではなく、見え（vision）にかかわる問題である」（*RTP* IV, 474）と述べている。

(30) Jean-Pierre Richard, *Proust et le monde sensible*, Seuil, 1974, p. 187.

(31) 拙論「『不滅の』過去」としての身体像――メルロ＝ポンティにおけるプルースト」『哲学研究年報』第四三輯所収、関西学院大学哲学研究室編、二〇一〇年、七七―九八頁。

(32) 吉田城もまた、プルーストの草稿を「執筆という身体活動の残滓をとどめる」ものと考えていた。吉田城『失われた時を求めて草稿研究』平凡社、一九九三年、一九頁。

（33）Jean-Pierre Richard, *Op. cit.*, p. 25.
（34）*Ibid.*, p. 123.
（35）プルースト『失われた時を求めて1――スワン家のほうへI』吉川一義訳、岩波文庫、二〇一〇年、「プルースト略年譜」、四二二頁参照。
（36）『漱石全集第25巻』の大野淳一による注解による（佐々木亜紀子「『道草』のベルクソン：記憶の探究」『愛知淑徳大学国語国文』所収、愛知淑徳大学国文学会、二〇〇八年、八五―一〇四頁参照）。この論文では、日本文学研究の立場から漱石におけるベルクソンを扱い、吉田健一やプルーストについても触れている。
（37）ジャック・リヴィエール『フロイトとプルースト』岩崎力訳、彌生書房、一九八一年、一四七頁。
（38）優れた百閒論として、酒井英行『内田百閒〈百鬼〉の愉楽』有精堂出版、一九九三年を挙げておく。内田百閒には、友人で東京大学哲学科教授の出隆からフェノメノロギーについて聞いたという記録があり、『居候匆々』でも登場人物に現象学をもじった講義をさせている。しかし、それは詳しい記述ではないため、彼が現象学についてどの程度知っていたのかははっきりしない。
百閒の翻訳に関しては、アラン・ロシェによるフランス語訳で「サラサーテの盤」が『現代日本中短編小説アンソロジー』第一巻に収録されている（Airs bohémiens, in *Anthologie de nouvelles japonaises contemporaines* 1, Gallimard, 1987）ほか、短編集『冥途・旅順入場式』のうち八篇が二〇一一年にパトリック・オノレによってフランス語に訳されている（Hyakken Uchida, *La Digue*, traduit par Patrick Honnoré, l'Atelier In8, 2011. 英訳としては、Hyakken Uchida, *Realm of the Dead*, translated by Rachel Dinitto, Dalkey Archive Press, 2006）。夏目漱石『夢十夜』への熱烈なオマージュでもある『冥途』は、一人称単数で語られた短編集で、最も核となるモチーフは「死の不安」である。このうち、識閾下の罪の自覚を主題とする第三夜のデフォルメとされる「花火」、「柳藻」、「蜥蜴」が翻訳された点は漱石研究との関連性から評価できる。しかし、それらは百閒独自の優れた両義性と情緒性や繊細さを発揮する主要作品とはいえない。彼の作品には翻訳不可能な要素が多分にあるとはいえ、今後の全訳が期待される。
（39）内田百閒『内田百閒集成20　百鬼園日記帖』ちくま文庫、二〇〇四年、五九―六〇頁。
（40）ヘルマン・ズウデルマン『消えぬ過去』生田長江訳、国民文庫刊行会、一九一七年。

（41）内田百閒、前掲書、九六―九七頁。
（42）Patrick Honnoré, Préface, in Hyakken Uchida, *La digue*, p. 10.
（43）*Ibid.*
（44）内田百閒『内田百閒集成3　冥途』ちくま文庫、二〇〇二年、二五頁。
（45）Cf. *Ibid.*, p. 9.
（46）百閒は『冥途』の初版で、読者に最初から飛ばさずに読ませることを意図して、あえてページ番号を記さなかった。このことには両義性に遊ぶ緻密な文章世界に入り込む秘訣が隠されていると思われる。
（47）Georges Poulet, *L'espace proustien*, Gallimard, 1963, pp. 101–102.
（48）通常は頭韻法を意味するこの言葉を、プルーストは以下で見るような特殊な意味で使っている。
（49）Jean-Pierre Richard, *Op. cit.*, p. 21.
（50）*Ibid.*, pp. 104–105.
（51）*Ibid.*, p. 82.

第三部

生の問題をめぐって

アンリ／デリダ／レヴィナスと現象学

第八章　アンリの超越理解とサルトルの影

服部　敬弘

序

「サルトルに反して（Contre Sartre）」。主著『現出の本質』（一九六三年）を準備するノート（アンリの死後刊行）のなかで、アンリは、執拗にこのフレーズを繰り返している。『現出の本質』は、サルトルとの対決に限定されているわけではない。それはむしろ、カントからハイデガーにいたる「意識の哲学」と「存在の哲学」とに共通する地盤としての「存在論的一元論」というより広範な哲学史との対決を繰り広げる。この対決において、アンリは、存在論的一元論の理論的特徴を「超越」という概念によって把握する。

すでにアンリ研究においては自明となったこの哲学史理解は、ハイデガーの超越概念についての独特の理解に基づいている。この理解は、同時代のレヴィナスやデリダらのそれとは異なるものである。しかし注目すべきは、それが、サルトルとは一致を見るという点である。確かにアンリは、一方で、サルトル自我論に対する批判を展開し、サルトルとはたえず哲学的に対立する。しかし、他方で、アンリは、その超越理解において、サルトルと奇妙な平行関係を提示するのである。「内在」を「超越の根拠」として追求する『現出の本質』は、『存在と無』（一九四三年）の諸前提と鋭く対立しながら、『現出の本質』の企図を根底から規定するハイデガー超越理解について、『存在と無』と共通の地点に立つ。

では、その哲学的立場としては対立しつつ、その哲学史理解においては合致をみるアンリとサルトルとのあいだの両義的関係は、どのように理解すべきなのか。そしてそれが『現出の本質』の中心概念としての超越にかかわる以上、この問いは『現出の本質』の重要な前提にかかわる問いである。『現出の本質』が、その全体において哲学史との対決であり、『現出の本質』の射程と限界は、その哲学史の理解の仕方、哲学史を引き受ける仕方において表現されるなら、このサルトルとの関係をめぐる問いは、従来十分論じられてこなかったが、アンリ思想の理論的核心を理解するうえでいまや不可避の問いである。[1]

この問いに答えるべく、以下の手順で考察を進める。まずアンリの哲学史理解を整理し、特にハイデガーの超越概念がもたらした哲学的貢献についてのアンリの理解を概観する（第一節）。さらに、この理解を支えるハイデガー的超越概念についてのアンリの解釈を通覧し、その解釈が、ハイデガーの超越概念に対する意図的な誤読を含む点を確認する（第二節）。次に、この誤読の意味を明らかにするために、サルトルのハイデガー解釈を参照し、ハイデガーの超越概念をめぐるアンリとサルトルとの共通点を明らかにする（第三節）。最後に、サルトルとアンリとの哲学的立場の違いを確認し、サルトルと対立するアンリの歩みが、なぜハイデガー的超越概念をめぐっては合致するのかを論じることによって、アンリの歩みを根本から制約する前提の解明を目指す（第四節）。

第一節　アンリの超越理解

アンリにとって、ハイデガーがそれまでの哲学にもたらした変化とは何か。この点を明らかにするために、アンリはまず、ハイデガーを「意識の哲学」との対比において理解する。「意識の哲学」として名指しされるものは、デカルトからはじまり、カント、フィヒテ、シェリングを経てヘーゲルに至る、一連のドイツ観念論の流れにおいて、一貫して前提される、「本質の現実化の様態」である。この点をアンリは、フィヒテ論において確認する。神の存在は、反省にもたらされてはじめて現実性を獲得する。存在は自己の外に出ることによって、はじめて現実化するのである（EM95）。

本質の現実化とは、自己の外化であり、自己との隔たりの設定である。それは意識の構造においても同様である。意識は、単に客観を対象化し表象する主観として定義されるわけではない。意識は、客観に向かう主観ではなく、客観と客観に向かう主観との関係そのものであり、主観が客観と隔たりを置くことそのものである。そしてこの「分離」ないし「疎外」によって設定される「隔たり」あるいは「外在性」は、あらゆる客観が現出するための条件であるがゆえに、客観の客観性を構成する。この客観の客観性としての外在性の設立は、意識自身が現出するための条件であるがゆえに、主観の主観性の構造でもある。アンリは、こうした現出の共通性を、カントによる次の命題に認める。「経験の対象の可能性の条件は、思惟の主観的条件にほかならない」（EM112）。こうした「主観の主観性と客観の客観性との同一視」こそが、意識の哲学を通底する根本前提であり、アンリは、これを「存在論的一元論」と呼ぶ。

しかし、意識の哲学は、外在性そのものに意味を与えるにおよんで、一方でこれを無意識とするか、他方でそれに存在者的規定を与えることしかできない。意識の哲学が外在性を、主観と客観の「関係そのもの」として規定することを試みても、それは、依然として、そこから出発して「対象のアプリオリな構造の漸次的規定において超越論的主体の存在構造が少しずつ現実のものとなる」（EM113）ような「何らかの与えられた実在」（EM120）でしかない。なぜなら、規定することは、常に一般的なものに区別を導入すること、たえず本質を本質から引き離して個別性に引き入れることだからである。したがって、現象性としての現象性、現象性の本質としての外在性は、その普遍性を失って存在者的規定を受けるか、あるいは規定されないまま無規定の一般性として、意識の背後に、「無意識」として放置されることになる（EM145）。しかし、外在性は、諸現象が現出する条件であるがゆえに、決してそれ自体他の現象と同列に置かれることもできず、かといって現象の背後に未規定のまま隠されてあることもできない。結局、カント以来の意識の哲学は、アンリによれば、現象性の本質を未規定のまま放置せざるをえない。

では、アンリは、意識の哲学に対するハイデガーの寄与がどこに存するとみるのか。意識の哲学における「最後の進歩」（EM110）が、「意識はこの超出そのものにほかならない」ことの発見であるとすれば、ハイデガーは、超出を「存在者の存在」としてあらためて問いの中心に据える。自然的意識に対するハイデガーの批判を引き合いに出しながら、アンリは、「現出の本質の、存在者的秩序の実在への転落」（EM120）に導かれる意識の哲学に対して、ハイデガーが、それをまさに存在論的秩序において捉えた、と評価している。客観化、表象、分離、疎外がそこから可能となる外在性、すなわち「超越論的地平」は、存在者ではなく、存在者を可能にするもの、存在者の存在である。「存在者的諸規定の地平は、その根拠を存在の超越論的地平に見出す」（EM159）。知によっては永遠にこの「存在の超越論的地平」を捉えられない。知は規定であり、常にすでに超越論的地平の展開、すなわち「超越」を前提するからである。

したがって、意識の哲学に対する存在の哲学の寄与は、超越概念によって、現象性の本質を放置することなく、それを存在者的規定から独立にその「純粋性」において捉え、「研究の主題とした」点に求められる（EM124）。しかし、それでもなおアンリは、ハイデガーの超越概念が、依然として意識の哲学の前提を克服できていないとみなす。なぜか。それは、第一に、意識の哲学と同じく、ハイデガーもまた、主観性の存在（現存在の存在）を、客観の客観性（超越）と同じとみなすからである。第二に、存在の地平、現象性の本質が顕現するとき、そこに再び、本質とその現実性との隔たりがもたらされるからである。

確かに、ハイデガーが外在性をその純粋性において捉えた点は、アンリにとって前進であった。しかし、存在の地平は、それが現れるためには、再び存在者と手を結ぶ必要がある。地平は、その現実化に際して存在者を伴うからである。したがって、アンリは、ハイデガーを指して、「顕現は、別のものの顕現である」（EM132）、「現象性の本質は、その現実性とは別のものである」（EM135）と指摘する。超越は、存在者に依存している限りで、自己現出しえない。

さらに、超越は、存在者以前に、地平に結びつけられ、それに依存する点が指摘される。超越は、自ら創造した存在の地平を開くことによってはじめて顕現するからである。超越は、地平に拘束される限りで、隔たりの設立という現象化の様態から自由ではない。この点で、アンリにとって、「ハイデガー存在論の主導的主題がコギトの哲学内部で反復されたとき、この諸主題のもたらした転換は……本質的ではない」（EM125）のである。

アンリの目から見れば、ハイデガーは、地平に関する「そもそも存在者的であるがゆえに不適切な理解」（EM124）を問いに付しただけであり、存在者と存在との「結合を理解する仕方」を問いに付したにすぎない（EM124, 130）。その意味で、アンリは、ハイデガーの哲学的前進を、地平についての捉え方を、純粋性にもたらした点に限定するのである。ハイデガーの前進は、本質が現象化する様態について、いかなる転換ももたらさない。現存在の存在が、世界内存在として、超越として定義され、それが、存在者の存在と同一視される限り、主観の主観性と客観の客観性を同一視する意識の哲学と存在の哲学は同型である。アンリの次の命題は、ハイデガーについての彼の見方を要約している。「意識の哲学と存在の哲学とのあいだに違いはない」（EM118）。

第二節　超越から意識へ

こうした哲学史理解に立って、アンリは、超越の根底に内在を探索する作業に取りかかる。超越論的構想力の解釈を通じて、超越という現象性の本質、現出することそのものが、いかに地平に依拠することなく、自己現出するかを問う。この現出することの自己現出こそ、超越の根拠であり、アンリはこれを「内在」と呼ぶ。この内在においては、もはや本質とその現象化とのあいだにいかなる隔たりもなく、両者は完全に一致する。それは、自己自身を直接受け取る根源的受動性において、自己自身を外在性の媒介なしに感得する自己感得であり、純粋な自己現出である。

さて、こうした内在概念の彫琢に際して重要なのは、アンリによる超越概念の理解である。それは、二つの操作から構成される。第一の操作は、カント書が描き出す超越と地平との関係を、「作用（acte）」と「内容（contenu）」との区別によって理解することである。超越論的構想力が展開する、時間性の地平からは独立した構想力そのものの現出様態を問うことによって、アンリは、意識の哲学だけではなく存在の哲学からも脱却しようとする。ハイデガーのカント解釈においては、確かに構想力の作用の自己現出の仕方は問われていない。そればかりか、そもそも、構想力と、それが展開する地平との明確な区別も求められてはいない。これに対して、アンリは、地平から独立した構想力の作用、すなわち「地平を開示する作用」（EM243）の自己現出こそ、明示的に思惟され記述されなければならないと主張する。

ハイデガーの超越に関して、アンリは、一貫して超越と地平とを分離して捉えようとする（EM280、292）。「現出という現象学的領野を創造するものは、この領野そのものではなく、超越である」（EM267）。超越、すなわち「現出すること」は、「存在の超越論的地平の現象性と同時に超越そのものを指す」（EM267）。つまり、現出することとは、地平と超越とに区別されるべきであるにもかかわらず、ハイデガーは両者を「両義性」のなかに放置した、とアンリは批判する。

さらに、アンリはこうした批判を、意識の構造を分析するカント書のハイデガーにとどめることなく、ハイデガーの存在論全体まで拡張する。確かに、アンリは、現存在において、超越と地平、「現象性の本質」とその「現象となること」とが相互に分離不可能であると自覚する（EM162）。しかし、分離の不可能性は、決して、現存在の超越とそれによって開かれる存在の地平とを、「作用」と「内容」とに区別することを妨げるものではない。というのも、アンリは、この区別の導入による超越という作用の自己現出の規定こそ、現象学の課題とみなすからである（EMI164）。

アンリは、『現出の本質』第一部において使用していた、「超越」と「地平」という、用語法上の、あるいは分析上の区別を、第二部においては、明確に、実在的区別として用いる。この区別が、アンリの超越理解を貫いており、それはハイデガーの存在論一般の理解にまで適用される。ハイデガーの主張とは無関係に、アンリにとって超越とは、あくまで「作用」であり、地平とは、それによって生み出される「内容」、あるいは「所産（produit）」である（EMI156）。こうして地平という内容を創造する超越という作用そのものの自己現出が、内在において探求されることになる。

第二の操作は、カント書の構想力解釈が踏まえる立場、すなわち内容による作用の制約を無効にすること、あるいは内容への作用の拘束性を相対化することである。アンリは、カント書の超越概念が「受容的」なものとして性格づけられていることを確認する。実際、超越論的構想力は、図式から自由ではありえず、超越は、自ら産出したはずの地平によって、逆説的にも拘束される。この関係ゆえに、超越は「有限」とみなされる。これに対して、超越の作用の自己現出の確立を目指すアンリは、地平への超越の拘束性を相対化しようとする。超越が、もはや地平に拘束されないことを主張することで、超越を、所産から独立した純粋な作用として取り出し、その自己現出の様態を規定しようとするのである。

現出の本質の解明という企図が「現出することの自己現出」としての内在へ至るとすれば、この企図は、超越における作用と内容の復元、及び内容への作用の拘束性の相対化による作用の純化という、超越概念に施された上記二つの操作を前提とする。

なお、このような操作は、ハイデガーの超越概念が踏まえる文脈、すなわち感覚の所与性様態固有の現出様態をめぐるフッサール的発見を根本的に無効にすることである。ここで、レヴィナスによって強調されたハイデガー存在論が継承する二重の前提を確認しよう。それは、第一に、意識に対する超越の優位である。[2] 超越は、古典的意識概念を破棄し、作用と内容の二元性を超越に挿入することを禁じている。第二に、純理論的意識に対する印象的意識の優位である。[3] 感性的経験のフッサール的分析が依拠するヒュレー的与件への先行的関与と拘束性こそは、超越と地平との相互依存関係として表現されている事態である。

しかし、アンリは、二つの操作によって、超越が退けた意識の構造を再び超越に持ち込み、また、超越概念が依拠する地平への拘束の絶対性を相対化する。アンリが、超越概念に対して行う操作とは、ハイデガー存在論が継承する諸前提の根本的転倒であり、古典的意識概念への回帰を意味する。

もちろんここでの問題は、アンリの超越理解が不十分であることを非難することではない。実際、アンリは、ハイデガーにおいて「主体、主観性、意識、理性、さらには「人格」といった、諸々の古典的概念の拒否」（EM119）を見ており、その意味では超越を素朴に意識と同一視しているわけではない。主観性とは、この「接近」であり「方向性」である（EM110）。実体を退けたあと、「現存在はその純粋な世界性における世界にほかならない」（EM122）と書き、或る「非人称的出来事」、「存在論的出来事」（EM77）であることを自覚する。しかし、それでもなお、アンリは超越を意識へとひそかに還元する。重要な点は、こうした『現出の本質』の理論的枠組みを根本から支える超越の理解、あるいは誤解が、理由のないものではなく、或る明確な意図をもって行われている点にある。アンリが、ハイデガーを意図的に誤読するなら、この誤読の意図は果たして何か。

アンリによるハイデガー的超越の意図的誤読によってもたらされた転倒は、超越を古典的意識概念へと送り返すと同時に、超越を、「現出することの作用」、「現出することとの内容」、さらに「現出することとの自己現出」へと分節化する。それは、⑴現出すること、⑵それによって生み出される領野、⑶現出することとの自己現出、あるいは、⑴作用、⑵内容、⑶作用の自己現出という、意識固有の三項関係を、ハイデガーの超越概念に持ち込むことである。

この最後の自己現出が、内在として取り出されるものである。しかし、この超越から内在への移行に際して、超越概念に持ち込まれた作用の自己現出‐作用‐内容の三重性は、フッサール的図式への回帰であるどころか、むしろデカルト的なエゴ‐コギト‐コギタートゥムという意識の古典的な三項図式に限りなく接近する。そうであるなら、超越に対する内在の優位の確立は、ひそかに超越に対するコギトの優位を確立することを企図してはいないだろうか。このコギトの優位の確立によってはじめて、アンリは内在への道を開くことができたのではないだろうか。

第三節　コギトからの出発――サルトルの影

アンリにおける超越理解は、実際、ハイデガーの了解概念と対決するサルトルの『存在と無』における次の言葉と深く共鳴するものである。「しかし、それ自身において了解であること（についての）意識ではなければ、了解とは何であるか。人間存在の脱自的性格は、もしそれが脱‐自の意識から生じなければ、事物的で盲目的な即‐自に再び陥る」（EN110、強調筆者）。さらに、「了解が意味をもつのは、それが了解の意識である場合のみである」（EN121、強調筆者）。サルトルは、ハイデガーの了解を意識へと還元する。アンリとの関連においてこの還元は何を意味するのか。その意味を理解するために、『存在と無』におけるハイデガー理解の一端を見ておこう[4]。問題は、まずサルトルにおけるハイデガーの「距離」の概念をめぐる解釈である。ここでサルトルは、世界性の開示をめぐるハイデガーの思惟において、距離を置くことと距離そのものとを明確に区別する（EN56）。距離を置くこと、すなわち「開離」は、「否定」の作用と同一視される（EN55）。他方、距離そのものは、何か実在的なものではなく、それは自己を投企する仕方と捉えられる（EN173）。この距離を、サルトルは、「無」とみなす。

　無は、主題化された対象の「背景」として捉えられている。対象化によって開かれる潜在的地平が、サルトルにとって「無」であり、この地平を開く「作用」が「無化」である。また無は、外的世界だけでなく、内的意識においても見出される。自己と自己との「分断」（coupure）、「意識間の分離」（EN62）もまた「無」である。つまり、対象の定立に伴う潜在的地平が「無」として捉えられ、対象の定立による無の展開が「無化」と名づけられる。

　サルトルは、こうした無へとハイデガーの無概念を引き入れる。強調すべきは、サルトルが、ハイデガーの無を、超越の「志向的相関項」（EN53）とみなしている点である。サルトルは、『形而上学とは何か』を念頭におきつつ、ハイデガーにおいては存在しない、無化する作用と無の内容との区別を導入する。ハイデガーの超越の構造は、意識の構造へ送り返され、意識の構造から理解される。事実、サルトルは、あらかじめ次のように述べていた。「確かにわれわれは、ハイデガーが現存在にあてた定義を意識に適用しうる」(EN28-29)。

サルトルにとって超越は、「存在への対自の出現」であり、そのようなものとして常に意識の構造である。したがって、アンリの超越理解は、すでにサルトルのハイデガー読解のなかで生じていたことになる。なお、サルトルの超越理解に対して、ハイデガー自身、サルトルが「投企」の身分を「主観性の現実化」という地位にまで貶めたとしてサルトルを批判するが、(5) このハイデガーによるサルトルへの批判とは反対に、アンリは、超越を主観化するサルトル的な超越解釈を、自らの超越理解のなかで繰り返す。というのも、アンリは「否定」と「超越」のあいだにいかなる差異も認めず、またハイデガーの無を説明するにあたって、サルトルとともに、「無化」という動詞を、(ハイデガーには見当たらない)他動詞として用いる(EM131)からである。アンリによる開離の分析においても、サルトルによるハイデガー読解の痕跡を随所に認めることができる。

『現出の本質』第二十八節において、アンリは、サルトルの対自概念を、積極的にハイデガーの超越と同じものとみなしている。対自が、存在者への運動というよりも、むしろ「外部そのものへの運動」であり、その現実化の様態は、常に「他性への参照」(EM261)であるなら、それは対自が「超越」だからである。実際、「意識、あるいは超越」(EM263)と書くとき、アンリは、サルトルの対自概念とハイデガーの超越概念とのあいだの共通性を自明とみなしているかのようである。

さらにアンリは、サルトルの状況概念とハイデガーの状況概念とを連続的に捉える。サルトルにとって、意識は、常に自分がそうであるところのものから隔たりを置く営為である。対自は常に即自から引き剝がされ分離を強いられる。しかし、この分離において対自は、即自と無関係になるわけではない。対自は即自にとりつかれ（hanté）、自ら否定した即自との埋め難い隔たりを「重荷（lourdeur）」として常に背負っている。この即自との両義的関係が「状況」である。対自は、この関係を自らの「目的の選択」によって根拠づけることができる。というのも、目的の選択もまた、「目的の投企」として、自己との隔たりを開くが、この隔たりは、未規定ではなく、自ら投企した目的への超出である限りで、すなわち「選択されたもの」として、規定されているからである。

アンリがこのサルトルの状況概念を批判するのは、「投企（projet）」の営みそのものの開示様態が規定されない限り、状況の根拠づけは不十分だとみなすからである。アンリは、この不十分さが、ヤスパース、メルロ＝ポンティをも貫くとみなしたうえで、その淵源が「ハイデガーから取り入れられた前提」（EM469）にあるとみなす。というのも、投企において開示される「現」は、さらなる根拠づけを必要とするからである。実際、アンリによれば、現存在の事実性の概念は、「現存在がそれを究極的に根拠づけるもののなかで把握されている、ということを含意する」（EM471）のである。

アンリが投企そのものの自己現出の様態を要求するとき、そこでは、投企という作用がその所産あるいは内容から独立にいかに自己現出するかが問われている。しかし、こうした問いは、状況を開示する「投企」の概念が、ハイデガーではなく、サルトルから理解されなければ、意味をもたない。ハイデガーの超越は、すでに見た通り、投企と現との関係について、作用と内容との関係で捉えてはいないからである。

アンリは、サルトルの状況概念への批判に先立つ『現出の本質』第四十三節において、サルトルの状況概念と、ハイデガーの被投性概念とを、まったく同じ地平で論じる。そこでアンリは、ハイデガーの被投性概念を批判的に分析するなかで、ハイデガーにおいて、現存在が、既在の地平の開示に先行すること、現存在が、時間性に依存していない点を指摘する（EM452）。本来、時間性から切り離された現存在の自己現出する様態を規定することによって、超越ははじめて根拠づけられる。この根拠づけを欠くことこそ、状況概念の本質であるにもかかわらず、ハイデガーはこの時間地平から独立した超越を状況概念において主題化することができないとアンリは理解する。こうした現存在を地平の開示と分離して捉える見方は、そのままサルトルの対自と状況との関係にまで敷衍される（EM461）。

第四十三節の議論は、あたかもアンリが、ハイデガーへの批判的読解をサルトルに適用しているかのような錯覚を与える。しかし、現存在が時間性と独立的であるとみなすためには、時間性を超越という作用の所産とみなし、超越をこの所産から分離した作用とみなす必要がある。まさにこの操作こそ、サルトル自身が対自概念の導入に際してハイデガーの超越に対して施した解釈である。実際、ハイデガーにおいて、「状況の本質が偶然性として把握される」（EM463）とアンリが述べたとき、この解釈は、ハイデガーに即したものではなく、むしろ次のサルトルの理解を反復したものである。サルトルは、自身の状況概念の分析を通じて、「ハイデガーに逆らって」、死を「偶然的事実」とみなし、対自から「死の束縛」を解放するのである（EN590）。つまり、超越の作用は、いかなる時間性の束縛からも解放され、超越はその所産に束縛されることはない。したがって、状況をめぐるアンリの記述もまた、事実上、サルトルから出発しているとみなすべきである。

アンリは、本節冒頭に掲げたサルトルによるハイデガーの了解概念への批判（EN110）を取り上げつつ、「彼〔サルトル〕の批判は、いかなる内容もない」（EM118）と断じる。これは、サルトルのハイデガー理解の不十分さを論難しているのではない。アンリはここで、サルトルの対自概念が、ハイデガーの了解概念といかなる違いもないと主張しているのである。それは、アンリによる単なる批判として理解されてはならない。それは、いわばアンリによって「批判」という名のもとで行われた、作為的な読解として理解されなければならない。

ハイデガーの超越とサルトルの対自を違いのないものとして批判するとき、アンリは、意識とは、「超越の脱自にほかならず、まさしくハイデガーが存在論的な存在了解として理解するものである」(EM118)と述べ、両者が同一視可能な根拠は、単に両者が「脱自」であるという点にのみ求めている。しかし、ハイデガーとサルトルとの共通点を脱自に求めることによって、同時に、両者の差異は隠される。アンリによる批判は、この差異を構成する、サルトルにはないハイデガーの超越概念の諸契機を結果的に捨象し、もっぱら自己の外へ向かう純粋な作用にのみ照準を定めるのである。

即自と対自との二元性において表現されるサルトル存在論と、そのような二元性を許容しないハイデガー存在論とは、根本的な違いがある。しかし、アンリは、両者を脱自として一括することで、両者の違いを意図的に還元する。この脱自の作用が、まさにサルトル的対自を定義するにはふさわしいのなら、アンリは、当の批判によって、ハイデガーからサルトルを理解したのではなく、サルトルからハイデガーを理解した、つまり、サルトル的意識概念からハイデガー的超越概念を理解したのである。

アンリは、サルトルのハイデガー読解を通じて、ひそかにハイデガーの超越概念をサルトル的な意識へと還元する。ハイデガー的超越に作用と内容の二元性を再導入し、地平の拘束を相対化することは、超越を意識へと還元するサルトルのハイデガー理解を引き継ぐものにほかならない。それは、アンリが、ハイデガーの超越に、意識の残滓を、すなわち「コギト」の残滓を読み込むことを意味する。こうした読み込みに決定的文脈を与えたサルトルは、この文脈を集約的に表現するかのように、次の言葉をハイデガーの了解概念への批判として提出している。すなわち、「実のところ、コギトから出発しなければならない」(EN110)。

第四節　「サルトルに反して」——ヴァレへの参照

アンリは、ハイデガーの超越概念の理解をめぐって、サルトルを継承する。アンリは、サルトルを経由することによって、超越を意識へと還元し、超越に対するコギトの優位を確立するのである。では、このようなハイデガー的超越概念への理解が、コギトの優位の確立をはかった意図的誤読であるなら、コギトの優位の確立が、なぜ超越から内在へ移行するにあたって要求されたのだろうか。コギトの優位を確立するという迂路が、決して単なる寄り道ではなく、内在へのアクセスに不可欠の迂回であるなら、なぜ内在への道は、コギトの優位の確立を不可欠の迂回として要求するのだろうか。サルトルとともにコギトの優位を確立することが必然なら、その必然性はサルトルに反して内在を目指すアンリの理論のどこに求められるのだろうか。

アンリとサルトルとの関係をあらためて考察しよう。実際、アンリとサルトルとの哲学史解釈上の合致は、両者の哲学的立場そのものにまで及ぶわけではない。確かにコギトに出発点を置くところまで両者は歩みを同じくするが、このコギトの背後に想定された「エゴの存在」の扱いをめぐって、両者は鋭く対立するからである。とりわけ、「エゴの超越」を主張するサルトルの自我論は、アンリの自我論と決定的に対立する。なお、『現出の本質』におけるサルトル批判に加えて、この主著への準備草稿においても、アンリは、サルトル存在論の超克を達成しうる基盤をたえず探求している。実際、アンリは、次の同じ標語を準備草稿のなかで何度も繰り返し書き付けている。すなわち、「サルトルに反して」である。[6]

『現出の本質』第四十四節における状況概念への批判をあらためて想起しよう。アンリは、ハイデガーの現存在が行う超越の根底にそれを「最終的に根拠づけるもの」を求め、サルトルの対自が行う投企の根底にも同様の最終的な根拠を求めた。根拠とは、超越の所産から純化された超越の作用そのものの自己現出である。作用としての超越の自己現出、それが「現出することの自己現出」であり、「内在」である。こうした超越から内在への遡行は、超越のコギトへの還元を要求した。この場合、コギトは、対象から、すなわちコギタートゥムからは純化されて取り出されている。アンリが「世界なき意識」と呼ぶ超越の自己現出への歩みは、コギタートゥムなきコギト、純粋なコギトの自己現出を求める歩みである。ここにアンリは、内在、すなわち「エゴの存在」への道を開こうとする。

実際、サルトルは、意識と自己自身との関係、すなわち反省の構造を分析した際、対自を、自己と自己との分離とみなす一方で、自己と自己との一致、「即自としての自己自身」(EN125)を抱えたものとみなす。しかし、このような自己との一致は、対自にはそれとして与えられない。「人間存在は、自己との一致へのたえざる超出であり、この自己との一致は決して与えられない」(EN125–126)。対自は、即自との不可能な綜合のなかで、たえず自分と隔たりを置き、否定し規定する。「自己の最内奥において、この対自存在は脱自的である」(EN188)からである。このような永遠に合致しえない即自が、対自の背後で「不純な反省」において現れる。それが「超越的即自」であり、サルトルはこれを「エゴ(Ego)」とみなす

(EN197)。

他方、アンリは、超越的即自を内在概念によって救い出すというわけではない。[7] アンリにとって、それは、対自と対立する「存在者」とみなされ、対自なしには現出しえない依存的存在者とみなされる。アンリは、むしろエゴを、存在者ではなく「存在」として取り出すことを試みる。「エゴとは、存在者ではなく存在である。それは、存在であり、われわれがそれをかろうじて思惟しうるほどにラディカルな意味で存在なのである」[8]。

ここでアンリは「存在」を、むしろ対自の運動そのもの、すなわち「…へ超出する(se dépaser vers)」という運動そのものとして理解する。サルトルにおいては、対自は即自に依存しており、自立性を与えられないがゆえに、対自は自分自身を根拠づけることができない。アンリは、即自から独立した純粋な対自の運動、また対自によって展開される無の地平からは独立した、純粋な超出の作用そのものに注目する。この純粋な超出作用こそ、内在概念によって救い出されるものである。「超越という意味での何ものかへと自己を超出すること、何ものかへと自己を関係づけることは、自己自身が超出であること、〔…〕まさにそれ自体で可能な超出であり、自己を超出することなく反対に自己のうちに(en soi)とどまるものそのものとして、すなわち内在として可能となる超出である」(EM319)。

こうした対自の純粋な超出作用そのものの自己現出をエゴの存在として規定する作業こそが、『自我の超越』以来のサルトル自我論に対して、アンリが、「サルトルに反して」という標語のもとで実行する作業である。この作業において重要な点は、純粋超出作用を取り出す余地を与えているのが、ハイデガーの超越ではなく、サルトルの対自であるという点にある。というのも、純粋な超出作用は、コギタートゥムと対立する限りでのコギトから帰結するものであり、ハイデガーのサルトル批判が明示した通り、ハイデガーの超越は、このような主観的営為ではもはやないからである。

メルロ＝ポンティの批判を俟つまでもなく、『存在と無』において対自と即自は、たとえ不可分であるとはいえ、両者はあくまで二元論的に捉えられている。この二項図式こそ、サルトルの超越を、作用と内容との二項図式のなかで理解可能にするものであり、その一つの項である対自を、純粋な超出作用（コギト）として、さらにはエゴの存在として析出する余地を与えるものである。

つまり、アンリは、一方で「サルトルに反して」という標語のもとで、サルトル自我論と対立しながら、他方でまさにサルトルにひそかに訴えることによってしか、この「サルトルに反して」を実行することができない。アンリは、超越理解においてサルトルとひそかに手を結ぶからこそ、サルトルと対立しうる。そして、いわばこのサルトルとの対立の余勢を駆ってハイデガーの超越概念への批判を実行するのである。だからこそ、アンリは、サルトルの超越解釈によってハイデガー的超越概念を改変せざるをえない。そうすることによってはじめて、アンリは、超越から内在へ跳躍するための基盤を確保しうるのである。

超越のコギトへの還元は、内在がエゴの存在として規定されるがゆえに必然である。しかし、それだけではない。最後に還元のもう一つの必然性を理解するために、ここで、アンリが、サルトルを経由して内在へと至る際に参照する（EM325）ヴァレのサルトル論(9)について見ておきたい。確かにそれは、『現出の本質』では単にサルトル解釈の補強という二次的役割しか果たしていないように見える。しかし、実際、「サルトルによるコギト復権(10)」に注目するヴァレのサルトル論は、その企図において『現出の本質』の先駆ともいえる記述を展開する。そして、アンリが超越から内在へ向かう手続きと、ヴァレがサルトルの対自から自我へ向かう手続きとは、多くの点で並行関係を示している。

ヴァレは、サルトルの先反省的コギトの概念に「自我」の存在が残されている点に注目し、その「純粋な現出すること（pur *apparaître*）」[11]を「意識の存在」として分析の俎上にのせる。そして次のように述べる。「いま問題となっている存在は、反省的分離性の関係が定義する実存のように、「対」となった実存については何ももたない。このコギトは、意識する実存として直接的かつラディカルに体験された実存である。それはどんな認識論的二重化にも先立っている」[12]。そのような二重化に先立つコギトは、ヴァレにとっては、「先反省的コギトの領圏、絶対的直接性という原初領圏」[13]であり、それをヴァレは、「実存するコギト（cogito existant）[14]」と名づける。

こうした実存するコギトが求められたのは、ヴァレにとって、コギトの必当然的明証性が対自によっては確保されないからであり[15]、サルトル自我論が、カント的認識論の枠組みに制約されているように映るからである。「おそらく現象学は、一般化されたカント主義でしかない」[16]と断言したのち、サルトルの現象学を「カント的革命に大いに依存している」[17]と主張するヴァレは、対自が常に「相関的」なものでしかなく、自己との合致という根拠を欠くと批判する。

こうした一連のヴァレの立場は、サルトルに対するアンリの立場でもある。というのも、『現出の本質』もまた、コギトの必当然的明証性を要求し、カント的認識論を、存在論的一元論の淵源とみなすからである。超越のコギトへの還元を、内在への不可欠の迂回とみなす立場には、こうした古典的なコギトに残された可能性を、カント的認識論の克服として再興しようとする意図が含まれている。実際、ハイデガーの超越をそのまま解釈するなら、超越に、コギトの必当然的明証性を求めることも、カント的認識論への依存を見ることも不可能である。それは、サルトルによるコギトの復権なしには不可能である。

さらに、ヴァレは、実存するコギトを、反省そのものの中に見ている。もちろんそれは、隔たりを設定する二重化によってではない。反省された知ではなく「反省しつつある実存」として、「非措定的直接性の構造」としての反省であり、「純粋な現出すること」として現出する反省である。サルトルにとって、こうした反省は仮説の域を出ることはなく、反省とは常に分裂を前提するものでしかない。それに対して、ヴァレは次のように述べる。「しかし、まさにデカルト、マールブランシュ、ビランからベルクソンにいたるフランス哲学においては、反省とは、分裂性ではない。それは実存である」[18]。

「実存」とは、この場合、「エゴの存在」である。このように二重化する以前の反省そのものをエゴの存在として取り出すことは、実際、アンリの『身体の哲学と現象学』におけるビラン解釈と共鳴する。アンリは、「たとえデカルトのコギトが反省的コギトであったとしても、この反省の存在は運動の存在と同一であることを認めなければならないだろう」（PPC75）と言明する。そして、サルトルによる「反省的コギトと非反省的コギトの区別は、あいまいである」と批判した直後に、次のように述べる。「いずれにせよ〔…〕反省がまず超越論的内的経験であることを認めるべきであり、この反省の根源的理解においてこそ、われわれは、反省の存在が、超越論的生のどんな様態の存在とも同一であることを確言する理由を得る」（PPC76）[19]。

内在において開示されるエゴの存在は、まさに反省の作用そのものであり、それが「生（vie）」を構成する。この生は、カント主義に依存するサルトルに反して、デカルト以来のフランス哲学の系譜へと立ち返ることによって再び見出される。この点で、次のヴァレの言葉は、アンリの企図を先取りするものであるように思われる。「したがって、問題は、サルトルに反して（contre Sartre）、自我全体を意識のなかに置くことであり、問題は、自我がそこ〔意識〕にしか存在しえず、自我は、確かに意識の住人ないし所有者としてではなく、意識の真の実存者として存在しうることを示すことなのである[20]」。

ここでのヴァレの「サルトルに反して」は、われわれを対自の相関性から実存の直接性へと導く。同時に、それは、超越から内在へ遡行するアンリ自身の「サルトルに反して」と同じ軌道を描く。『現出の本質』がこのヴァレのサルトル論を直接参照する以上は、アンリのサルトル解釈は、ヴァレによって、補強されるだけではない。その解釈の方向性は、ヴァレのそれをその根底において反復しているのである。

アンリとヴァレとの比較に立ち寄ったのは、両者の類似点を単に並べるためだけではない。むしろ両者の複数の類似点のなかに埋もれた、一つの相違点を強調するためである。一方で、ヴァレは、ラシュリエやラニョー、ラヴェルに範を求めつつ、純粋な形で取り出された実存するコギトを、「作用（acte）」としての存在として定義づけようとする[21]。ただ、この作用としての存在の現出様態については、ヴァレは明示するに至っていない。

他方で、アンリが『身体の哲学と現象学』において主題化するのは、まさにこの作用の現出様態である。それをアンリは、「超越論的内的経験」の概念の現象学的彫琢を通じて規定しようと試みる。そして、「「内的生」に向けられた注意によって特徴づけられるスピリチュアリスト的思想の流れ」（PPC12）にラシュリエとラニョー、さらにはベルクソンを位置づけながら、それと自身の立場とを明確に区別する。というのも、スピリチュアリスト的思想には、作用に依拠しながらその現出を基礎づける超越論的内的経験の概念が欠落しているからである。『現出の本質』は、これを情感性、あるいは根源的受動性の概念によって展開することになる。

ヴァレが、超越の作用そのものの自己現出を、「自我を不可疑で完成された実在として〔…〕すなわちベルクソン的な直観による自己と自己との完全なる合致」(22)として回復しようと試みながらも基礎づけられないのに対して、アンリは、超越の自己現出を、反省の反省自身に対する根源的受動性によって基礎づける。このアンリ固有の観点のおかげで、コギトの自己現出をエゴの存在として取り出す内在の哲学は、ヴァレの継承する思想的系譜と交錯しながらも、それと完全に合流することはないのである。

根源的受動性によってコギトからエゴの存在への道を確保するアンリ固有の観点こそ、コギトへの超越の還元を求めるものである。超越の根底への根源的受動性の導入は受容性の導入である。このカント書では確かに分析されながらも『存在と時間』では留保された自発性と受容性の二元論を、アンリは、あらためて超越のなかに読み込む。アンリは、受容性概念をあらためて存在の問いのなかにもちこみ、存在論の舞台から放逐された受容主体という自我論的構図を再興させる。受容性を通じてエゴの存在を追求する内在の哲学は、こうして非自我論的超越を自我論的コギトへと書き換えることを要求するのである。

アンリがコギトの復権をはかるサルトルを経由したのは、もはや偶然ではありえない。超越にエゴの存在と受容性を読み込むためには、超越は、それらが依然有効でありうる自我論的問題設定のなかへと、あらかじめ送り返される必要がある。サルトルとともにハイデガーを誤読することは、サルトルに反して内在理論を確立するための必然的要求である。内在理論は、その完成のために、ハイデガーの超越をコギトへ還元する誤読を必然的に必要としていたのである。

結

こうして何重ものフィルターを通して行われたハイデガー超越概念の意図的誤読の意味は、明らかにされたはずである。超越から内在への遡行は、超越概念への作用と内容の導入、超越に対するコギトの優位の確立を前提とし、このコギトの優位の確立は、サルトルに帰せられた。アンリは、このサルトルの読解の成果をひそかに継承する。そしてそれは、アンリ思想の内的要求に適うものであった。この要求の出所が、（エゴの存在を前提とする）「純粋超出作用」と「受容性」とに依拠する内在理論内部に特定されたのである。

なお、アンリは、存在論のなかに受容性を再導入することにより、エゴの存在を、「エゴ－絶対者」、「永遠的エゴ」[23]として取り出そうとする。これら一連の歩みは、超越の根拠づけだけでなく、エゴの存在の「自立性（Selbständigkeit）」をも現象学的に規定することによって、エゴの絶対的性格の回復を企図するものでもある。これは後期の著作において「絶対的生」の概念によって具体的に彫琢されることになる。

この分析の段階では、サルトル批判は影をひそめる。「サルトルに反して」は、あくまで超越の根拠づけを目指す前期アンリによって用いられたものである。しかし、絶対的生へ続く長い道のりのとば口で掲げられた「サルトルに反して」は、その後のアンリの歩みと無関係ではありえない。アンリは、超越の根拠づけを足がかりとして、今度は「生の現象学」の名のもとで、「存在の歴史」とは別の思想的系譜――「生の歴史」――への移行をはかろうとするが、この「存在の歴史」もまた、サルトルから摂取した超越から理解されるからである。そうである以上、「存在の歴史」とは異なる歴史として位置づけられる生の歴史の意味と正当性は、あらためて問われなければならないだろう。

アンリとサルトルの引用は、以下の略号を用い、本文中に直接、略号と頁数を挿入する。
EM: M. Henry, *L'essence de la manifestation*, Paris, PUF, 1963.
PPC: M. Henry, *Philosophie et phénoménologie du corps*, Paris, PUF, 1965.
EN: J.-P. Sartre, *L'être et le néant*, Paris, Gallimard, Collection tel, 1976［1943］.

注

（1）アンリとサルトルとの関係について、例えばラウルーは、サルトル自我論との対比によってアンリとフッサールとの立場の違いを明確化し（S. Laoureux, *L'immanence à la limite*, Paris, Cerf, 2005, pp. 73-79）、ジェリは、アンリとサルトルにおける情感的感得の存在を指摘する（R. Gély, «L'imaginaire et l'affectivité originaire de la perception : une lecture henrienne du débat entre Sartre et Merleau-Ponty», in *Studia Phænomenologica*, IX, 2009, pp. 173-192）。それに対して本章が光を当てるのは、両研究が看過した超越をめぐるアンリとサルトルの共通点であり、ハイデガーをめぐって重なりあう両者共通のパースペクティヴである。

（2）Cf. E. Lévinas, «Martin Heidegger et l'ontologie», in *En découvrant l'existence avec Husserl et Heidegger*, Paris, Vrin, 2001［1967］, p. 86. レヴィナスはハイデガーの現存在概念に「意識を出発点とする伝統的意識概念の放棄」を見て取る。もはやそこでは、所与の受容ではなく、意味の了解こそが問題となる。意味の了解、すなわち超越は、作用ではなく、作用と内容の相関性そのものの放棄である。

（3）Cf. E. Lévinas, «Réflexions sur la “techinique” phénoménologique», in *En découvrant...*, p. 168. レヴィナスは、初期時間講義から『経験と判断』に至るフッサールの歩みを振り返りつつ、範疇的直観では依然不十分に思惟されていた「新しい意識類型」が、感覚態、キネステーゼといった後のヒュレー的与件をめぐる思考において、いかに彫琢されていくかを概観している。その新しさとは、条件法的で他動詞的な意識類型の発見、すなわち主観の客観への帰属、客観による主観の制約、ノエマによるノエシスの条件づけにある。そこではもはや、理論的志向においては妥当した、構成するものと構成されるもの、〈統握内容－統握〉図式を適用することは不可能である。ハイデガーの超越は、こうした二元性をすでに破棄している。

（4）ここでは『現出の本質』におけるサルトル読解にかかわる論点に限定する。その他の概念に関するサルトルとハイデガーとの関係については、Cf. M. Haar, « Sartre contre Heidegger : une défense aveugle de la métaphysique », in *La philosophie française entre phénoménologie et métaphysique*, PUF, 1999, pp. 35–65.

（5）M. Heidegger, « Brief über den „Humanismus"», in *Wegmarken*, GA 9, p. 327. Cf. *Ibid*., p. 360.「無化することは、存在そのもののうちに生き生きとあり続ける（wesen）が、人間の現存在がエゴ・コギトの主観性として思惟されている限り、人間の現存在のうちには決して生き生きとあり続けることはない」（『ヒューマニズム書簡』、ちくま学芸文庫、渡邊二郎訳、一九九七年、一三四頁。訳文は適宜変更した）。

（6）Ms A 5-3-2693 ; 2722 ; 2747 ; 2751–2757 ; 2759 ; 2765, in *Revue internationale Michel Henry*, n° 3, 2012.

（7）遺稿では、「超越的エゴに反して（Contre [l'] Ego transcendant）」（ex. Ms A 5-3-2752）と繰り返し綴りながら、他方「内在」としてのエゴについては次のように書かれている。「サルトルにおけるエゴではない。第一人称の存在論的根拠の問題」（Ms A 5-2-2713）。

（8）Ms A 4-22-2566.

（9）G. Varet, *L'ontologie de Sartre*, Paris, PUF, 1948. 実際、アンリは、対自を単なる即自との抽象的関係とみなし、それを存在論的一元論（monisme ontologique）の一つに数えいれる。このときアンリは、サルトル的実存が「代替不可能であると同時に〔…〕正当化不可能な〈関係〉そのもの」（*Ibid*., p. 177）とみなすヴァレの批判的記述を引用する。そして、この記述のあとで、ヴァレは、サルトルの哲学を「現象ないし関係の一元論（monisme）」（*Ibid*.）とみなしている。この「一元論」の命名は、コジェーヴによる「存在論的一元論」の命名（A. Kojève, *Introduction à la lecture de Hegel*, Paris, Gallimard, 1968 [1947], p. 485, note（1））以上に、アンリの哲学史理解にかなうものである（Cf. EM871）。

（10）G. Varet, *op. cit.*, p. 85, note (1).

（11）*Ibid.*, p. 29.

（12）*Ibid.*, p. 31.

（13）*Ibid.*, p. 114.

（14）*Ibid.*, p. 33.

（15）*Ibid.*, p. 5.

（16）*Ibid.*, p. 13.

（17）*Ibid.*, p. 15.

（18）*Ibid.*, p. 162.

（19）なおこの場合、反省は「志向性」であると同時に「志向性の存在をなすもの」とみなされる。

（20）G. Varet, *op. cit.*, p. 152.（強調ヴァレ）

（21）*Ibid.*, p. 3. ここでヴァレは次のように自身のサルトル論の目的を定式化する。「われわれは〔…〕最終的に現象学そのものを超えて、今日ラヴェルによって再び採用されたラシュリエとラニョーによる真の方法の正当性を認めることを試みる」。

（22）*Ibid.*, p. 122.

（23）Ms 6-8-4096.

第九章　いまだかつて見た者なき神

エマニュエル・カタン

ミシェル・アンリは、ヨハネに関する晩年の省察を通じて、キリスト教、そして他の福音書のなかでもまず『ヨハネ福音書』のなかに、「純粋な現象学的真理」ないし、啓示や顕現、真理そのものの「現象学的現実性」を認めていたはずである。[1] このヨハネに関する晩年の省察のなかで、ミシェル・アンリは、キリスト教の真理と世界の真理とを対置する。キリスト教の真理においては、顕現が自己に顕現し、それゆえ、顕現だけが顕現する。この真理においては、啓示が自己啓示することによってでしか啓示せず、自己自身にしか啓示されない（すなわち、自己自身以外のいかなるものも啓示せず、常にただ自己自身においてのみ啓示する自己啓示である）。他方、世界の真理とは、表象（Vorstellung）の真理であり、外部に措定することによってでしか顕現しない。それは、「世界の「自己の外」における〈現出すること〉への到来」であり、そこでは、どんな現出するものも、時間と呼ばれる、たえざる無化の営みにおいて、自己の外へと投げ出されている。[2] それゆえ、アンリにとって、『ヨハネ福音書』を読むことは、結局のところ、根源的な〈現出すること〉（apparaître）へ接近することなのである。というのも、一方で、キリスト自身が〈生〉であるとすれば、また他方で、〈生〉が〈真理〉であるなら、言い換えれば、〈生〉が自己の〈啓示〉であるなら、より正確には、〈生〉が〈言葉〉、キリストがそれを語るまで誰も聞いたことのなかった言語で発せられた言葉であるとすれば、[3]「キリストの現象学」とは、それ自体、純粋現象学だからである。したがって、福音書の物語がたえず中心に据えるのは、キリストが自分自身について語る事柄であろう。キリストが、この言葉を通じて、世界である限りでの世界にはやはり理解不可能であり続けるような仕方で繰り広げるのは、「〈子〉という条件のラディカルな解明」である。つまり、キリスト自身がそうであるところのこの子、及びわれわれがそうであるところの諸々の子についてのラディカルな解明を繰り広げるのである。[4]

ところで、以上のような純粋現象学的真理と世界の真理とのあいだの対立について、両者の鋭い対立を乗り越えたり弱めたりするような解決を、アンリの思想のなかに見出すことは決してないだろう。もしキリスト教における調停が救済という名を得るなら、そのような救済は、アンリにとっては、〈私〉と言う者の「内世界的な行為すること」を、「〈生〉の本源的な行為すること」へと「代替すること」として以外には、すなわち〈生〉の到来において世界という次元を消去することとして以外には、思惟されることは決してないだろう。[5] たとえキリスト教が、世界における「唯一の実在」へと到達するにしても、[6] あるいは「世界の内容」、「世界に現出するもの」に到達するにしても、そのことは、アンリにとって、キリスト教が、世界の真理や世界の〈現出すること〉、世界‐現出といったものを消去し、本質的には捨て去ることになるということを妨げるものではない。[7] 言い換えれば、アンリにとって、救済は、決して世界の救済ではない。世界や世界という次元とのいかなる調停も存在しないだろう。とはいえ、エイレナイオスやアウグスティヌスを読むアンリが明示するところによれば、救済の場とは、おそらく、悪の場と同じであり、それは、有限な肉である。有限な肉は、自分自身を崇拝し愛する。この限りでのみ——というのも、肉は、自分自身を自分自身に与えることができないからだが——、有限な肉は、死すべき肉である。しかし、このような肉はまた、第二の誕生において消し去られる。実際、アンリによれば、第二の誕生とは（以下の点は、重大な帰結をもたらすことになるのだが）、第一の誕生の復元であり、「その外ではいかなる生も生自身にもたらされることのない、神的〈生〉への超越論的誕生」(8)の回復である。とすれば、次のように問わなければならないだろう。純粋な〈生〉に誕生した肉は、自己へと到来する〈生〉の〈原‐受情性〉（Archi-passibilité）に対してのみ受情的であるがゆえに、身体、すなわち世界の身体には、生き生きとそれ自体で与えられることは決してなく、世界に現出することも、世界に属することも決してないのだが、このような肉は、まさにその根源において、どのような意味で有限であったのか、と。というのも、その根源においては、この肉が死ぬことはありえないからである。この〔肉の〕生は、根源において、あるいは生来、死すべきものではなく、起源においては、生にとって、世界がないのと同様、死がないからである。言い換えれば、肉に死があるのは、肉が自己を崇拝して愛し、「その有限性及び死」(9)に対して「自分を委ねる」限りでのみだからである。

　しかし、以上のような世界の棄却、世界という次元の棄却、すなわち、世界に現出する者の救済そのものにおいて世界を放棄すること、それも、「現象学の転覆」(10)を求めるような、二つの〈現出すること〉のあいだの解消しえない対立としてそれを放棄することは、或る困難を垣間見させてくれるだろう。その困難とは、長らく頭を悩ませてきたものといえるかもしれないし、またわれわれの問いへと接近するために、われわれがこれからその正当性を認めることになるであろう、そのような困難である。たとえアンリの行った諸々の注釈の奇妙さがわれわれの関心を引きつけるとしても、われわれにとって、生をめぐる強靭な思惟に対して、聖書注解のもつ、半ば専門特化された厳密さを対置することが問題なのではまったくないという点を、注意してはっきり述べておく。こうした奇妙さというのは、むしろ、おそらくはミシェル・アンリのたどる道からすれば、異なる方向へと進むことになるような道を通って、われわれを次の問いの前に導くはずである。すなわち、世界という名以外にはいかなる名ももたない〈現出すること〉の領域、この〈現出すること〉について、ヨハネでは、事情はどうなっているのだろうか、という問いである。もっと言えば、アンリが、自ら〈見えないもの〉と呼び、決してその不可視性の外に出るとは考えなかったものは、可視性という世界領域においてどう捉えられているのだろうか、という問いである。

第一に、当該の困難が最も明瞭に現れてくるのは、ヨハネのテクストからだろう。このテクストのいくつかの章句は、以上の〔アンリの〕視点からすれば、必然的に閉ざされたままのはずである。〔世界の真理と生の真理という〕以上の対立をその鋭さにおいて維持する際に最も理解するのが困難なのは、第一に、キリストがニコデモに対して語った、〔『ヨハネ福音書』の〕次の言葉だろう。「神は、ひとり子を与えるほど世界を愛した。彼を信じている人が一人も滅びることなく永遠の生を得るためである。つまり神が子を世界に遣わしたのは、世界をさばくためではなく、世界が彼を通して救われるためである」（三章十六―十七節）。〔アンリの言うように〕世界の真理が転倒されて世界を遺棄するまでに至るとすれば、〔ヨハネの述べる〕アガペー〔ἀγάπη〕に、すなわちコスモス〔κόσμος〕そのものへと向かい、またそこへ到来する愛に、どのような意味が残りうるというのだろうか。〔ただ、世界を遺棄するまでに至るといっても、確かに〕世界とはラディカルかつ根源的に異なる「世界の内容」というものを、「世界」という名のもとであらためて思惟することになるのだが。しかし、世界――「その姿かたちは過ぎ去る」[11]世界――とは異なる「世界の内容」は、依然として、どの程度、救済を必要とするのだろうか。世界ではなく〈生〉に属しているもの、〈生〉のなかにあるもの、しかもいつまでも〈生〉のなかにとどまっていたもの、こうしたものが、なぜ救済されなければならないのだろうか。実際、アンリによれば、肉が自分を崇拝して愛し、死へと引き渡された限りで、そのような肉は、世界へと引き渡され、自分自身の死へと「委ねられた」のである。有限性だけが救済を必要とするのだが、しかし、この有限性は、まさに世界に与えられた有限性なのである。世界それ自身――たとえ自分自身と対立しているといても――と、自分自身ではなく世界のなかに到来した生とが、愛されるだけでなく、救済もされねばならない、ということにならないのは、なぜなのだろうか。このような救いを必要とするのは、まさに世界であり、世界へと身を委ねた有限な肉ではないのか。

　しかし、実のところ、アンリの注釈において、以上のような困難、すなわち世界の存在意味にかかわる困難が、正確に見積もられるためには、その根源へとあらためて立ち戻らねばならない。その根源とは、贖罪ではなく、創造である。まさに困難となっているのは、どんな世界の支配（それは、別の王国が対立する支配、アガペーとは別の愛の支配である。結局、ミシェル・アンリは、まさにこのような世界の意味のみを用いており、それは肉の自己崇拝の支配、死の支配である）よりも根源的な、世界領域の存在意味であり、したがって、世界におけるあらゆる存在者の意味そのものである。

アンリが行う『創世記』についての釈義以上に明確にそのことを証明するものはない。アンリは、こうした釈義を、アンリによれば『創世記』から真理を解放するもの――それと同時に、今度は『創世記』を理解可能にするもの――、すなわち『ヨハネ福音書』序文へと導くために行うのである。アンリの見方では、聖書とは、「超越論的な書物」であり、新約と旧約という二つの聖書の統一は、「聖書という超越論的まなざしの統一」[12]にまで遡る。超越論的テクストとしての聖書は、他の諸々の超越論的書物と相対するはずである。それは、例えばカントの『純粋理性批判』のように、「経験一般の可能性の条件」を通じて、アンリが「人間の現象学的構造」と呼ぶものを記述する書物であり、この書物は、人間の現象学的構造を〈見えるようにすること〉の諸様態と同一視しながら、それを世界の構造と同一視する書物である。

ところで、アンリが、アンリによれば、聖書は、まったく別の仕方で、〈現出すること〉において人間の状況を記述する。アンリが、たえず同一のより鋭い対立を何度も繰り返す命題のなかで語るところによると、「なぜなら、実践的生における同様、理論的生においては、生への道は、たとえこの道に諸々の行程が含まれているとしても、決して世界には開かれない、ということを忘れることによって、ひとは世界へと向かってしまうのだから、〈本質的なるもの〉は失われてしまい、ひとはそれを二度と再び見出すことはないだろう[13]」。このように、アンリは、神の似姿たる人間を、創造から引き離すことをいとわないだろう。もし創造が、神にとって、自己の外へと措定することであるなら、「可視的なものを何ももたない」人間は、「一度も創造されたことがない」のであり、「人間は、世界に一度も到来したことがない。人間は、〈生〉に到来したのである[14]」。

さて、仮に事情がそうであるすれば、『創世記』という超越論的テクストは、結局のところ、理解不可能なテクストとなってしまうと言わなければならないだろう。創造というものが、次のような超越論的作用ないし出来事を指しているとしても、すなわち、それによって、アダムとともに、人間の本質があるのと同時に、現実の人間もすでにあるような超越論的作用ないし出来事を指しているとしても、明らかに、『創世記』のどこにも、次のことを正当化するものはないのである。すなわち、似姿という条件が、確かに人間を格別の被造物たらしめるのだが、このこと〔格別さ〕ゆえに、人間を創造から引き離し、そのようにして世界から人間を引き離すのだ、などと考えることがそれである。〔創造という〕言葉は、単に、人間にとって、あらゆる他の被造物を創造する働きを名付けるための言葉と一致しているだけでなく、この言葉は、〔『創世記』において〕三度も書かれている。ブーバーとローゼンツヴァイクの素晴らしいドイツ語訳によれば、次の通りである。

Gott schuf den Menschen in seinem Bilde〔神は御自分の姿に似せて人を創造された〕
Im Bilde Gottes schuf er ihn〔彼は人を神の姿で創造された〕
Männlich, weiblich schuf er sie〔彼は人々を男と女に創造された〕(15)

では、アンリは、創造が「それ自体、〈言〉のなかで、すなわち〈生〉の〈言葉〉である神の言葉のなかで行われた(16)」と明確に述べるにもかかわらず、どのようにしてそれによってすべてが現れたところのschaffen〔創造する〕やmachen〔造る〕(17)から人間を取り去ることができるのだろうか。どのようにして人間を、世界から、したがって世界が現出するのを目にした六日目のsehr gut〔極めて良かったもの〕から取り去ることができるだろうか(18)。

しかし実を言うと、『創世記』の解釈は、「ヨハネ福音書序文の導入的諸命題(19)」の解釈をただ準備するはずのものであって、この導入的命題とは、アンリによれば、創造の真の意味を与えるといわれるものである。とはいえ、このとき、『ヨハネ福音書』の導入的諸命題は、もっぱら創造を消し去るのであって、人間に関して言えば、〔人間の〕創造を〔人間の〕生成に代替するに至るのである。人間は、〈言〉のなかに生まれるといわれる。言い換えれば〈生〉に生まれ、〈生〉から生まれるのであって、創造されるのではない。人間がそこで現出するところの受動性の意味は、〈生〉によって完全に転倒されることになるだろう。というのも、受動性は、もはや世界を前にした受動性ではなく、「〈生〉に対する人間の生のラディカルな受動性(20)」となるからである。

しかしながら、ここでいくつもの困難が新たに現れることになる。一方で、『ヨハネ福音書』序文が、生成を現出させるのなら、問題は、「神の子ら」の生成である。そして、世界におけるロゴスを受け取った人々は、〔神の子に〕生成する権能をもつ（『ヨハネ福音書』一章十二節によれば、「神は、神の子供となる権能を与えた」）。「彼らは血からでなく、肉の意思からでもなく、男の意思からでもなく、神から生まれた（*οἳ οὐκ ἐξ αἱμάτων οὐδὲ ἐκ θελήματος σαρκὸς οὐδὲ ἐκ θελήματος ἀνδρὸς ἀλλ᾽ ἐκ θεοῦ ἐγεννήθησαν*）」。ところで、「彼らは、生まれた（*ἐγεννήθησαν*）」という不定過去の理解がどうあれ、またたとえそのような誕生の意味を創造そのものにまで遡行させたとしても(21)、『ヨハネ福音書』序文のなかであらためて、人間を創造や被造物であることの意味から解放することを正当化するようなものは、何もないのである。被造物をあらわすヨハネの言葉は、*ἐγένετο*〔成ッタ〕である。そして、この言葉は、ギリシア語聖書全体のなかでも、お望みなら超越論的な書物のなかでも、創造の働きをあらわす重要な言葉のなかの一つである。「万物は彼を介して成った。彼をさしおいては、なにひとつ成ったものはなかった〔πάντα δι' αὐτοῦ ἐγένετο, καὶ χωρὶς αὐτοῦ ἐγένετο οὐδὲ ἕν〕」（『ヨハネ福音書』一章三節[22]）。

しかし、第二の困難は、意表を突くほどに一層驚くべきものとなるだろう。上述の通り、まるで六日目は、結局のところ創造が行われた日々のうちの一日ではなかったかのように、創造は、人間からは遠ざけられてしまった。それと同様に、今度もまた、再び、アンリから見ると、世界は、ロゴスが到来するための領域として消滅してしまう。『ヨハネ福音書』の諸々の章句では、まさしく世界に関して、ἐγένετο〔成った〕という創造をあらわす言葉が、到来という言葉と結びつけて用いられている。この章句のなかで、ヨハネは、次のように述べている。「本物の光であった。それは世界に来て、すべての人を照らしている。世界にあり、世界は彼を介して成った（ἐγένετο）が、世界は彼を知るにいたらなかった。自分に属するもののところに来たが、彼に属する人々は彼を迎え入れなかった」（『ヨハネ福音書』一章九―十一節）。

あくまで聖書注解にとどまらねばならないとするならまったく理解不可能なままになってしまうような仕方で、アンリは、次のように注釈を加えている。「〈言〉の生成と人間の生成とのあいだのこうした同質性が、〈言〉が受肉して人間となる際になぜ〈言〉は、世界ではなく、肉に、すなわち「自分に属するもののところへ」――〈言〉のうちで生成した者たち、永遠に〈言〉に属す者たちのあいだに――来たのかを説明する[23]」。周知の通り、「自分に属するもの」、あるいは「彼に属する人々」は、古典的な釈義上の困難を成している。というのも、伝統はこの民にイスラエルを認めることになるだろうからである。しかし、そこに問いの中心があるわけではない。ここで、この問いの中心を取り上げるべきである。

次のことは、アンリ固有の自己啓示概念のなかでも、最も奇妙な特徴のうちの一つである。すなわち、世界の〈現出すること〉、世界において世界のために〈現出すること〉、すなわち内世界的な見ること、世界という見ること、世界において見ることと〔〈肉〉や〈生〉と〕の変わらぬ対立から見れば、超越論的な肉に到来する有限な肉として現出する〈肉〉や、超越論的〈生〉に到来する有限な生として現出する〈生〉は、見えないものにとどまっている、ということである。そうすると、神と人間が共有しているのは、まさに同じ不可視性であり、両者それぞれは、神の自己性であれ神の自己性における人間の自己性であれ、それ自身、まさに見えない生ける〈自己〉の不可視性なのである。アンリによれば、「誰も神を見たことがない。しかし、誰も一人の人間を見たことがない」[24]。

〈生〉は、それ自身で〈現出すること〉であり、示すこと、自分を示すことである。〈生〉という内奥性は啓示であり、それは啓示のなかの啓示ですらある。まず謎めいて留保されたものにとどまるようなものの啓示ではなく、顕現のなかの顕現であり、〈現出すること〉そのもの以外の何も現出することなき純粋現象である。ヘーゲルは、すでに、offenbare Religion、すなわち啓示〔顕現〕宗教という名のもとで、宗教のなかの宗教、顕現のなかの顕現としてキリスト教を思惟した。それは、単に人間に啓示された宗教（*die geoffenbarte Religion*）であるだけでなく、〈精神〉としての神の自己啓示、言い換えれば顕現である。〈顕現〉は〈顕現〉として顕現し、〈顕現〉以外の何も顕現しない。以上が、〈顕現〉の実現としてのGeist〔精神〕の厳密な意味であった[25]——それはまた、Liebe〔愛〕の意味でもあるだろう。

しかし、ミシェル・アンリの理解となるであろう啓示の理解においては、このような顕現は、決して、またいかなる点においても、見ることに身をささげることではないだろう。というのも、もし〈生〉が

〈現出すること〉のなかの〈現出すること〉であるなら、そのような〈現出すること〉は、〈現出すること〉自身以外のいかなる領域においても生じることはない――決して死の支配たる「世界」には生じない――のだが、こうした現出することは、いかなる「見ること」の領分へも入ることはないからである。見ることのまなざしは、〈現出すること〉の前で、またそれに直面して開かれるはずなのだが。〈現出すること〉が自己自身へと現出するとき、〈現出すること〉は、見ることの隔たり、対面の次元を開かせることはない。〈生〉は、アンリの言い方では、自分を触発し、自分を抱握し自分自身へと到来するとき、自分を見ることはない。言い換えれば、自己自身へと現出することとしての〈現出すること〉は、自己自身における受情性であって、それは、他在の領域がいかなるときにも開かれることなく、わずかの道も、その道のわずかの険しさも、わずかの否定性も、わずかの犠牲も問題にすらなりえないままなのである。実のところ、そのような〈受情性〉は、どんな〈受動〉にも閉ざされたままである。しかし、そうであるなら、ミシェル・アンリの〈生〉ほど、ヘーゲルが〈精神〉と呼んだものから程遠いものはありえないだろう。われわれが問うのはここである。すなわち、可視的になることではないような〈現出すること〉、不可視でありつづける〈見えないもの〉という〈現出すること〉、その現出者が世界には現出しないような〈現出すること〉、このような〈現出すること〉が、ヨハネのなかに存在するのだろうか。

　人間の目には一度も見えない、という意味で見えるものに一度も入ったことのない者に対して、ヨハネによって少なくとも或る名前が与えられている。福音書のなかのこの名とは、テオス〔*θεός*・神〕である。「いまだかつて神を見た者はいない（*θεὸν οὐδεὶς ἑώρακεν πώποτε*）」（『ヨハネ福音書』一章十八節）。『ヨハネの第一の手紙』は、別の言葉を選んでいる。「いまだかつて神を観た者はいない（*θεὸν οὐδεὶς πώποτε τεθέαται*）」（『ヨハネの第一の手紙』四章十二節）。ここで「観る」と「見る」とは、決して同じ意味ではない。「観る」、テアオマイ（*θεάομαι*）自体は、おそらく「見る」ではあるのだが、より正確に言えば、それは、舞台のうえに注がれる視線によって「じっと視る」のであり、注意深く緊張した視線、現れるものに慎重かつ忠実に集中するであろう不動の視線、観想の視線である。

　おそらくこうした視線は、『出エジプト記』が、一回限り、人間に対してその可能性を閉じたところの視線と響きあっている。「また言われた。「あなたは私の顔を見ることはできない。人は私を見て、なお生きていることはできないからである」。さらに、主は言われた。「見よ。一つの場所が私の傍らにある。あなたはその岩のそばに立ちなさい。わが栄光が通り過ぎるとき、私はあなたをその岩の裂け目に入れ、私が通り過ぎるまで、私の手であなたを覆う。私が手を離すとき、あなたは私の後ろを見るが、私の顔は見えない」」（『出エジプト記』三十三章二十―二十三節）[26]。このように『出エジプト記』というテクストそのものは、不可視性に関していえば、非常に難しいテクストである。最も単純な注記にとどめておこう。主の「顔を見ること」と「主を見ること」は同じことである。主の栄光が過ぎ去るのを見ることである、この見ることは、生身の人間にはなしえないことである。背中を見ること、言い換えれば、一度主が過ぎ去ってから見ること、このことだけが唯一人間に許されていることである。

　神が「過ぎ去る」ということ、人間がこの神の過ぎ去りには立ち会えず神をその栄光《ドクサ》において見ることができないということ、言い換えれば、神をその現示の輝きにおいて見ることができない（七十人訳聖書は *ἡνίκα δ᾽ ἂν παρέλθῃ ἡ δόξα μου*〔わが栄光が通り過ぎるとき〕と訳している）[27]ということは、神が見えないものであることを意味するのではない。それが意味するのはむしろ、〈現出すること〉と呼ばれるそのような現示や現前が、主に関する限り、人間とその視線にとって分相応ではないということであり、さらには、そのような現前は、人間自身を死から守るために、自らは身を退き控えるがゆえに、人間の目に与えられることは決してなかったということである。神を見、かつ生きること、このことこそ、人間にはなしえないことである。そして、生にある者は、まさしく神を見ることがないのである。

ここで、ヘルダーリンが、ユダヤの神ではなく、ましてキリスト教の神でもなく、神である限りでの神に関して述べていることに思いを至らせることは不可能ではない。Gott〔神〕は、現前における充溢にほかならない「充溢」の名である。それゆえ、ヘルダーリンにおける Gott は、何よりもまず、現前の眩いばかりの光を放つ様態を指し示している。このようにかくも輝ける充溢は、人間には耐え難いものである。だからこそ天上の神々（というのも、このような名のほうが、ヘルダーリンの好んで呼ぶ名だからだが）が自分を覆蔵するとき、ハイデガーにとって依然として決定的であり続ける語を使うなら、彼らは、実のところ、われわれを「いたわる」のである。

… so sehr schonen die Himmlischen uns.
Denn nicht immer vermag ein schwaches Gefäß sie zu fassen,
Nur zu Zeiten erträgt göttliche Fülle der Mensch.

……天上の神々はわれわれを大変にいたわる。
というのも、壊れやすい壺はたえず天上の神々を容れておくことができないからである。
ただ折りに触れて、人間は神の充溢に耐える。(28)

Schonung、いたわることは、『出エジプト記』の神が、モーセに対して証言することである。神は、その栄光、輝き、現示から人間の生を引き離しながらも、神の善性からは人間の生を引き離してしまうことはない。反対に神は、この善性を、人間の生に対して、過ぎ去るという仕方で、惜しみなく何度も与える。とはいえ、人間は、この「過ぎ去り」を自分の目で見ることができる。[29] つまり、この善の過ぎ去り〔善い賜物が通り過ぎること〕こそが、人間に与えられているのである。

『出エジプト記』から『ヨハネ福音書』に立ち戻るなら、テオスという名は、〈父〉を指示する任を引き受ける名であるということを際立たせることから始めなければならないだろう。いかなる人間、*οὐδείς* も、神を見たことがない。このことは、神が見えないものであるということ、そうでないにせよ少なくとも人間には見えないものであるということを意味するわけではない。ヨハネが、『出エジプト記』におけるテオスの特徴を想起させる際、それは次のことを示すためである。すなわち、到来した者も、少なくともいくつかの写本によれば、*θεός*〔テオス〕と呼ばれなければならないのだが、こうした者が、或る明確化されねばならない意味において、われわれに *θεός* を啓示したということを示すためである。「父の胸中にいる、ひとり子なる神、この方こそが、解き明かした（*μονογενὴς θεὸς ὁ ὢν εἰς τὸν κόλπον τοῦ πατρὸς ἐκεῖνος ἐξηγήσατο*）」（『ヨハネ福音書』一章十八節）。〈子〉は、〈父〉の「注解者」であり、いまだかつて誰も見たことのない神を可視性へともたらすという意味で、〈父〉の啓示者である。解き明かすこと、*ἐξηγέομαι* という言葉が示しているのは、可視的なものの次元において外部を示すような解釈の展開である。[30] なぜなら、そのような「外部」とは、明らかに視線、すなわち「われわれの」視線に開かれる領域だからである。あるいは、それは、少なくとも、たとえこの領域が、われわれの視線に対するもう一つの関係を開示しながら再び閉じてしまったとしても、われわれの視線にかつては開いていた領域だからである。

『ヨハネ福音書』序文の先行する諸々の章句は、『出エジプト記』と新たに共鳴しつつ、すでに『出エジプト記』の意味を示していたのである。すなわち、可視的なものへの到来という意味である。「われわれは神を見た」、あるいは「われわれは神を視た」。これこそ、肉のヨハネ的意味であり、それは常に見える肉、死すべき肉なのである。「ロゴスは肉《サルクス》となってわれわれの間に幕屋を張った。われわれは栄光《ドクサ》を、父から遣わされたひとり子の持つものとしての栄光《ドクサ》を視た。彼は慈しみ《カリス》と真理《アレーティア》に満ちていた」（一章十四節）[31]。われわれは神の現示の輝きを視た。それは、『出エジプト記』における主の現出を翻訳したギリシア語の名詞、すなわちドクサ〔栄光・δόξα〕、現示によって名指されている。それは、栄誉や栄光であることに加えて、現前であると同時に力、現前の輝きであると同時に力の輝き、すなわち〈主〉の領主権の輝きであるところの現示であった[32]。

「栄光《ドクサ》を見ること」は、もはや厚い雲のなかで栄光《ドクサ》を見ることではない。それは、栄光が、「いまだかつて誰も見たことのない」者から出来するがままに、われわれのあいだで、栄光そのものを見ることである。この者について「われわれ」が見ることができたのは、この者が為す善、この者がその過ぎ去る際に残す善だけであった〈子〉の「慈しみ」と「真理」とは、ヨハネのこの一節〔一章十四節〕と『出エジプト記』三十四章六節との伝統的関係に従うなら、〈父〉の「慈しみ」と「真理」であり、それらは、〈父〉から〈子〉へと到来した。つまり、〔ヨハネにおける〕「慈しみ」と「真理」とは、〔『エジプト記』において〕すでに〈父〉の「過ぎ去り」に属していたのであって、それらは、〈父〉が最初に破られた契約を更新する際に自分が過ぎ去った後に残した善に属していたのである。「主は彼の前を通り過ぎて宣言された。「主、主、憐れみ深く恵みに富む神、忍耐強く、慈しみとまことに満ちている[33]」」。

しかし、ヨハネにとってドクサとは何を意味するのか。そして、ドクサは、いつ、どのように、また誰に対して、現れたのだろうか。「見る」とは何を意味し、どのような意味と範囲において、「栄光《ドクサ》」は見えるものとなったのだろうか。

聖書注解は、ときには、『ヨハネ福音書』序文で先に問題となった（一章十二節）者たち、すなわち「自分の名を信じる者たち[34]」や、ここで「われわれ」と呼ばれる者たちに対してのみ、そのような「見ること」という語を割り当てようとしてきた。というのも、見る視線は、信じる人間の視線だからである。しかし、一方で、『出エジプト記』で人間の眼差しの外側にとどまっていた「栄光《ドクサ》」が見えるもののなかへと到来したという、このことから、そのような割り当ては、何も取り去ってはいない。「われわれ」が見たものは、われわれ以前には、かつて誰も見たことがなかったのである。

さらに、イエス自身は、ラザロの姉、マリアに向かって次のように述べる。「信じるなら、神の栄光《ドクサ》を見ることになると、あなたに言っておいたではないか」。ドクサは、信じる人間の視線以外の視線に見えるようになるはずのようには思われない。しかし、イエスが、自ら自分の〈父〉に向かって懇願する場面、すなわちラザロの復活を懇願する場面に注意しなければならないだろう。イエスが「心に憤りを覚え」、「興奮した」という難解な意味がどのようなものであれ[35]、「信じること」は、ここでは明らかに、イエスがマリアに対して要求した、〔ラザロの〕死を前にした〔イエスへの〕信頼という形をとっている。栄光《ドクサ》は、未来における復活の栄光《ドクサ》であり、それはいまだ見られることのないものである。信頼が、未来における復活に先立っているからである。

しかし、ラザロの復活は、この生から栄光《ドクサ》を顕現させることになる徴であろう。そして栄光《ドクサ》の顕現であるその徴は、〈顕現〉の部分として、啓示に属している限りでのあらゆる徴と同様に、信頼をも与えるのである。「父よ、私に耳を傾けて下さったことを感謝します。あなたが私にいつも耳を傾けて下さっていることが私自身にはわかっていましたが、まわりに立っている群衆のために申します、あなたこそが私を遣わされたことを彼らが信じるようになるために」(十一章四十一—四十二節)[36]。栄光《ドクサ》は、彼らが信じているがゆえに現出する。ヨハネは初めから徴について述べていた。「これをイエスは徴〔*σημεῖον*〕のはじめとしてガリラヤのカナで行い、自分の栄光《ドクサ》を顕した。そして彼の弟子たちは彼を信じた」(二章十一節)。

以上が、ヨハネにおけるドクサの形姿である。つまり、ドクサは、初めから、徴〔記号〕、すなわち*σημεῖον*として、諸々の徴のグラデーションのなかで与えられているのである。そして最初の徴が、カナの婚礼の徴である。栄光《ドクサ》の展開は、第一に諸々の徴の展開であろう。栄光《ドクサ》は、徴から、徴において現出し、現出が現出する。諸々の徴は、単にイエスが自分について述べていることだけではなく、そのつどイエスが実行することとである。しかし、逆の意味では、イエスが実行するものは、まさしく或る徴という意味をもっている。諸々の徴は、それが代わる代わる形成する道においては、エーリヒ・プシュワラが、*Offenbarungs-Zeichen*、啓示の徴と名づけたものである。この啓示は、それ自体、*Hochzeits-Offenbarung*、婚礼の啓示、神と世界との契約の啓示である。

『ヨハネ福音書』が諸々の徴の福音書であるのは、それが、〈ロゴス〉、〈言葉〉、そして意味の福音書だからである[37]。これらの点をここで論考することはできないが、少なくとも、次のことを指摘する必要があるだろう。すなわち、これら三者〔〈ロゴス〉、〈言葉〉、意味〕はすべて、ヨハネにおいては、最終的な〈顕現〉であるものにまで行き着くということである。この最終的な〈顕現〉は、もはや徴ではなく、或る意味では、唯一、〈現出すること〉を実現し、ドクサを実現するであろう〈顕現〉〔栄光〕である。神がその現前ないしそれ固有の輝きにおいて現出するのは、まさにただこの〈顕現〉によってなのである。

ヨハネは、福音書のなかでそのことを何度も繰り返し告げている。*Ἰησοῦς οὐδέπω ἐδοξάσθη*（七章三十九節）、*ὅτε ἐδοξάσθη Ἰησοῦς*（十二章十六節）[38]。しかし、この限りで、〈顕現〉に与る諸徴が、〈顕現〉を実現することはない。諸徴は、むしろドクサへの道を形成するだろう。道そのものは、十二章二十三節において最終的な展開を見せることになる。「時が来た。人の子が栄光を受ける〔時が〕」。

この場合、ドクサ〔栄光〕は、死という意味をもつことになる。〈顕現〉のために到来した神は、ほかならぬまさにこのときのために到来したのである[39]。死は、もはや単なる一つの徴ではない。死こそが、〈顕現〉を実現し、テオス〔*θεός*〕の栄光《ドクサ》を実現するのである[40]。しかし、どのような死の形姿がそれを実現するのか。〔復活によって〕二回目に見るという可能性を開く死だけが、テオスのドクサを実現する。それゆえ、〈現出すること〉とは、死から新たな見ることへの逆転なのである。マグダラのマリアにとっての新たな見ることは、次の通りである。*Ἑώρακα τὸν κύριον*〔私は主を見ました〕（二十章十八節）。弟子たちにとっての新たな見ることは、次の通りである。*Ἑωράκαμεν τὸν κύριον*〔俺たちは主を見た〕（二十章二十五節）。そしてトマスにとっては次の通りである。*Ὅτι ἑώρακάς με πεπίστευκας; μακάριοι οἱ μὴ ἰδόντες καὶ πιστεύσαντες*〔私を見てきたから信じているのか。見たことがないのに信じる人々は幸いだ〕（二十章二十九節）。

「われわれは神のドクサ〔δόξα〕を見た」。神は、人間の眼差しに現れたのであって、世界以外のいかなる領域に現れたのでもない。それは、「外へ」という領域であり、まさに死すべき肉の領域である。この死へと委ねられた肉、とはいえより根源的には、死すべき肉だけが、その死すべき目をもって、神を見た。この肉が、神が死ぬのを見たのである。しかし、世界という領域が死すべき領域であるのは、ただそれが生の領域でもある限りにおいてのみである。ミシェル・アンリによる『ヨハネ福音書』理解を取り囲むように思われた諸困難は、生と死とのラディカルな分離から生じているのであり、どんな情念〔受難《パッション》〕とも無縁の受情性についての思惟、すなわちその誕生においてそもそもの初めから死とのいかなる親密性もなき生から生じている。

この困難は、アンリによる創造の拒否から帰結する困難とまったく同一である。創造された存在が、たとえ死へと委ねられておらず、神への忠誠によって死から免れているとはいえ、創造された存在は、死を自らたずさえている。創造された存在が現れて以来、死は、決して創造された存在と無縁ではなかった。フランツ・ローゼンツヴァイクは、「創造の論理」と、創造の六日目——地上に生ける者たちのための日——に発せられた「見よ、それは極めて良かった」[41]という言葉の意味とを思惟しようと試みたとき、(『創世記』(ベレシート)九章五節をめぐる)『ミドラッシュ・ラバー』の古い読解を、明示することなく引き合いに出している。この読解は〔『創世記』九章五節の〕ヘブライ語テクストに隠された死を発見した読解である。「被造物のもつ創造された死は、被造性を超えた生の啓示を含む前兆のような徴である。創造された事物それぞれにとってその全き事物性にまでいたらしめる真の完成としての死は、創造をいつのまにか過去へと押し込み、創造を、死の更新という奇跡についての不断の予言、無言の予言へと転換する。だからこそ創造の六日目において、それは「良かった」と言われているのではなく、実に「見よ、それは極めて良かった」と言われているのである。われわれの祖先は、この「極めて良かった」という言葉を教えている。この極めて良いものこそ、まさに死なのである[42]」。

（服部敬弘・樋口雄哉　訳）

注

（1）*C'est moi la vérité*, Paris, Seuil, 1996, p. 35.
（2）*Vérité*, p. 28–29.
（3）以上は、最後の著作 *Paroles du Christ*（Paris, Seuil, 2002）がその周りで構成される中心である。
（4）*Vérité*, p. 93.
（5）*Vérité*, p. 213–214.
（6）*Vérité*, p. 303.
（7）*Vérité*, p. 304.
（8）*Incarnation*, p. 334.
（9）*Incarnation*, p. 334.
（10）*Incarnation*, Première partie.
（11）アンリが引用するのは『コリント人への手紙一』（七章三十一節）である〔なお、聖書の日本語訳は、新共同訳及び岩波版（二〇〇四年）を参照〕。
（12）*Incarnation*, p. 325 et 328.
（13）*Incarnation*, p. 326.
（14）*Incarnation*, p. 327.

（15） *Die fünf Bücher der Weisung*, verdeutscht von Martin Buber gemeinsam mit Franz Rosenzweig, Stuttgart, Deutsche Bibelgesellschaft, 1992, *Im Anfang*, 1, 27, p. 11.

（16） *Incarnation*, p. 328.

（17） *Im Anfang*, 1, 26: *Gott sprach: Machen wir den Menschen in unserem Bild nach unserem Gleichnis.*〔(『創世記』一章二十六節) 神は言われた。われわれの姿で、われわれの似姿となるよう人間を造ろう〕

（18） *Im Anfang*, 1, 31: *Gott sah alles, was er gemacht hatte, Und da, es war sehr gut.*〔(『創世記』一章三十一節) 神は、自らお造りになったすべてのものをご覧になった。そして見よ、それは極めて良かった〕

（19） *Incarnation*, p. 328.

（20） *Incarnation*, p. 328.

（21） 反対に、ルドルフ・ブルトマンは、その注釈において、神の子とその「誕生」について、ユダヤ教から出発して、それを秘儀として、終末論的概念として、言い換えれば、世界の新たな誕生と更新として理解する。しかしながら、こうした世界の新たな誕生や更新は、ヨハネにおいては、ユダヤ教とはまったく異なる意味を受け取ることになる。というのも、それは、キリストを「受け入れること」から出発して思惟されているからである。Cf. *Das Evangelium des Johannes*, 21. Auflage, Göttingen, Vandenhoeck & Ruprecht, 1986, p. 36-37.

（22） ルメートル・ド・サシの素晴らしい翻訳（モーセ五書の前三書の翻訳は一六八二年）には、次のように書かれている。「万物は彼を介してつくられた。彼をさしおいては、なにひとつつくられたものはなかった」（ウルガタ聖書におけるラテン語訳は次の通りである。*Omnia per ipsum facta sunt et sine ipso factum est nihil*）ヨハネの言葉は、『創世記』の翻訳のために、七十人訳聖書の翻訳者たちが、まさしく、すでに選んだ言葉だったのである。それが創造の言葉そのものであるのは、創造が、ギリシア語で次のように表明されるからである。*καὶ εἶπεν ὁ Θεός· γενηθήτω φῶς· καὶ ἐγένετο φῶς.*〔神は言われた。光成れ。こうして、光が成った〕ブーバーとローゼンツヴァイクによる翻訳では、簡明さはより印象的である。*Gott sprach: Licht werde! Licht ward.*

（23） *Incarnation*, p. 328.

（24） 『受肉』は次のように続ける。「〔…〕その真の実在性における人間、超越論的な生ける〈自己〉を」（p. 327.）。

(25) *Phänomenologie des Geistes*, Hamburg, Meiner, « Philosophische Bibliothek », 1988, p. 488.

(26) 共同訳聖書。なお、七十人訳聖書は次の通りである。*καὶ εἶπεν· οὐ δυνήσῃ ἰδεῖν τὸ πρόσωπόν μου· οὐ γὰρ μὴ ἴδῃ ἄνθρωπος τὸ πρόσωπόν μου καὶ ζήσεται. καὶ εἶπε Κύριος· ἰδοὺ τόπος παρ' ἐμοί, στήσῃ ἐπὶ τῆς πέτρας· ἡνίκα δ' ἂν παρέλθῃ ἡ δόξα μου, καὶ θήσω σε εἰς ὀπὴν τῆς πέτρας καὶ σκεπάσω τῇ χειρί μου ἐπὶ σέ, ἕως ἂν παρέλθω· καὶ ἀφελῶ τὴν χεῖρα, καὶ τότε ὄψει τὰ ὀπίσω μου, τὸ δὲ πρόσωπόν μου οὐκ ὀφθήσεταί σοι.*〔見よ、一つの場所が私の傍らに。あなたはその岩の上に置かれる。わが栄光が通り過ぎるとき、私はあなたを岩の割れ目の中に入れ、私が通り過ぎるまで、私の手であなたを覆う。そして、私は手を離す。そのとき、あなたは私の後ろ姿を見るが、私の顔はあなたには見られない。〕また、ブーバーとローゼンツヴァイクの訳は以下の通りである。*Mein Antlitz kannst du nicht sehen,/ denn nicht sieht mich der Mensch und lebt./ Er sprach: Hier ist Raum/ bei mir,/ du stellst dich auf den fels,/ es wird geschehn: / wann meine Erscheinung vorüberfährt,/ setze ich dich in die Kluft des Felsens/ uns schirme meine Hand über dich,/ bis ich vorüberfuhr./ Hebe ich dann meine Hand weg, siehst du meinen Rücken,/ aber mein Antlitz wird nicht gesehn.*

(27) ドクサ（*Δόξα*）は、ヘブライ語のシェキーナを表すために七十人訳聖書において選ばれたギリシア語である。『出エジプト記』十六章十節には次のようにある。*καὶ ἐπεστράφησαν εἰς τὴν ἔρημον, καὶ ἡ δόξα Κυρίου ὤφθη ἐν νεφέλῃ.*「彼らが振り返って荒れ野の方を見ると、主の栄光が雲の中に現れた」。しかし、*ὤφθη*〔現れた〕は、*ὁράω*〔見る〕のアオリスト受動相にほかならない。つまり、主の栄光〔現出〕が、雲の中に見られたのである。ブーバーとローゼンツヴァイクが、この栄光を *Erscheinung* と訳しているのは、この点に関する限り、まったく驚くべきことである。*und sie wandten sich zur Wüste, / da: / in der Wolke war SEINE Erscheinung zu sehen.*

(28) « Brot und Wein », hiver 1800–1801, v. 112–114, *Sämtliche Werke und Briefe*, hrsg. von Jochen Schmidt, Frankfurt, Deutscher Klassiker Verlag, 1992, Bd. 1, p. 289.

(29) 『出エジプト記』三十三章十八―十九節。モーセは、「「どうかあなたの栄光をお示しください」と言うと、主は言われた。「私はあなたの前に私のすべての善い賜物を通らせる」」。ブーバーとローゼンツヴァイクの翻訳は、*Lasse mich doch deine Erscheinung sehen ! / Er sprach: / Ich selber will vorüberführen / all meine Güte.* 到来（*Kommen*）やヘルダーリンのような入場、転回（*Einkehr, Kehre*）ではなく、通り過ぎ〔傍過〕（*Vorbeigang*）というのは、『出エジプト記』を想起させずにはおかないような困惑的仕方で、ハイデガーの『哲学への寄与』における「最後の神」が現前へと到来する様態を指し示すことになる。

（30）当該の一節についての翻訳は、それぞれ違いが最も際立っている。ルメートル・ド・サシは次のように翻訳している。「父のなかにいるひとり子こそが、われわれに父についての知を与えた方である」。共同訳は「露わにする」、エルサレム聖書は、「知らしめる」、スゴン訳聖書は、別様に理解している。「父を告知したのは、父の只中におられる神のひとり子である」。これはおそらくルター訳（一五四五年）に対応するものである。*Der eingeborne Sohn, der in des Vaters Schoß ist, der hat es uns verkündiget.*〔父のふところにおられるひとり子が、われわれに父を告げたのである〕エーリヒ・プシュワラは、『ヨハネによるキリスト教』（Nürnberg, Glock und Lutz, 1954）において、よりギリシア語に忠実に訳している。*Er hats herausgeführt und gedeutet.*〔「彼は父を外へともたらして説明した」〕（p. 41）。おそらく、接頭辞を伴ったこの「外へともたらす」というギリシア語だけで、世界の「外へ」における〈ロゴス〉の到来に対してミシェル・アンリが行った拒絶を、もはや理解しえないものにするには十分である。

（31）*ἐθεασάμεθα* に関して、プシュワラはまさに次のように強調する。*und als Schauspiel schauten wir Seine Glorie*〔そして、われわれは、神の栄光を光景として目にした〕（*op. cit.*, p. 41）。

（32）*Macht und Pracht*: Gerhard von Rad (ici) et Gerhard Kittel, *Theologisches Wörterbuch zum Neuen Testament*, II, article *δόξα*, Stuttgart, Kohlhammer, rééd. 1960, p. 247. *Göttlicher Machtglanz, göttliche Herrlichkeit*: Harald Hegermann, *in: Exegetisches Wörterbuch zum Neuen Testament*, Stuttgart, Kohlhammer, 3. Auflage, 2011, article *δόξα*, p. 834.

（33）エルサレム聖書の翻訳を一部修正した。七十人訳は次のように訳している。*πολυέλεος καὶ ἀληθινός*.〔憐れみに富み誠実〕。ブーバーとローゼンツヴァイクの訳は、*Vorüber fuhr Er an seinem Antlitz / und rief: Er Er / Gottheit, / erbarmend, gönnend, / langmütig, / reich an Huld und Treue.*〔寵愛と誠実に満ち〕。「慈しみ」と「真理」の箇所について、プシュワラは次のように訳している。*Voll gnadender Huld und entborgener Wahrheit* (*op. cit.*, p. 41).

（34）Gerhard von Rad et (ici) Gerhard Kittel, *Theologisches Wörterbuch zum Neuen Testament*, II, *δόξα* の項については、*op. cit.*, p. 252.

(35)『ヨハネ福音書』十一章三十三節：ἐνεβριμήσατο τῷ πνεύματι καὶ ἐτάραξεν ἑαυτόν「イエスは心の深いところで憤りを覚えかき乱された」。及び同十一章三十八節：Ἰησοῦς οὖν πάλιν ἐμβριμώμενος ἐν ἑαυτῷ「イエスは自らのうちに再び憤りを感じながら」。

(36)『ヨハネ福音書』十一章四節はすでに次のように述べている。*Αὕτη ἡ ἀσθένεια οὐκ ἔστιν πρὸς θάνατον ἀλλ' ὑπὲρ τῆς δόξης τοῦ θεοῦ, ἵνα δοξασθῇ ὁ υἱὸς τοῦ θεοῦ δι' αὐτῆς.*「この病は死に向かうものではなく、神の栄光のため、神の子がそれを通して栄光を受けるためのものである」。

(37) Erich Przywara, *Christentum gemäß Johannes, op. cit.*, p. 164-165.

(38)「イエスはまだ栄光を受けていなかった」、「イエスが栄光を受けたとき」。

(39)『ヨハネ福音書』十二章二十七—二十八節：*ἀλλὰ διὰ τοῦτο ἦλθον εἰς τὴν ὥραν ταύτην. πάτερ, δόξασόν σου τὸ ὄνομα.*「しかし、このために、このときのために私は来た。父よ、あなたの名の栄光を現してください」

(40) 証言の円環でもある〈父〉と〈子〉との円環は、栄光を現す円環である。『ヨハネ福音書』十七章一節及び十七章四—五節。

(41) ブーバーとローゼンツヴァイクの翻訳は、『救済の星』の翻訳と完全に同じというわけではない。*Gott sah alles, was er gemacht hatte / und da, es war sehr gut. / Abend war und Morgen war: der sechste Tag.* (*Im Anfang*, 1, 31).〔神は、自らお造りになったすべてのものをご覧になった。そして見よ、それは極めて良かった。夕べがあり、朝があった。第六の日である。(『創世記』一章三十一節)〕

(42) *Der Stern der Erlösung* (1921), Frankfurt, Suhrkamp, 1988, p. 173.

第十章　内在の内の非内在的なもの

出会い損なったアンリとデリダの遅ればせの対話？

米虫　正巳

ミシェル・アンリが亡くなった翌年の二〇〇三年三月八日、パリの国際哲学コレージュでアンリの追悼集会が行われた。その時の発表者の一人として最初に登場したのがデリダであることは、この時の記録が文書として公刊されていないこともあり、あまり知られていない[1]。デリダはその著作においてアンリに何度か言及しているものの、ほとんどは断片的な言及にとどまっているため、この追悼集会での発言は、アンリに対するデリダの評価を比較的具体的に見て取ることのできるケースの一つである。

一九六三年のアンリの博士論文の口頭試問に聴衆の一人として立ち会ったデリダは、アンリの哲学に興味を抱いて自らの論文を送るものの、アンリからの積極的な反応はなく、二人の間に交流が生まれることはなかった[2]。にもかかわらず、それから約四十年後、表面的には疎遠であったアンリをめぐる集まりにデリダがわざわざ出席し、そこで何事かを述べようとしたからには、少なくともデリダの側からは、そうするだけの必然性が何かしらあったはずである。

共に現象学から出発し、たとえ批判的な仕方においてではあれ、フッサールやハイデガーの現象学へのこだわりを最後まで維持しているという意味では、アンリとデリダの間に共通性がないわけではない。実際、現象学とその限界という観点から両者を同時に捉えようとする試みも、フランスでは少数ながら存在している。しかしながら一般的に、デリダ派はそもそもアンリの哲学に関心を払うことがあまりなく、またアンリ派の方もデリダへの批判を当然のごとき前提として持っているため、その哲学を顧みない傾向がある。つまり、アンリとデリダという本人たちだけではなく、アンリ派とデリダ派も出会い損ねているというのが現状であろう（とりわけ日本では）。だがデリダ派のアンリへの無関心は、上述したような、デリダのアンリに対する潜在的な関心を念頭に置くなら、はたして正当化され得るのだろうか。またアンリ派によるデリダ批判は、はたしてどこまで妥当性を持っているのか真剣に検討されたことがあるだろうか。必要なのはむしろ、本人同士がなし得なかったようにも見える対話が実現していたとしたら、そこからいかなる帰結が生まれることになったのかを考えることではないだろうか。

そこで以下では、アンリとデリダという二人の哲学者の間に仲介者として介入することを通して、両者の遅ればせの出会いを組織し、この出会いを通じて、内在の現象学の可能性と不可能性について考察することを試みたい。

1

まずアンリの側から見られたデリダについて確認しておこう。その著作においてアンリがデリダの名前を直接に引き合いに出すことは、おそらく一度もなかった。既に述べたようにデリダは、一九六〇年代に自らの論文をいくつかアンリに送ったが、それらに対してアンリが興味を示すことはなく、デリダの哲学に関して彼がどれほど精通していたかは不明である。そのようなデリダに対する無関心そのものが、アンリのデリダに対する批判的評価を暗黙の内に表していたと言えるのかもしれない。

とはいえ、いくつかのテクストでアンリがデリダを念頭に置いているのは明らかであり、例えば『受肉』にわれわれは以下のような文言を見出すことができる。「過去へのこの〔原印象の〕滑り去りは、或る志向性――過去把持――に与えられるのだから、それはその原初的な形での外への到来であり、その本源的な生じることにおける〈脱-自〉（Ek-stase）であり、〈差異〉（Différence）である。この〈差異〉を実際〈差延〉（Différance）と書くことができる。なぜなら〈差延〉は、差-異化すること=遅-延させること、隔てること、分離することという純然たる事実、つまり最初の隔たり以外の何ものでもないからである」（Henry, I, p. 75）(3)。これを見る限り、アンリがデリダの「差延」について何らかの知識を持っていたことは、ここでの議論がフッサールの時間講義を下敷きにしながら為されているだけに、疑いのないところである。

アンリとデリダの、おそらくは数少ない共通点の一つは、フッサールにおいてはその時間論にすべての議論が収斂すること、そしてフッサール現象学の最深奥に時間論における原印象の問題が潜んでいることを、両者ともに主張しているという点にあろう。だが、よく知られているように、そこからの両者の身振りと引き出される帰結は正反対に見える。いかなる過去把持も（もちろん未来予持も）なき純粋な原印象の自己現出を「内在」と重ね合わそうとするアンリに対し、原印象の純粋な自己現前を否定することによって「差延」の運動をそこに見ようとするデリダというように。だからこそ、アンリ派からは、過去把持による原印象の事後的な現出に対して、過去把持なき原印象の自己現出の先行性を肯定しつつ、過去把持による現出に対応する差延に対して、原印象の自己現出に対応する内在が根源的であると主張することで、デリダの差延に対する批判が為されることにもなるわけである。上記の『受肉』での差延への言及の背景にも、明示的でないとはいえ、そのようなデリダへの批判が控えているであろうことは十分に推測できる。

　だが注意すべきは、こうした批判にどこまで妥当性があるのかであろう。先のアンリの引用を見る限り、原印象が過去把持においてそれ自身から絶えず滑り去って行くこと、つまり原印象の連続的な過去把持的変様が、〈差延〉と等置されているように見える。つまり差延とは、原印象が過去把持によって過ぎ去りつつ保持されて事後的に現出することに対応すると見なされている。ところでデリダにとっては、差延ということで、そもそもそのようなことが問題になっているのだろうか。実はそうではない。例えば『声と現象』において、デリダがフッサールの時間講義に即して指摘しようとすることとは、「原印象と過去把持に共通の本原性の地帯における、今と非‐今との、知覚と非‐知覚との連続性」であり（Derrida, VPh, p. 73）[4]、彼はそこから原印象と過去把持の間の完全な分離の不可能性、もしくは両者の（先‐）同時的な結びつきの必然性を導き出そうとしている。そこからデリダが明らかにするのは、過去把持から完全に切り離された純粋な原印象などというものが言わば或る種の抽象物にすぎないということに他ならない(5)。すなわちデリダが問い直そうとしているのは、原印象か過去把持かという単純な二者択一なのである(6)。

　そうだとすれば、原印象の過去把持的変様とそれによる原印象の事後的な現出を差延と見なしているという、アンリ的なデリダ理解（と批判）そのものが問いに付されねばならなくなる。はたして、差延とは過去把持による原印象の事後的な現出のことだとデリダは言っているのだろうか。デリダが「現前（présence）と準-現在化（re-présentation）〔Vergegenwärtigung〕」という対比を退けつつ、準-現在化の接頭辞 re = ver について述べていることに着目しよう。「この準-現在化の準（*re*）」は「単純な現前に後から加えられる（*survenu à*）――反復的あるいは反映的な――単なる重複（これが *représentation*〔再現前化、表象〕という語が常に意味してきたものである）のことを言うのではない」（Derrida, VPh, p. 64, note, cf. DG, p. 439）。条件節として書かれているとはいえ、これは二項対立的な思考図式を拒絶しようとするデリダの根本的な着想を端的に表している。そして現前と準-現在化の関係に妥当することは、形式的には原印象と過去把持（*rétention*）の関係にも妥当すると見なすことができるのだから、過去把持は原印象に対する付加的な反復であり、その反復を通して原印象は遅ればせに現れるにすぎないのでは決してない――過去把持が準-現前化ですらないだけになおさらのことそうである――ということになる。

　しかし次のような反論があるかもしれない。過去把持は原印象に後から付け加えられるようなものではないという主張は、デリダが原印象の自己現出を認めることができず、過去把持を通した媒介的な現出しか認めることができなかったことと矛盾しないのではないか、と。だが既に述べたように、純粋な原印象というものがそもそも一種の抽象物であり、原印象か過去把持かという二者択一そのものが問い直されねばならないのであれば、原印象がそれ自体で純粋に現出するのか、それとも原印象は過去把持によって——事後的にであれ、非事後的にであれ——媒介的な仕方でのみ現出するのかという問い自体が、そのような二者択一を前提とした上で設定された問いにすぎないということになろう。

デリダは、純粋な原印象がそれ自身によって現出するのか、それとも過去把持を通して媒介的に現出するのかというこの対立自体を前提としていない。言い換えれば、直接的なものであろうが媒介的・事後的なものであろうが、差延は原印象の——過去把持なき、あるいは過去把持を通しての——現出という枠組みでは捉えられないということである。それゆえ、デリダは原印象の過去把持的変様を差延と見なすだけで、過去把持なき原印象の自己現出の可能性を捉えきれていないというアンリの側からの批判は、結局のところ、自分の身の丈にあった形にデリダの議論を切り詰めつつ、それを批判しているにすぎないのではないだろうか。実際そうである。デリダは次のように言う。「あまりにしばしば、しかもかくも素朴にそう考えられたのとは違って、差延（différance）は単に、延期、遅れ、猶予、後回しを意味するのではない。[…] それは、遅れなく、猶予なく、しかし現前もない、絶対的特異性の突発（précipitation）である」(Derrida, SM, p. 60——強調は引用者)。このように差延は、原印象の自己現出でもなければ過去把持による媒介的現出——事後的か否かを問わず——でもなく、原印象と過去把持の区別に先立つ。それゆえ、原印象と過去把持の間の弁別不可能性を証し立てつつ、そもそも原印象でも過去把持でもないもの、原印象と過去把持という区別に先立つものをこそ、デリダは差延として問おうとしていたのだと言わねばならないだろう。(7)

事実、『フッサール、ハイデガーと共に実存を発見しつつ』や『他なる人間のヒューマニズム』に収録されることになる諸論考を通して、後期レヴィナスの思索を受容しつつあった一九六〇年代後半のデリダは、レヴィナスにならって、差延を、原印象はもちろんのこと過去把持とも関わりのない、かつて一度も現在であったことのない過去、どんな過去よりも古い過去、つまり、常に既に過ぎ去ってしまった「絶対的な過去（le passé absolu）」[8]やその「痕跡（trace）」と関係づけようとしている（Cf. Derrida, DG, p. 97）。差延とレヴィナスの名が明示的に関係づけられる『余白』から引用しておこう。「かつて現在であったことの決してない過去、この定式は、エマニュエル・レヴィナスが［…］絶対的他性の謎と痕跡を、すなわち他人を形容する定式である。［…］差延についての思考は、レヴィナスによって企てられた古典的存在論の批判全体を含意している」（Derrida, M, p. 22）。

　レヴィナスに従うと、このような絶対的過去は常に既に過ぎ去ってしまっており、現象という形態から逃れ去るもの、あるいは現象という形態を破壊するという逆説的な仕方でしか現象しないものである。このように非‐現象である絶対的過去に関わるものとして差延が位置づけられるならば、それは純粋な原印象の自己現出と一致するものでないのはもちろんのこと、過去把持による事後的な現出とも決して一致するものではない。というのも、絶対的過去とは、「起源〔原印象〕のいかなる再活性化〔過去把持〕も充全な仕方では制御できず、現前へと呼び起こすこともできないような、或る過去」（Derrida, DG, p. 97）である以上、過去把持を通して過ぎ去って行くわけではないし、過去把持を通じて現れることもないからである。差延は「原痕跡（archi-trace）」とも言い換えられるが（Derrida, M, p. 14）、いずれにせよ、このような「痕跡という概念は、過去把持という概念、かつて現在であったものが過去になることという概念とは共通の尺度を持たない」（Derrida, M, p. 22）。差延は、あるいは差延が関係づけられる絶対的過去は、過去把持と原印象という区分の手前で、過去把持とも原印象とも関係なく、常に既に過ぎ去ってしまっているのである。

2

ではデリダの側から見たアンリはどうだろうか。一九六〇年代から八〇年代にかけて、デリダがその著作においてアンリの名前を直接に引き合いに出すことはなかった。しかし既に見たように、デリダの差延をめぐる議論は、純粋な原印象の自己現出か、過去把持による原印象の事後的・媒介的な現出かという、一九八〇年代後半以降のアンリに見られる、フッサール時間論の解釈における二者択一を問い直すような地点から為されている。はたしてこれは偶然なのだろうか。

冒頭で述べた二〇〇三年の追悼集会での発言によれば、デリダは『現出の本質』刊行後にこの著作を読んでいた。つまり一九六〇年代前半にデリダはアンリの哲学を既に知っていた。またその時の発言でデリダは、その後も、常にではないにせよ、アンリの読解を「断続的（intermittent）」に行なっていたと証言していた。それゆえ、一九六〇年代半ば以降の彼の著作は、すべてではないにしても、少なくともその一部は――おそらくは、アンリの名前がなぜか奇妙にも登場することのない二〇〇〇年の『触覚＝彼に触れること』も含めて――、アンリへの密かな暗黙の応答として書かれていたと考えることができる。

また同じくその時のデリダの発言によれば、彼は『現出の本質』のアンリに対して大いなる「賞賛（admiration）」の念を抱いていたが、そこには常に何らかの「留保（réserve）」が伴わざるを得なかった。(9)

それゆえ、デリダの差延をめぐる議論が、上記の二者択一に対するあらかじめの問い直しになっていることは、アンリにとっては原印象が内在に、過去把持が超越にそれぞれ対応するだけに、さほど不思議でもない。

そうだとすると、例えば「自己触発（auto-affection）」をめぐるデリダの記述についても同様のことが言えるだろう。一般的に、フッサール時間論から（またハイデガーの読解と共に）引き出されたデリダの自己触発は、いまだ純粋な自己触発ではなく、アンリにおける真に純粋な自己触発にまで届いていないとされることが多いが[10]、デリダが既にアンリを読んでいたという前提のもとで見直してみるならば、その自己触発論はアンリのそれに対する批判的応答として読むことができる。

例えばデリダは『声と現象』においてだけではなく、『グラマトロジーについて』でも「自己触発」の概念を用い、それを「生（vie）」と関係づけている。「どんな生けるもの（vivant）も、自己触発の支配下にある」（Derrida, DG, p. 236）。そして「経験一般の条件」であるこの自己触発こそは、「生の別名」であるとされる（Derrida, DG, p. 236）。あたかもアンリを思わせるような記述であるが[11]、にもかかわらず、そこからデリダが向かう結論は、このような自己触発が、異他触発（hétéro-affection）と不可分であり、それなしにはあり得ないということである[12]。自己触発において、「同じもの（le même）は、他なるもの（l'autre）によって触発されることにおいてのみ、同じものとは別の他なるものになることによってのみ、同じものである」（Derrida, VPh, p. 95）。

自己触発は、同じものが他なるものとの関係において初めて同じものとして可能になるという意味で、初めから既に「自己－異他－触発（auto-hétéro-affection）」（Derrida, T, p. 206）としてしかあり得ない。

デリダの別の言葉を引用するならば、それは「最も還元不可能な異他触発が、最も閉じた自己触発に――内的に――住まっている」ということである（Derrida, VP, p. 56）。言うなれば自己触発は、それが自己自身に閉じて純粋であろうとすればするほど、逆説的にも他なるものとの関係を必然的に含まざるを得ない。先ほどフッサールの時間論に関して確認したのと同じロジックがここでも妥当する。自己触発は初めから既に異他触発でもある以上、純粋な自己触発か、異他触発によって汚染された不純で事後的な自己触発か、という二者択一をデリダは前提としていない。そうである以上、デリダの自己触発はいまだ真に純粋な自己触発とは言えないというアンリの側からの批判は、この二者択一を前提としてのみ有効な批判であるにすぎず、この前提が揺らぐならば無効とならざるを得ないだろう。

　さらに、自己触発が生の別名であり、しかも異他触発がその内奥に既に住まっているのであれば、そもそもこの「生」はどうなるのだろうか。アンリとデリダはこの地点でも再び交差すると共に遠ざかって行く。一九九〇年代以降、デリダの著作にはアンリの名前が何度か直接登場するようになる。良く知られているように、それは特にマルクス読解をめぐる文脈においてであり、まさに「生」がそこでの争点となっている。簡単にまとめるならば、アンリが生に準拠する生の存在論としてマルクスの哲学を理解しようとするのに対して、デリダはそれに対する微妙な違和感を表明し続ける[13]。「生けるもの、生きた個体、生きた主体性、生きた労働としての現実的な労働などについての、かくも揺るぎなき書物〔アンリの『マルクス』〕の〔最終部に〕先行する部分でのあらゆる命題を〔…〕再問題化しなければならない。というのも、アンリがきわめて暴力的に、マルクスについてのほとんどあらゆる既存の読解に関して、しかもとりわけそれらの政治的な次元において、その信用を失わせようとするのは、最終的には生けるもの（vivant）への一義的な準拠の名においてだからである」(Derrida, SM, pp. 178–179, note)。

生けるものに、生に準拠することにデリダが抵抗するのは、アンリに反対しつつ、生に対して死を単純に対置しようとするためではない。生か死かといった二者択一は、これまでと同様にデリダが自明の前提としているものではないからである。例えば、生の別名としての自己触発の問題に立ち返ると、この生の自己触発・生としての自己触発自体が、既にその内に死との関係を含み込んで初めて成り立っており、生と死は不可分である。「何よりもまず、自己自身の死によって自己触発しなければならず(しかも自己自身は何よりもまず、この自己触発の運動以前には存在しない)、死が生の自己触発であり、あるいは、生が死の自己触発であるようにしなければならない」(Derrida, CP, p. 382)。

デリダにとって問題はここでもやはり、単なる生でも単なる死でもないもの、生と死という区別に先立つものを問うことに他ならない。それが「生き残り(survie)」あるいは「生き残ること(survivance, survivre)」である。「(生と死/生か死かという)この二者択一そのものの可能性に到達しようとするために、(生でも死でもなく)生き-残り(sur-vie)や死者の回帰という諸効果や諸要請の方へ、われわれは自分の注意を向けるのであり、それらからのみ「生きた主体性」について(その死との対比において)語ることができる」(Derrida, SM, p. 179, note)。

デリダによれば、生と死という分割に先立つものとしての「生き残り」へといったん遡行することによってのみ、アンリのように生について語ることが初めて可能となるのであり、事態は決して逆ではない。しかしそれこそがアンリが見逃していたことである。純粋な自己触発の内に初めから異他触発が含まれており、生が死の自己触発であると共に死が生の自己触発である以上、生とは異なるものが、「生の内部そのもので、最も生き生きとした、最も特異な（あるいはお望みなら個体的な）生の内部で、重くのしかかり〔熟考し〕、思考し、増大し、凝結する。したがって生きている限り、生はもはや純粋な自己同一性も確固たる内部も持っていないし、もはや持っていないはずである。これこそあらゆる生の哲学が、さらには生きた個体もしくは現実的な個体についてのあらゆる哲学が、正しく熟考しなければならないことである」（Derrida, SM, p. 177 ――強調は引用者）。ここでデリダがアンリを標的（の一つ）として批判していることは言うまでもない。

一九七〇年代末から登場する「生き残り」という概念と共に、またマルクス読解を通してアンリとも微妙に交差しつつ、アンリのものとは異なるデリダの生の概念が、晩年にかけて次第に浮上する。というのも、生と死の二者択一に先行する生き残り、「生（ビオスあるいはゾーエー）とそれとは異なる他なるもの（精神、文化、象徴的なもの、亡霊あるいは死）の間のどんな対立よりも以前の生」（Derrida, V, pp. 154–155）こそが、デリダにとっての「生」そのものとして位置づけられるようになるからである。「生は生き残りである」（Derrida, AVE, p. 26）。

またさらに、このような生をめぐるデリダ的な或る種の〈生の哲学〉が、生き残りとしての「生の無条件的肯定」（Derrida, AVE, p. 54）として、これまた晩年にかけて示唆されるようになる。「生き残ること（survivance）とは、生の彼方の生、生以上の生のことである。［…］生き残ることとは、死よりも生きることを、それゆえ生き残ることの方を好む、生けるものの肯定である」（Derrida, AVE, p. 55）。そして生けるものの肯定としての生き残りを肯定すること、生の肯定の肯定が、あの「脱構築（déconstruction）」と結びつけられる。「いつでも脱構築は然りの側に、生の肯定の側にある」（Derrida, AVE, p. 54）。とはいえ、アンリが自らの生の現象学を存在論として位置づけるのに対して、デリダが自らの〈生の哲学〉のようなものを存在論として位置づけることは決してない。むしろそれは、「どんな存在論よりも「以前」の、あるいはどんな存在論からも独立した出来事についての思考」(Derrida, MS, p. 70) として規定されるだろう。

3

以上見てきたように、初めから既にアンリを読んでいたデリダは、原印象の問題にせよ、自己触発の問題にせよ、生の問題にせよ、アンリ的な二分法をあらかじめ問い直すような形で、アンリに対して既に応答していた。このように考えるならば、デリダの応答に対して、アンリの側からもさらに応答する必要があろう。つまり問題は、既にこれまでの議論を通して示唆してきたように、デリダの潜在的なアンリ批判が、アンリ哲学にとっての要となるべき内在と超越との区別を問題視している以上、この区別をはたして最後まで維持できるのか否かを見極めなければならないということである。別の言い方をすれば、アンリにおける「絶対的な内在」、「「生けるもの」の純粋な生」(Derrida, FF, pp. 16-17) というものがはたして本当に可能なのかどうかを省みなければならないということである。そしてアンリの側にしてみれば、もちろんそれに肯定的に答えることができるのでなければならないだろう。

だが再度注意を喚起しておくならば、この点に関しても誤解してはならない。これはアンリの「内在と超越」の存在論的二元論か、デリダの「超越(=差延)」の存在論的一元論かという選択ではない。デリダが内在か超越かという二分法を問いに付している以上、その批判はそもそも存在論的二元論か存在論的一元論かという二者択一そのものにも及んでいる(14)。言い換えれば、アンリ的な意味での超越に差延を還元して、それと内在との間でいずれが根源的かを競えばいいという話ではない。アンリとデリダの対立とは、内在か超越かという二者択一を前提とした上で内在をより根源的なものとして選択するという立場と、内在か超越かという二者択一そのものを問題視するという立場の間での対立なのである。

内在と超越の間の選択が問題ではないとすると、根源的な内在と、それとは異質でかつそれに対して二次的な超越という、アンリ哲学の基本的な構図に疑義が差し挟まれることになる。仮にデリダの側に立って、そうした疑義から導かれる帰結をあくまで内在という用語を便宜上用いて表現するならば、内在の外にではなく、内在そのものの内に或る種の非内在的なものの内在を認めるということになる。もちろんアンリの側からすれば、そのようなことは認めるわけにはいかない。そしてこうした疑義を見越すかのように、しかも明らかにデリダを念頭に置きつつ、晩年のアンリは次のように述べている。「〔内在の〕一つ目の意味は、自らの内にいかなる「隔たり」も、いかなる差異（あるいは差延）も担うことなく、どんな外部性も受けつけず、そのものとしては見えない、顕示〔啓示〕（révélation）の次元という観念である」(Henry, PhV-5, p. 168)。

では、アンリの言うように、自らの内にいかなる隔たりも差異も持たない純粋な内在というものは、はたして可能なのだろうか。この問いに関して、デリダが実際にどのような仕方でアンリを読んでいたのか、今となってはその詳細は不明であるが、デリダの側からアンリに対していかなる読解が為されることになったであろうか考えてみることにしよう。

アンリの哲学の基本的な歩みは、存在論的二元論に基づいた、内在と超越という二つの現出様態の区別と、その諸領域への応用という形で整理される。しかしながら一九九〇年代に入って以降のアンリの哲学には、それまでには決して顕在化していなかったような、もう一つの新しい発想が組み込まれることになる。それが明確に現れるのが『我は真理なり』(一九九六年)である。ジャニコーの言葉を借りれば「神学的という以上に宗教的な転回(15)」をあたかも成し遂げたかのようなこの著作では、小文字で表現される人間の個体的で有限な生(vie)と、大文字で表現される無限で絶対的な〈生〉(Vie)(及びそれに対応する相対的な自己触発と絶対的な自己触発)の区別が導入されることで、二種類の「生」という考えが新たに提示される。

「絶対的な〈生〉と有限な生の分離」(Henry, E, p. 18)によるこの二種類の生は、しかし決して無関係に存在するのではなく、或る関係の内にある。というのも、有限な生は無限で絶対的な〈生〉を前提として初めて可能となるからであり、後者の〈生〉なしに前者の生は生きることができないからである。つまり〈生〉が言わば生の根拠や条件であるという形で両者は関係する。「ただこの種の一つの〈生〉のみが[…]本性的に、われわれがそうである生けるものを生けるようにするべきものである」(Henry, CMV, p. 158)。ただしそれだけではない。「そこにおいてわれわれのような諸個人が誕生する〈生〉」(Henry, AD, p. 80)という表現からも理解されるように、われわれの有限な生がそこで生まれるような或る種の〈場〉として絶対的な〈生〉は捉えられており、有限な生は無限で絶対的な〈生〉というこの場に「内在」するものとして捉えられている。

さらにこの有限な生と無限で絶対的な〈生〉の関係を見ていくと、有限な生が無限の〈生〉に内在するだけではないことが直ちに理解される。そこには生の〈生〉への内在という側面に加えて、「絶対的な〈生〉の各々の生けるもの〔有限な生〕への内在」（Henry, E, p. 19）という側面もまた存在しているからである。これが内在のもう一つの意味である（Henry, PhV–5, p. 168）。「生けるものと絶対的な〈生〉の現象学的内部性」（Henry, I, p. 352）において、単に生が〈生〉の内部にあるだけではなく、〈生〉もまた生の内部にある。だから「生と生けるものの関係」ということで問題となっているのは、互いが互いに内在することと、すなわち「絶対的な〈生〉と有限な生の相互内在」である（Henry, E, p. 18, cf. Henry, I, p. 242; Henry, PhV–4, p. 224, p. 230）。

〈生〉が生に内在するというのは、具体的には前者が後者を「貫く〔横断する〕」ということを意味する。「〈生〉が私を貫き、この〈生〉はまさに私を貫くことしかできない」（Henry, E, p. 67, cf. E. p. 108 etc.）。このように有限な生と無限で絶対的な〈生〉の相互内在において、有限な生は無限の〈生〉において生じると共に、無限の〈生〉は有限な生を貫いてそれに浸透している。

ところで生と〈生〉のこの相互内在からは、一つの奇妙な事態が帰結する。そもそもアンリの出発点は、自己自身をまさに自らがそうであるところのものとして端的に受け取ることが、内在という「生」とその自己顕示として規定される、というところにあったはずである。生は、それ自身とは寸分違わず、「自己との絶対的な同一性」（Henry, I, p. 89）においてある同一のものであり、自らと異なるものはそこに何一つ含まれず、そこにはいかなる差異も齟齬もあってはならない。だが有限な生と無限の〈生〉が区別された今、同じ生であっても、当然のことながら前者と後者は同じものではない。最晩年の或る対談でアンリは、「生〔大文字の〈生〉〕は無限で絶対的である。しかし私はこの生ではなく、私は一つの生けるものでしかない」と述べており（Henry, E, p. 153）、ここでは明確に〈生〉と生は異なるものとされている。

ところがやはり最晩年の別の対談では、「われわれの生は有限な生であり、この限りでそれは無限の生である」と言われている（Henry, E, p. 141）。ただしこの言葉は、有限なわれわれの生がそれ自身のみで生きるのではなく、「無限の生によって生きる」（Henry, E, p. 141）ということを述べているだけなので、〈生〉と生が異なるものであることは維持されてはいる。それでも先ほど確認したように、生が〈生〉に内在するだけではなく、〈生〉もまた生に内在している。そうであれば、有限な生が「無限の生によって生きる」ということは、「無限の〈生〉」が「私〔の生〕を超出する（dépasser）」（Henry, E, p. 68）ものである限り、この自らの（小文字の）生をはみ出すもの、この生とは異なるものが、少なくともこの生とまったく同一のものではないものが、それにもかかわらず生の中に含まれているということに他ならない。しかしそれは本来の意味での内在に抵触するような事態ではないだろうか。

無限の〈生〉は有限の生を越える。しかしそのように有限な生を越える〈生〉が有限な生そのものの中に内在する。このように晩年のアンリは考えているわけであるが、この点に関するアンリの記述はそれ以前からもともと危うさを抱えていた。一例として『実質的現象学』を取り上げるならば、そこではいまだ有限な生と無限の〈生〉の区別が明確になってはいないが、「生けるもの」と「生の「全体」」としての「基底」が区別されると共に異ならないという一見矛盾した事態が登場する（Henry, PhM, p. 177）。

また「生がそれ自身に逐一ぴったりと合わされて」おり（Henry, PhM, p. 162）、「生が自分自身に与えるものは、たとえどれほどわずかであれ決して生から切り離されない」（Henry, PhM, p. 161）ということが強調されつつも、情感性や感情においては生がそれ自身によって「満ちあふれる（débordé）」ことが繰り返し主張されている（Henry, PhM, p. 177）。この「満ちあふれる」という表現は、それ自身によって〈満たされる〉（débordé）ということと共に、それによって自身から〈はみ出す〉（débordé）ということも意味し得るだけに、両義的で危うい表現である。アンリはもちろん前者の意味で使用しているのであろうが、この言葉の使用は後者の意味を引き寄せることで、それ自身をはみ出すもの、すなわちそれ自身を超出する非同一的なものが「生」に内在するという事態を暗黙の内に示しているとも受け取れるからである。

このような両義性は、『我は真理なり』において、すなわち「自己によって満ちあふれて」（Henry, CMV, p. 256）、「常にそれ自身以上であり、それ自身とは別のものである」受苦が、「絶対的な〈生〉」という「他の生」を自らに顕示する（Henry, CMV, p. 257）とまで言う『我は真理なり』においても同様に見受けられるが、そもそもそれ以前からアンリは、有限な生が同時に自ら以上のものを含むことを認めていた（Henry, GP, p. 396; Henry, VI, p. 209）。しかし、もし有限な生を超出するようなもの、あるいは、少なくとも有限な生と完全には同一ではないものが、この有限な生のただ中に内在するとしたら、そのことは、「生は断層〔ひび割れ〕（faille）を知らない」（Henry, E, p. 58）というアンリの別の主張とはたして両立可能だろうか。[16] むしろセバーがアンリに従いかつ抗しつつ主張するように、内在における「内的な隔たり（écart interne）」が存在しているという考え方も論理的には十分可能であろう。もちろんアンリ自身はそのようなものを決して認めてはいないが（Henry, PhV-4, pp. 218–219）、残念ながらその論拠は十分に示されておらず、説得力に欠けると言わねばならない。その限りでは、内在としての生のただ中への非同一的なものの、言い換えれば非内在的なものの内在を、われわれは否定することができなくなってしまうのではないだろうか。

もしそうなのだとしたら、この生における非同一的なものの内在は、アンリが情感性や感情に認める、「生の自己自身における自己との抑えがたい一貫性（cohérence）」（Henry, GP, p. 265）、あるいはそれを可能にするような「自己と一貫する力」（Henry, I, p. 89）が、それを根底から脅かすようなものを最初から内包しているということに対応するだろう。アンリが言うように、「感情に対して働きかけることの原理的な不可能性、［…］感情を生み出すことの、そして［…］感情を変容もしくは破壊することの不可能性」（Henry, EM, p. 821）が存在するのは確かである。感情に対してわれわれは無力であり、われわれはそれをありのままに受け入れざるを得ない。しかしこのような感情に対する無力さは、また別のことも同時に意味している。もしわれわれが感情に対して真に無力であれば、それを自己自身としてただ受け取るしかないという無力さは、同時にまたその感情が自らのイニシアティブとは無関係に自己から抜け去ることをも含意し得るからである。そして感情とはこの自己自身なのだから、自己が自己から抜け去るということに対してもまったく無力であらざるを得ないということも、それは含意することになろう。

では何が自己の一貫性を継続させるのか。それは感情でしかあり得ないにしても、実際のところ、感情の本質とは我を忘れさせる・我を失わせるようなその過剰さに存するというのも事実であり、感情において自己を享受することとは、感情の内で自己を失うような忘我と紙一重でしかない。このような感情の力の過剰さは、自己との一貫性を可能にする力であると共に、いついかなる時でもこのような力に反する力、自己を消滅・解体させるような力であり得るし、そのような可能性をあらかじめ排除することはできない。意のままにならない、あるいはそのような〈意〉ですらまだ成立していない状態で到来するものは、それを受け取ることによって成立するものを最初から超過しており、その成立の可能性の条件であると同時に、その成立の不可能性の条件でもあるのではないだろうか。

4

このように見てくると、アンリ的な内在としての「生」は、その核心に自らの崩壊や解体の可能性を、あるいはそうした可能性に結びつく形での何らかの隔たりや差異を、初めから既に、本質的な仕方で内包しているように思われる。そうだとするならば、そのことはアンリの哲学にとって根本的な問題を引き起こさないわけにはいかない。ここでは三点指摘しておこう。

(a) 無限の〈生〉が〈一者〉であることについて

『現出の本質』以来、生はその自己自身との「一貫性」や自己自身との「同一性」、つまりは〈一なること〉というその「絶対的な一性（unité）」においてあるものとして考えられてきた（Henry, EM, pp. 593–594; Henry, GP, p. 121 etc.）。有限な生とは区別される無限の〈生〉があからさまに〈神〉と等置されることになる晩年の『我は真理なり』や『受肉』では、「この唯一で絶対的な〈生〉に他ならない、神の唯一で絶対的な〈生〉」（Henry, I, p. 123）という言葉がはっきりと示すように、この生の〈一なること〉は、「根源的な〈一者〉」（Henry, PhV-4, p. 228）としての唯一の〈神〉＝〈生〉のあり方に重ね合わされていく。

この〈一なること〉を可能にする力が、『現出の本質』では「ロゴスの本源的本質」としての「情感性」

（Henry, EM, pp. 688–689）、「それなしには何も存在しないであろう、存在するものを建立する取り集め（rassemblement）」（Henry, EM, p. 594 ; cf. Henry, GP, p. 398）に求められていた。この取り集めは「いかなる活動〔能動〕も行なわず、まず分離されてある何ものも取り集めない」（Henry, EM, p. 594）のだから、「異なるものを取り集める」「差異による取り集め」[17]というハイデガー的な取り集めのように、最初に複数の異なるものがあることを前提とした上で、それらを調停してまとめあげるものではない。そうすると、生が「自己自身と一つになる（s'unifier）」（Henry, EM, p. 594）という事態もまた、最初から〈一なること〉であるものを〈一なること〉であるままに維持するということに他ならないであろう。

　だが、そもそも最初から〈一なること〉であったのならば、それをわざわざ〈一なる〉ようにさせる必然性は次の一点以外には何もない。それはつまり〈一なること〉であるものはそのようなものでなくなる可能性を常に有しているし、実際にそのようなものでなくなりつつあるということである。アンリはしばしば「生を生自身に結びつける紐帯」という表現を用いるが（Henry, CMV, p. 138 ; Henry, GP, p. 262 ; Henry, E, p. 88）、紐帯はそれが結びつける限りにおいて、同時に切り離しが可能になるところでもあろう。すると、「生の本質そのものは、ほどかれ得ない紐帯である」（Henry, E, p. 108）というよりはむしろ、生の本質は、この紐帯における結びつけることと切り離すこととの不可分さにこそ存するのではないか。しかもアンリは、彼が決定的な意義を持つと看做す「キリスト教においては、何も実在性に対立しないし、生以外の何ものも存在しない」（Henry, CMV, p. 297）と、あるいは「絶対的な〈生〉」は「その外では生けるものも世界も存在しない絶対的な自己触発である」と述べていた（Henry, CMV, p. 267）。このようにそもそもその〈外〉というものがあり得ない〈生〉について、厳密な意味では決して〈一〉ということはできないはずである。してみると、〈生〉は絶対的な唯一の〈生〉であるというアンリの断言は根拠の薄いものに思えてくる。

(b) 無限の〈生〉が〈神〉であることについて

有限な生は無限の〈生〉の中にとどまり、また無限の〈生〉も有限の生の中にとどまる。そしてアンリによれば、有限な生がそこで生じる場所であると共に、その生に内在する無限の〈生〉とは〈神〉である。だが、あの「神学的転回」こそが現代現象学の成就・完成そのものであるとまで言うアンリの晩年のキリスト教への依拠は、はたしてどこまで正当化されるのだろうか。無限の〈生〉が〈神〉である必然性はあるのだろうか。この問題についてここで詳細に論じることはできないが、暫定的な見通しを与えておく。

まず、有限な生と〈生〉の関係をもう一度取り上げよう。相対的な自己触発における有限な生が生誕する以前に、無限の〈生〉は絶対的な自己触発において自ら生誕する。有限な生の生誕は無限な〈生〉の自己生誕によって可能となるのだから、後者は「絶対的な〈既に〉」として前者に必ず先行している（Henry, CMV, p. 190; cf. Henry, I, p. 123, p. 242）。ただしこの〈既に〉は時間的な意味での過去を表しているのではなく、前者にとって後者がその可能性の永続的で内的な条件であることを意味しており（Henry, I, p. 82）、両者は時間的にはあくまで「同時」である（Henry, E, p. 112, cf. p. 121）。ところで〈生〉が生の可能性の条件であるのだとしても、それだけでは〈生〉が〈神〉である必然性は特段存在しないのではないだろうか。

もちろんこれだけでは、〈生〉が〈神〉であることを否定したことにはならない。そこで「顕示〔啓示〕

（révélation）」という観点からこの問題を考えてみよう。アンリにとって、顕示とは顕示することと自体が自らを顕示すること、つまり顕示の自己顕示である。このような自己顕示はそのまま、「その根元的な内在の絶対的な一性において」自己と完全に合致した「絶対者」の顕示であり（Henry, EM, p. 858）、この顕示によって、「その絶対性において、それ自身に自らを顕示するのは、絶対者それ自身」なのだから（Henry, EM, p. 861）、それは絶対者の自己顕示となる。そしてこのような絶対者は『現出の本質』最終部のクライマックスで、晩年のアンリを先取りするかのように「神自身の生、絶対的な生」と重ね合わされていく（Henry, EM, p. 843, cf. p. 855, 857, 859）。

　ところでこのような絶対者の自己顕示は絶対的な顕示なのだろうか。アンリによると然りである。というのも、感情において絶対者は自らを顕示するが、この「感情は少しずつ知られ得るという考え、絶対者は徐々に自らを顕示するという考えは不条理」だからである（Henry, EM, p. 859）。「感情は自らを丸ごと、一挙に、一つの絶対者として与える」のであって、そうでなければそもそも何も与えることはないだろう（Henry, EM, p. 859）。それゆえ絶対者の自己顕示は徐々にではなく一挙に行われねばならないのであり、そうでなければそれは絶対者の顕示ではない。「情感性は絶対者を絶対的に顕示する」のであって、それはまさに「絶対者の絶対的な顕示」に他ならない（Henry, EM, p. 860）。もし〈生〉がこのような絶対者であれば、つまり〈生〉が神の絶対的な〈生〉であれば、その自己顕示は絶対的な顕示であらねばならない。絶対者の絶対的な自己顕示というこの考え方には晩年でも一切の変更はなく、『我は真理なり』でも、「純粋な〈顕示〉、その現象性が現象性それ自身の現象化である顕示、絶対的な自己顕示」についての記述が見られる（Henry, CMV, pp. 36）。

しかしながら、常にアンリに批判的なアールが指摘し[18]、また比較的アンリに近いロゴザンスキーでさえも指摘するように（Henry, PhV-4, pp. 206–207）、このような絶対者の絶対的な顕示という観念は、アンリが以下のように生の根本的な忘却を主張していることと両立し得るようには思われない。「〈生〉を最大の〈忘却〉、いかなる思考もそこに導かない〈太古のもの＝記憶されぬもの〉にする、〈生〉の現象学的本質。その現象学的身分を定義する〈忘却〉によって、生は両義的である」（Henry, CMV, pp. 290–291）。絶対者の絶対的な顕示が実際に行なわれているとすれば、生の忘却という事態がそもそも起こりえないはずであるし、生の忘却が実際に存在するなら、絶対者の顕示は絶対的ではない。つまり絶対者の絶対的な顕示は不可能だということになる。もしそうだとすると、神の自己顕示は仮に為されるとしても徐々にしか為されないということになるが、それこそアンリ自身が不条理だとして批判していた当の発想であった以上、そのような顕示を行なうものはもはやアンリが想定しているような〈神〉ではなくなってしまうだろう。アンリの「神学的転回」や「宗教的転回」ということが言われるとすれば、それは逆説的にも〈神の死〉を意図せずしてもたらすようなものなのではないだろうか。

(c) 内在と超越という区分について

内在と超越の区分はアンリ哲学の根幹に関わるものであるが、既に確認してきたように、その区分は根本的な危うさを抱え込むことによって成り立っている。

例えば有限性という観点から考えてみよう。『現出の本質』以来、〈内在／超越〉という区分に対応させる形で、アンリは有限性を常に超越の側に位置づけてきた。「超越は、まさにそれが存在者的限定の本質そのものを構成するが故に、本質的に有限」であり（Henry, EM, p. 128）、「超越のないところには有限性もまたない」（Henry, EM, p. 57）。アールはここにアンリの哲学における「有限性の思考の、暴力的で、激しく、パトス的な拒絶」を見ていた[19]。ところが晩年のアンリが有限の生と無限の〈生〉を区分することで、従来は無限の側に位置づけられてきた内在の中に有限性を導入せざるを得なくなるために、有限性の別の定義が必要となる。「生の現象学においては、有限性は生から理解されねばならない。生は無限で絶対的である。しかし私はこの生ではなく、私は一つの生けるものでしかない。われわれの有限性が理解され得るのは、生けるものの絶対的な生への関係においてのみである」（Henry, E, p. 153）。いまやアンリにとって有限性とは、個々の生けるものの生を可能にする無限な〈生〉に対しての、その生けるものの根源的な受動性を意味することになる（Henry, AD, p. 168）。

しかし有限性の定義をこのように変えてしまうことは、それまでは有限性に結びついていた超越の定義そのものを変えるという事態まで引き起こしてしまう。「或る根元的な意味で、実際もし問題となっているのが絶対者であるなら、唯一容認可能な意味で、〈超越〉は各々の生けるものの内への〈生〉の内在を指し示す」（Henry, I, p. 176）。有限な生の無限の〈生〉に対する受動性としての有限性、それは驚くべきことに最晩年のアンリによって、このように内在の側に位置づけられるような超越と化す。さらに或る対談でレヴィナスに言及しつつ、個々の生けるものと〈生〉の関係こそが「超越」であり、「〔大文字の〕生の中には〔小文字の生にとっての〕根本的な他性が存在する」と、内在の内にはいかなる他性も認めていなかったはずのアンリは主張するに至る（Henry, PhV-3, pp. 300–301）。

このような〈内在／超越〉という区分に関する以前の立場を根本的に変更するかのようなアンリの身振

りは何を表しているのか。それは少なくとも、内在と超越の哲学的な規定をめぐるアンリの或る曖昧さと無関係ではない。

一方で、存在論的（あるいは現象学的）二元論という表現からも理解されるように、内在と超越は「互いに還元不可能な二つの純粋な現象学的本質」である（Henry, I, p. 87）。そしてこれら内在と超越という二つの異なる現象性の様態が存在するということ、「この現出することの二重性は、何によっても説明されない、しかし生の現象学が自らに課す規則に従って、それ自身から出発して理解されるべきである、一つの〈原 - 事実〉（Archi-fait）である」とされる（Henry, I, p. 217）。これは内在と超越に対応する「生」と「世界」に置き換え可能であり、両者が共に存在することが原 - 事実として理解できる。だからこそアンリは、「生は世界を必要とするのか」という問いに対して次のように答える。「それは謎である。［…］なぜ世界が存在するのか。私はそれを知らない。現象学は記述することで満足する」（Henry, E, p. 115）。内在＝生は超越＝世界を本来必要とはしないはずだが、それにもかかわらず超越＝世界は内在＝生と共に現に存在している。その理由を問うことは現象学の課題ではない。

しかし他方で、アンリはまた以下のようにも言う。「哲学は本質的に超越論的である。哲学の課題とは、いかにしてしかじかの事象が可能なのか、まさにその超越論的可能性をアプリオリに理解することである」（Henry, I, p. 118）。そうであるならばアンリは、内在＝生と共に存在する超越＝世界が派生的なものである限り、そのような超越＝世界が根源的なはずの内在＝生からいかにして可能となっているのかを、言わばその発生の超越論的可能性を、内在＝生の方から理解するよう努めるべきだということになる。[20]

これら二つの命題は両立可能なのだろうか。そして両立可能でないとしたら、それはそもそも内在と超越を明確に区分することの可能性に関わってこないだろうか。

内在が根源的なものとして派生的な超越の本質をなすものである限り、根源的な内在から派生的な超越がいかにして可能となるのかをアンリは示さねばならない。つまり超越の本質としての内在からの超越の発生の可能性をアンリは証明する必要がある。しかし、アンリにとって、内在と超越という二つの現象性が共に存在することは、「何によっても説明されない」原-事実であり、現象学はただそれを記述するだけであった。つまりそれは証明されることはできない。それゆえ二つの命題は両立可能ではない。

ここでデリダがアンリに対して次のように述べていたことを喚起しよう。もし「絶対的な内在主義(immanentisme absolu)」を採るならば、それは哲学的言説そのもののステイタスに関わってくる、と。その含意を展開するならば、いかなる超越もなき内在というものを想定するならば、それは、内在と超越の区分について、そして超越を根拠づける内在について、つまり根源としての内在について語る哲学的言説そのものの権利を、哲学から奪ってしまうことになる、ということであろう。いかなる超越もない絶対的な内在というものは、それについて哲学として語ろうとする限り矛盾を犯してしまうために、最初から不可能である。実際、アンリに従っても、内在と超越が共に存在することが原-事実である限り、超越なき内在を想定することは禁じられている。

超越なき内在が不可能だとすれば、内在はあくまでも超越の根拠としてのみ可能ということになる。超越の根拠として、内在は超越が存在するために必要な条件であり、内在なき超越はない。けれども、超越なき内在を想定することが禁じられている以上、超越なき内在があり得ないのと同様に、内在なき超越もあり得ないことになる。しかし両者がこのように常に必然的に結びついており、互いに相手を不可欠とするならば、超越に対する内在の根源性をそもそも主張することなどできるのだろうか。そして、この内在の根源性が主張できないのであれば、そもそも内在と超越という二分法的な枠組みそのものの妥当性が崩れてしまうのではないだろうか。

　そもそも内在と超越の存在論的二元論と、超越に対する内在の根源性を同時に主張すること自体が、既に矛盾を抱えていないだろうか。二元論である限り、一方は他方に対して互いに還元不可能なはずであるが、一方の他方に対する根源性を主張することは、派生的な他方が根源的な一方の側から可能になることを、すなわち二元論ではなく一元論であることを含意することになってしまうからである。このことから帰結するのは、次のことでなくて何であろうか。つまり、内在と超越の二元論と、超越に対する内在の根源性の両者を同時に主張することはできない以上、少なくともそのどちらかを放棄しなければならないということである。内在と超越の二元論か、超越に対する内在の根源性か、そのいずれかを。

5

　内在と超越の二元論か、超越に対する内在の根源性か、そのどちらかを放棄しなければならないとすれば、いずれにしても、それは結局のところ、内在と超越という区分そのものの妥当性が問われざるを得ないということである。このように考えるならば、内在か超越かという存在論的二元論を前提とした上で、内在をより根源的なものとして選択するというアンリの矛盾をはらんだ立場を初めから既に（少なくとも潜在的には）問いに付していた者こそ、他ならぬデリダだったと言うことができるだろう。あたかもそれは、内在そのものの内に或る種の非内在的なものが初めから既に密かに内在していたかのように。ということは、われわれがここで試みた両者の間の〈対話〉も、実は遅ればせのものではなかったのかもしれない。それは暗黙の内にではあるにしても、既に行なわれてしまっていたのであるとすれば(21)。

アンリの言うのとは異なり、自らの内にいかなる隔たりも差異も持たない純粋な内在というものは不可能である。それがアンリとデリダを交錯させることで得られた一つの帰結である。しかしそうだとすると、おそらくアンリとデリダの間の距離はそれほど大きいものではない。というのも、後者にとっても、「可能な限り生きること、自らを救うこと〔難局を切り抜けること〕、粘り強く留まること、そして自己(soi)よりも無限に大きく強力であるけれども、この小さな「私」の一部となっていて、至る所で「私」をはみ出す(déborder)あれらすべてのものを育む〔享受する〕(cultiver)」ことが問題だからである(Derrida, AVE, p. 30)。デリダにとっても、生の「自己(soi)」は、あるいは「自己」としての生は還元されることなく残り続ける(22)。もっともデリダに従うならば、このような「自己」は、「自己への回帰」に存すると共に、そのような回帰自体が「自己に反し、自己に遭遇し、自己自身に逆向する」ものでなければならないのではあるが(Derrida, V, p. 154)。

このような自己への回帰とそうした回帰への逆行性との間にある自己を、アンリは受け入れることができただろうか。おそらくは不可能であろう。しかしわれわれが示そうと思ったのは、アンリの内在の現象学は、彼自身の意図に反し、自らの限界とアポリアを通して、そのような自己を現実に受け入れざるを得ないということ、純粋な内在の不可能性を自らの議論そのものにおいて証し立てているということであった。だがこの不可能性は、アンリの内在の現象学そのものの不可能性ではない。『実質的現象学』でアンリは以下のように述べていた。「今日では現象学の革新は、一つの条件――現象学を完全に規定しており、哲学の存在理由である問いが、それ自身革新されるという条件においてしか可能ではない」（Henry, PhM, p. 6）。この言葉が正しいのであれば、同じことがアンリについても言えるのでなければならない。アンリに学ぶ者は、彼がフッサールに対して行なったように、アンリの「哲学的な問いかけの全面的な捉え直し」によってそれに「一つの未来を提供する」こと（Henry, PhM, p. 11）、つまり内在の現象学に内在する限界やアポリアをいったんは突き詰めて見極め、それらを通して逆にその現象学の可能性を開くことができるし、またそうしなければならないからである。

注

（1）アラン・ダヴィッドによって企画されたこの追悼集会の発表者は順に、デリダ、ディディエ・フランク、ジャン＝リュック・マリオン、ナタリー・ドゥプラズ、フランソワ＝ダヴィッド・セバー、そして（遅れて到着した）ジャン＝リュック・ナンシーであり、各発表の後にデリダが適宜コメントを加えるという形で進められた。

（2）当日のデリダの発言、及びアンリ夫人の証言による。Cf. Anne Henry et Jean Leclercq, « Michel Henry (1922–2002) : entretien en manière de biographie », in *Michel Henry*, Dossier conçu et dirigé par Jean-Marie Brohm et Jean Leclercq, L'Age d'homme, 2009, p. 27 et p. 29.

（3）アンリの著作に関しては以下の略号を用いて指示する。
L'essence de la manifestation, PUF, 1963.（EM）
Généalogie de la psychanalyse, PUF, 1985.（GP）
Voir l'invisible, Bourin, 1988.（VI）
Phénoménologie matérielle, PUF, 1990.（PhM）

C'est moi la Vérité, Seuil, 1996.（CMV）
Incarnation, Seuil, 2000.（I）
Auto-donation, Prétentaine, 2002, 2éd., Beauchesne, 2004.（AD）
Phénoménologie de la vie, Tome III : De l'art et du politique, PUF, 2004.（PhV-3）
Phénoménologie de la vie, Tome IV : Sur l'éthique et la religion, PUF, 2004.（PhV-4）
Entretiens, Sulliver, 2005.（E）
Phénoménologie de la vie, Tome V, PUF, 2015.（PhV-5）

（4）デリダの著作に関しては以下の略号を用いて指示する。
La voix et le phénomène, PUF, 1967.（VPh）
De la grammatologie, Minuit, 1967.（DG）
Marges — de la philosophie, Minuit, 1972.（M）
La vérité en peinture, Flammarion, 1978.（VP）
La carte postale, Aubier-Flammarion, 1980.（CP）
Parages, Galilée, 1986.（P）
Spectres de Marx, Galiliée, 1993.（SM）
Échographies de la télévision, en collaboration avec Bernard Stiegler, Galilée-INA, 1996.（ET）
Le Toucher, Jean-Luc Nancy, Galilée, 2000.（T）
« La forme et la façon（plus jamais : envers et contre tout, ne plus jamais penser ça "pour la forme"）», préface à Alain David, *Racisme et antisémitisme*, Ellipses, 2001.（FF）
Marx & Sons, PUF/Galiliée, 2002.（MS）
Au-delà des apparences（en collaboration avec Antoine Spire）, Le bord de l'eau, 2002.（ADA）
Voyous, Galilée, 2003.（V）
Apprendre à vivre enfin, Galilée, 2005.（AVE）

Heidegger : la question de l'être et l'histoire. Cours de l'ENS-Ulm, 1964-1965, Galilée, 2013.（H）

（5）公平を期しておくと、フッサールの言う「生き生きとした現在（présent vivant, lebendige Gegenwart）」とは原印象・過去把持・未来予持の不可分な統一的生動性を意味する限り、この「生き生きとした現在」を過去把持なき「原印象」（archi-impression, Urimpression）に還元しようとするアンリと同様に、「原印象」と「生き生きとした現在」をそれほど厳密には区別していないデリダも、同じ過ちを犯していると言わねばならない。ちなみにこのようなデリダの混同は晩年までしばしば見られる（Cf. ADA, p. 31）。ただしアンリが意図的に両者を同一視するのに対して、デリダは図らずも両者を混同することによって、結果的にはかえってその混同不可能性を、したがって純粋な原印象の不可能性を立証することになっているという点で、やはり両者の身振りとその帰結は対照的ではある。

（6）それゆえベルネットの次の指摘は完全に正しい。「「差延」は、二元的な対立関係という形式へと連れ戻されることはない」（Rudolf Bernet, *La vie du sujet*, PUF, 1994, p. 270）。ちなみに、近年の論考では、アンリ的な観点からデリダを批判する際に、アンリの側に引き寄せて引き合いに出されることの多いヘルトも、『生き生きとした現在』（一九六六年）で自らが主張していた原印象の優位を一九八一年以降は自己批判的に問題視しているということを喚起しつつ、同じ時期に「フッサールの時間理解における現前の問題含みの役割を問いに付していたジャック・デリダ」に（ベルネットと共に）肯定的に言及している。Cf. Klaus Held, « Phénoménologie du "temps authentique" chez Husserl et Heidegger », in *Études phénoménologiques*, No. 37-38, 2003, pp. 33-34, note 19.

（7）そのような差延、あるいはまた痕跡ということで問題となっている事態とは、現前と非-現前を共に与える両者の関係のことであり、「非-現前へのこの〔現前の〕関係は、原印象の現前を不意に襲い、取り囲み、さらには隠蔽しに到来するのではない」（Derrida, VPh, p. 73）。すなわちそれは、「消失がその構造に属している」ような現前、「本来的に＝すっかりとは生じない」ような現前を与えるものである。「常に差延する痕跡は、現前しつつ消え去る＝現前することによって自らを消去する（s'effacer en se présentant）」（Derrida, M, p. 25 et p. 24）。こうしたデリダの発想が、ハイデガーに由来することは明白である。というのも、ハイデガーにとっても、「現前するものの現前すること（Anwesen）」は、「覆蔵性において不在となること（Abwesen）」を常に伴っており（Martin Heidegger, *Was heißt Denken ?*, *Gesamtausgabe*, Bd. 8, p. 241）、現前と不在は「ただ一つの事態」を表すものに他ならないからである（Cf. Martin Heidegger, *Vorträge und Aufsätze*, *Gesamtausgabe*, Bd. 7, p. 277）。

（8） Emmanuel Levinas, *En découvrant l'existence avec Husserl et Heidegger*, Vrin, 1967, p. 214, *Humanisme de l'autre homme*, Fata morgana, 1972, pp. 58–59.

（9） 高等師範学校で一九六五年三月十五日に行なわれたハイデガー講義でも、デリダはアンリを通りすがりに引き合いに出し、「超越としての情感性もしくは現出の本質としての超越」という西洋哲学を要約する「命題こそ、自己の外への超越なき、純粋な主観性としての情感性、存在の自己に対する自己触発［…］を復権させるために、M・アンリが破壊しようと望んでいるものである」と述べつつ、『現出の本質』は、「その運動において類いまれな力強さと深さを持った、しかしその帰結において全面的な空しさ（*vanité* totale）を持った本」だとコメントしている（Derrida, H, p. 268）。

（10） 「アンリにとっては、この〔デリダの〕自己触発は純粋なものをまったく持っておらず、それが別のタイプの〔アンリ的〕自己触発を、自らの可能性の条件においてのように、無傷のままに残すということは明白である」（Sébastien Laoureux, *L'immanence à la limite. Recherches sur la phénoménologie de Michel Henry*, Cerf, 2005, p. 87, note 1）。

（11） ロゴザンスキーもこの点に関してデリダとアンリを一瞬だけ近づけようとする。Cf. Jacob Rogozinski, *Faire part. Cryptes de Derrida*, Éditions Lignes, 2005, p. 57. ただし彼はただちにデリダとアンリを遠ざけようともしており（*Ibid.*, p. 60）、最終的にはデリダをアンリに還元しようとしているようにさえわれわれには思われるが（*Ibid.*, p. 171）、詳細に関してはその主著の検討を待たねばならない（Jacob Rogozinski, *Le Moi et la chair*, Cerf, 2006）。

（12） この点については既に次の論考で指摘されている。亀井大輔「デリダの自己触発論の射程——ハイデガー、アンリとの対比をつうじて」、『ミシェル・アンリ研究』第3号、日本ミシェル・アンリ哲学会、二〇一三年。特に一〇八—一〇九頁を参照のこと。

（13） マルクス読解に関わるアンリへの言及は他所でも何度か行なわれている。Cf. Derrida, MS, p. 19, note 3; Derrida, ET, p. 35.

（14） この意味で、ラウルーが次のように言うのは正しい。「〔アンリの〕実質的現象学に対して、デリダは、内在と超越を単純に分離することはできないと言おうとしている」（Laoureux, *op. cit.*, p. 90）。ただしそうだとすれば、たとえ条件法によって言われたものだとしても、「実質的現象学にしてみれば、デリダの思考は存在論的一元論の地平に捕われたままである」（*Ibid.*, p. 236）という命題は、端的に偽となってしまうだろう。

(15) Dominique Janicaud, *La phénoménologie éclatée*, L'éclat, 1998, p. 9.

(16) François-David Sebbah, *L'épreuve de la limite*, PUF, 2001, pp. 193–, pp. 275–, p. 310.

(17) Heidegger, *Vorträge und Aufsätze*, *Gesamtausgabe*, Bd. 7, pp. 196–197.

(18) Michel Haar, *La philosophie française entre phénoménologie et métaphysique*, PUF, 1999, p. 141.

(19) *Ibid.*, p. 140.

(20) 「存在－神－論から除外されることと、存在の形而上学的歴運としての存在－神－論をこの除外されたものまで連れ戻して、この当の除外されたものを、それがそこから除外されたところのもの〔存在－神－論〕の本質ないし意味とすることとは、別々の課題である。ところで、これら二つの課題は、不可分に結びついており、唯一、後者の課題だけが、前者の課題を明らかにする」。これはフランクがレヴィナスに向けた言葉であるが（Didier Franck, *L'un-pour-l'autre*, PUF, 2008, p. 279）、この言葉はおそらくアンリに対しても二重の意味で妥当する。

第一に、アールが批判的に指摘していたように、そもそもアンリの現象学は、ハイデガーが言うような形而上学の存在神論的体制、存在者としてのあらゆる存在者を基礎づけると共に、最高の存在者が自らを基礎づけるという構図の中にそのまま収まってしまうのではないかという疑問がある。しかしアンリはそのハイデガー批判にもかかわらず、「形而上学の存在－神論的構造の観念に直面することも、それを議論することも、喚起することさえもなく」、ひたすら沈黙を保っていた（Haar, *op. cit.*, p. 122）。この沈黙は「存在－神－論から除外されること」がはたしてアンリに可能であったかどうかの検討を要求することになるだろう。

そして第二に、「存在－神－論」を「超越」に、そこから「除外されたもの」を「内在」に置き換えれば、先のレヴィナスへの言葉はそのままアンリへの批判としても成り立つ。内在は自らを超越から除外するが、内在が根源的なものとして派生的な超越の本質をなすものである限り、根源的な内在から派生的な超越がいかに可能となるのかをアンリは示すことができるのでなければならないだろう。

(21) それを対話と呼ぶことができるのかどうかは問題であるにしても、スリジーでのアンリとバリバールの討論についてド・ガンディヤックが証言したのとは違って、少なくとも「耳を貸さぬ者同士の不毛な対話（dialogue de sourds）」（Maurice de Gandillac, *Le siècle traversé*, Albin Michel, 1998, p. 498）ではないはずである。

（22）この点でわれわれは、別のルートを通って、デリダにおける「原‐根源〔起源〕的〈自己〉（Soi archi-originaire）」について語るセバーと合流する。Cf. Sebbah, *op. cit.*, pp. 220–221. もちろんこの場合の自己の「生」は、死を知らない生でもなければ死と対立する生でもなく、生と死との対立に先立つ〈生き残りとしての生〉である以上、アンリとデリダの間にはやはり隔たりもまた残り続ける。セバーもまた両者の近さと遠さに関して別の仕方で論じている（*Ibid.*, p. 222, pp. 229–230）。

第十一章　生き残る者の有罪性としての倫理

フランソワ＝ダヴィッド・セバー

他人の不幸や他人の死を、あたかもそれについて罪を負っているかのように引き受けることにおける、他人に対する責任。究極の近さ。有罪であるものとして生き残ること。この意味で、他人の代わりの〔のための〕犠牲は、他人の死との、もうひとつの関わりを作り出す。それは責任であり、責任は、おそらく、ひとが死ぬことができる理由なのであろう。生き残る者の有罪性において、他人の死は、私の問題である。私の死は、他人の死のなかの私の持ち分であり、私の死において、私は私の過ちであるこの死を死ぬのである。[1]

レヴィナス、「死と時間」講義（一九七五／七六年）

ショアー（Shoah）と呼ばれるようになった出来事のあと、女たち、男たちが、困難や苦痛を覚えながら、さまざまな仕方で、証言するようになった。注目すべきことに、レヴィナスが書いたもののなかには、このような証言に属するものや、さらにはこのような証言を哲学的に考察し捉え直しているものはほとんどない。レヴィナスは、「記憶の義務」について思索し、またその義務を遂行することがほとんどなかった。

したがって、レヴィナスは、痕跡についての比類なき思想家であるのだが、ショアーのあと、死者たちを無化から「救い」、絶対的な過ちを償い、またそうでなくてもせめて、他の人たちがしたように、紙の墳墓を築きながら、そのような——本質的に不可能な——償いを粗描して、テクストという形で生き残らせるという要求を、自らの哲学の中心に据えることがなかった。

それは、周知のように、痕跡についてのレヴィナスの思索が、まったく別の議論の水準に、すなわち、〈無限〉への関わりと記憶にないもの（*immémorial*）への関わりのなかに、位置しているからである。このことはもちろん、いかなる場合も、次のことを意味するのではない。すなわち、〈無限〉の痕跡についての思想は、また、記憶にないものの経験〔試練〕（épreuve）についての思想は、死者たちの痕跡の問題や、ひとびとが求める記念物の問題に存している倫理的争点とは関係がないとか、それと関わりがないとかいうことを、意味するのではない。それが意味しているのは、前者に照らして後者を明らかにするためには、迂回が必要だということなのである。

もっとも、レヴィナス自身は、この迂回を明示的に実行することはなかった。それに加え、レヴィナスのテクストはまるで、単にこの問題を避けているだけでなく、ひとが実に頻繁に彼に結びつける数多くの主題に対して、警戒心を示しているかのようなのである。

「生き残る者」としての「幽霊」たちに向けられたレヴィナスの警戒心。さらに、死者たちについてわれわれが持ち続けている諸々の「想い出（souvenir）」に向けられた警戒心。とはいえ、最晩年のレヴィナスは、「生き残る者の倫理」（l'éthique du survivant）を練り上げることになった。しかもそれは、たいていの場合にひとが求めるものとはまったく別の、独創的な意味においてであり、必然的であるのとまったく同時に、ある観点から見れば常に不可能である、死者たちのための証言の倫理である。レヴィナスが倫理を「生き残る者の有罪性（culpabilité du survivant）」として理解する仕方は、すぐれて独創的であり、特異なのだが、こうした独創性、特異性は、本質的に彼の警戒心に結びつけられている。この警戒心は、絶えず保持され、哲学的な仕方で強固に基礎づけられており、「生き残る幽霊たち」と、それによってわれわれがこの幽霊たちを〈世界〉のなかで保持しようと試みる諸々の「想い出」とに向けられている。そこで、この二点を検討しよう。

幽霊と想い出に対するためらい

なぜこのように「想い出（souvenir）」に対してためらうのだろうか。諸々の「想い出」、またこの意味での諸々の「痕跡」は、〈世界〉の地平に属している――それらは、死者たちを、記憶（mémoire）の「なかに」、〈世界〉のなかに、保存する。それらは既に「凍りついて」おり、あるいは「凝固して」いる――そしてそれらは、「死」についての一定の考えに属している。[2] レヴィナスにとって、他人との本来的な関わりは、他人の顔の経験〔試練〕である。この他人の顔は、⑴死から守るべき、傷つきやすい「生ける生」であり、⑵諸実体が現れる〈世界〉の地平の彼方への開け、またより根本的には、存在の彼方への開けである（〔他人との本来的な関わりは〕他人の存在のための私の気遣いそのものにおいて、このように存在の彼方を経験する〔被る〕私の、徹底的な脱-関心化〔脱-内-存在化〕である）。したがって、生を欠いた

（生ける顔を欠いた）諸々の痕跡をもち続けること、しかも、それらを〈世界〉の地平のうちに「閉じ込め」、諸々の道具のなかの道具にすることによって（外国の「想い出の品（souvenir）」をもって帰る、というのと同じような「想い出（souvenir）」にすることによって）、あるいは、こうした痕跡を記憶による再現前化のなかに閉じ込めることによってもち続けることは、結局、他人への本来的な関わりを二度脅かすことになる。(3) 一度目は、生ける傷つきやすい顔への関わりのなかにもはや身を置かないということによって。二度目は、存在の彼方への開けを要求するものを、すなわち、すべての想い出（事物としてであれ、表象としてであれ）の彼方へと突き抜けて、決して現前のうちでは捉えられないある記憶にないものへと向かうよう要求するものを、反対に、〈世界〉のなかで、そしてより根本的には存在のなかでもち続けようとすることによって。

このためらいは、ハイデガーが『存在と時間』のなかで表明するような「他人のための配慮」のレヴィナスによる批判（われわれはすぐ後でこれに立ち戻ろう）のなかで、実に明示的に表明されている。「配慮は確かに確言されてはいるが、世界‐内‐存在によって条件づけられている。たしかに他人への接近ではあるが、この接近は、世界における活動と労働を起点としてなされている。この接近によって顔に出会うことはない。また、他人の死が、葬式での行動や感情、想い出の他に、現存在（être-là）に対して、生き残る者に対して意味を持つこともない（…）」。(4)

これより三十年前に書かれた別のテクストは、これと同じ警戒心を示しつつ、別の様相を明らかにしている。このテクストは、ジャン・ヴァールによって創設され主宰された哲学コレージュで読み上げられたものであり、また、『全体性と無限』のある重要な章、すなわち「分離」に関する章の初期のバージョンの一つであった。[5] このテクストの最後の数ページで、多くの記述を割いて問題とされるのは、「他者の死」と「生き残る者の時間」、すなわち、ここでは典型的なものとして歴史の時間、歴史家の時間と同一視されている時間である。

これらの記述のきわめて豊かな細部を報告するわけにはいかないだろう。われわれはこうした記述のうち、まさにちょうど、「想い出」へと向けられたレヴィナスの警戒心に関わるものだけを考慮に入れよう。周知のように、このテクストのこの箇所で、レヴィナスは、分離の決定的で絶対的な性格をとりわけ強調している。この分離において、主体性は、「離れて身を置く（se mettre à part）」能力、すなわち、（〈世界〉との関係をよりよく保つことができるように）〈世界〉から離れて身を置く能力として主体化される。主体性とは、これ——正当な分離——でしかなく、これによって主体性は、ある観点から見れば、世界の時間‐空間的地平から除かれている。主体は、世界の空間性における「諸事物」間の帰趨の網目のなかにも、内世界的時間性のなかにも、捕らえられたり包含されたりすることはない。精神現象（*psychisme*）としての主体は、諸事物や諸道具のなかに位置づけられることはないし、〈世界〉の「客観的」時間のなかで振り返って捕らえられることもない。世界の「客観的」時間は測定可能であり、それに属する諸々の出来事は、いつも依然として、歴史家が共通の地平の上に位置を定めることのできる諸々の点である。主体——実詞化であり精神現象でもある——も、還元不可能な多数性（全体性に統合されえない社会性）も、それらがあるのは、再獲得されること、再包摂されることに抵抗する分離を条件としてのみである。したがって、もし、「生き残る者の時間」、すなわち歴史家によって書かれた歴史の時間が、「歴史」の連続に〈世界〉の現前を取り集めるひとつの非人称的な時間という「客観的」全体のなかに、死者たちの生を統合するのだとすれば、そのとき、逆説的ではあるが矛盾なく、「生き残る者の時間」は「自己」を作りだす分離を無効にすることになる。すると、レヴィナスはそれほど明示的に書いてはいないが、次のことがわかる。すなわち、「生き残る者」（ここでは歴史家）が死者たちの歴史を書くことは、もしそれが、各々の生ける自己を可能にし、またそれを確立する根本的な分離を同化吸収することに帰着するのならば、抹消のなかでも最悪のものとなる、ということである。「ある者の時間が他の者の時間のなかへと落ちる」こと、他人の生を守っていると信じながら、彼を「私の時間」へ（意識と想い出のなかへ）統合し、そしてある意味もっと悪いことに、「歴史的時間」（歴史家によって物語られた時間）へ統合し、そうして私が、「分離」を同化吸収しながら他人の生を消し去ってしまうこと、こうしたことは、何にもまして、あってはならないのである。

「分離」を強調しそれに高い価値を与えているこの数ページで、レヴィナスは、同時に、「間隔（intervalle）」と「秘密〔隔離〕（secret）」の概念にも高い価値を与えている。私が分離されている限りにおいて、私は、断固として、また正当なこととして、〈世界〉の光を通さないままとどまっている(6)。私が分離されている限りにおいて、誕生と死の間の間隔としての私の生は、共通の時間、社会的時間、諸事物の時間に統合されえない。その上重要であるのは、私の本来的な死が、「生き残る者」（歴史家）によって、いわば外部から収集され、彼によって彼の意識の時間に、そして最終的には世界と歴史の時間に統合されることはないということである。本当に重要なのは、私の死が分離を認定する（consacrer）ということである。私の死は、根本的な中断として、私の誕生を、（歴史的時間の直線上の一点としてではなく）根本的な始まりとして明らかにする。すなわち、いわば私の死は、分離された私の生という間隔が、ある意味で、揺るがしがたい絶対であったということを明らかにするのである。[7] 知られているように、レヴィナスはハイデガーに抗して、死は「不可能性の可能性」なのではなくて「可能性の不可能性」であることを幾度となく強調した。ここで特にはっきりとさせておかなければならないのは、私の生の中断としての死は、実存の可能性を開くのではなく、まさしくそれが生を中断するという理由で、分離された、絶対的な、冒し難い自己の生の、時間に対する（したがって、「客観的」出来事としての死に対する）勝利を遡及的に認定するということである。

　この指摘からわれわれは、レヴィナスがこのテクストで「生き残る者」という主題に対してためらう、もう一つの――〔これまでのものに〕関連した――理由を知ることができる。歴史家と同一視される「生き残る者」の像は、今しがた喚起してきた理由から、レヴィナスによって実に慎重に扱われたのだが、ある意味で、（他人の死ではなく）自己自身の死のあとも生き残るものとしての「生き残る者」の像は、おそらくそれよりももっと慎重に扱われている。この場合、「生き残り（survie）」は死ぬことの不可能性と同一視される。まさにこの「延々と続く果てしない死」こそが、死においてひとを恐れさせるもの、すなわち、恐ろしさという点で「死」の概念そのものに意味内容を与えているものなのである。恐ろしい死とは、ブランショの記述と響き合う〔レヴィナスの〕記述によれば、「自らの死を生きること」[8]に存する死である。この点に関して、レヴィナスの思想には、一種の記述的かつ理論的な入れ換え（chassé-croisé）がある。この入れ換えは、ときには理解されにくいものなのだが、一貫性と大胆さとによって特徴づけられている。〔すなわち、レヴィナスによれば〕もし、死が、中断として、私の生の絶対性を（分離された間隔として）遡及的に認定するとすれば、真に死ぬという能力、自らを根本的に中断させる能力を持つ者だけが、真に、絶対的に、遡及的に、「死への勝利」である生を生きる者であったことになる。逆に、死ぬに至れないこと、自らを真に中断するに至れないことは、真に、本来的に、絶対的に、生きる者ではなかったということを、遡及的に含意し、意味している。だから、恐ろしい経験としての死とは、まさに死ぬことの不可能性なのであり、「自らの死を生きること」なのであり、終りなき断末魔の苦しみなのである。この観点から見れば、死後も生き残る「死者たち」は、（語の二つの意味において）苦痛の状態にある〔未決のままである〕（en souffrance）。この場合「生き残る者」とは、生ける者たちの世界に出没する「亡霊」あるいは「幽霊」であるが、こうした「生き残る者」は、ある観点から見れば、死の経験の中でも最悪のものを経験する。すなわち、死が、根本的な中断（正当な分離の働きに寄与する中断）を示すどころか、根本的中断の不可能性、分離の不可能性を無際限に生きることと同じになってしまうような経験をするのである。この観点から見れば、もし亡霊を助けなければならないとすれば、この亡霊に必要なのは「生き残ること」ではなく、その反対に、真に終わらせること、真に死ぬことなのである。[9] このことはしばしば指摘され解説されてきたので、くどくは論じないが、「亡霊」の像は、レヴィナスにおいては、ある（*il y a*）に結びついており、それはまさに、あるという表現が、手つかずの、中性的で、倫理的方向づけを欠いている実存、いかなる存在も実体として存続するに至らないときの、際限のない、絶え間ない存在の「ざわめき」を指示しているという限りで、そうなのである。この匿名的な実存の層からは、いかなる実詞化（hypostase）も引き出されず、またそこではいかなる実体も個別化されない。すなわち、存在の最悪のバージョンである。そこでは、いかなるものも真に実存することはなく、また特に、いかなる自己も分離されず、始まることもなければ終わることもない。[10] いかなる自己も、充実した完全な生という形で、真に実存することはない。しかし、まさにこの生が、他人の顔の倫理的経験〔試練〕の可能性の条件なのである。というのも、存在の彼方に自らを曝すためには、そうするとは言っても、「あらかじめ」真に実存し分離された生において自己を個別化する力と能力をもっていなければならないからである。「亡霊」としての「生き残る者」の「生き残り」によって確定され、意味される生は、結局は半分の生（demi-vie）でしかなかったことになる。このような「生き残り」は、死の諸々のバージョンの中でも最悪のもの、すなわち、「自らの死を生きること」と「死ぬことの不可能性」が同じになるバージョンなのである。

したがって、「生き残る者たち」と諸々の「想い出」へのレヴィナスの警戒心は、二つの水準で示されている。(1)分離を同化吸収し他人の生を世界へと統合する「生き残る者」（この生を成就する根本的な分離も、この生によって、分離によって同じように可能になる存在の彼方への開けも、消去してしまう）としての歴史家への警戒心。(2)よりいっそう根本的には、亡霊たちへの、すなわち、まさに〈世界〉の手前にいる、あるの恐ろしい住人たちへの警戒心。

生き残る者の有罪性

とはいえ、それにもかかわらず、実は後期のレヴィナスは、次第に、倫理的経験〔試練〕を「他人の代わりに〔ために〕死ぬこと」として、また倫理的経験〔試練〕の「主体」を（他人の死の後に）「生き残る者」としてみなすよう提案するようになる。

周知のように、『存在と時間』においてハイデガーは、現存在（*Dasein*）、すなわち、まったく存在的でも世界的でもない意味において自己化された人間的実存のそこにあること（l'être-là）を、次のようなものとして記述している。すなわち、それにとってはみずからの存在において存在そのものが問題であるところの存在として。また、自己自身の死への関わりとしての、（世界的な出来事へというよりはむしろ）自らの死の可能性（mortalité）への——（人間であり、自己化されてある、という）可能性そのものとして発見された自らの死の可能性への——関わりとしての各自性（mienneté, Jemeinigkeit）と本来性（authenticité, Eigentlichkeit）において自己化される存在としてである。ここで問題になるのは、今際《いまわ》における、孤独な勇気をともなう関わりである。すなわち自己は、孤独において自己化されるのである。とはいえ、ハイデガーのいう「死に‐臨む‐存在（l'être-pour-la-mort）」は、同時に、「世界‐内‐存在（être-au-monde）」（In-der-Welt Sein）である。この「世界」は、とてつもなく大きい入れ物なのではなく、現存在が住まうところのものである。現存在は、常にすでに自己の外にあり、ひとつの「世界」あるいは諸々の「世界」と関わっている。そして、ハイデガーによれば、私が「他人」と出会うのは、世界においてである。「共同存在（*Mitsein*）」（l'être-avec）は、いわば現存在の基礎的構造なのである（『存在と時間』の第二十六節を参照のこと）。また第四十七節で、ハイデガーは「〜のために死ぬこと（*sterben für*）」、すなわち他人の‐ために‐死ぬこと（mourir-pour-autrui）に言及している。だが、それは本源的な仕方で〔現存在を〕構成している経験なのではまったくない。唯一、絶対的に孤独な、死に‐臨んで‐あることの経験〔試練〕にだけ、この特権が認められるのである。ハイデガーは他人「のために死ぬこと」に関心をよせつつ、同時に、ひとは決して他人の死を、他人の死の可能性を軽減してやることはできないことを指摘する（たとえひとが他人を保護し、守り、他人の死を遅らせることができるとしても）。「だれも、他人からその死を奪い去ることはできない」。「私」はいつもひとりで死ぬのである。

〔『われわれのあいだで』所収の〕「〜の代わりに〔ために〕死ぬこと」[11]のなかでレヴィナスは、気遣い（souci）、すなわち存在への（そして自らの存在への）気遣いでしかない現存在の、孤独な、死に－臨む－存在よりも、他人の経験〔試練〕が本源的で構成的であることを明らかにするために、ハイデガーとの論争に入ってゆく。このことには誰も驚かないであろう。だが、われわれが強調したいのは、レヴィナスにとって問題なのが、主体にとっての死の可能性を、他人の経験〔試練〕に置き換えるということだけではない、ということである。問題なのは、前者を、死につつある他人（*autrui en son mourir*）の経験〔試練〕に置き換えることなのである。この他人の死の経験〔試練〕は、自己にとって構成的である。この経験〔試練〕は、自己を、生き残る者として構成するのである。この経験〔試練〕の「主体」は——この経験〔試練〕が私から私の主体的能力をすべて奪ってしまう以上、「私」は正確にはこの経験〔試練〕の「主体」ではないのだが——証言者である。他人の死への関わりにおいて、私の能力はすべて崩壊する。ただ一つの能力しか残らないのであるが、それは、ほとんど能力ではない。というのも、この能力は私のものではないからである（むしろこの能力は、他者から私へ到来する。だがそれは、それにおいて「私」が到来し、しかも絶対的に他なるものから「私」自身へと到来する、そのような能力である）。〔それは〕証言すること〔という能力である〕。生き残る者、証言者。ある意味で、生き残ることとは、証言することであり、逆もまた同じである。

　したがってわれわれは次のように考えることができる。(1) レヴィナスは、自己自身の死のあとも生き残る存在、すなわち亡霊という意味での、生き残る者の像に、否定的な含意を与えている。(2) レヴィナスはまた、死んだ主体の生を世界と歴史の時間に統合しようとする者という意味での、生き残る者も、否定的に評価している。しかしながら、⑶自身の人生の最後に、彼は最も根本的な形での倫理的経験〔試練〕を、「証言者」として他者の死のあとに生き残る者の経験〔試練〕と一致させるようになる（「証言者」としてであって、他者の時間を共通の時間へ、歴史の時間へ統合する能力をみずからに与える「歴史家」としてではない）。

この転換について説明を試みよう。この転換は、一貫性を欠いたものではまったくないし、ましてや変節などではない。

レヴィナスは、第二の主著『存在するとは別の仕方で、あるいは存在することの彼方へ』あたりで、実にはっきりと、彼が絶えず思索してきた倫理的経験〔試練〕を、独特の仕方で「彩る」ことになる。そしてこのことは、後のテクストにおいては特にはっきりと、また後になればなるほどはっきりとなされるようになる。すなわち、他人の顔による呼びかけは、次第に、文字通り、顔がさらけ出す死の可能性による呼びかけになるのである。

周知のように、顔は、傷つきやすさと裸性によって、レヴィナスの記述に従えば、殺害の衝動と同時に、この衝動を律する禁止とを引き起こす。顔の経験〔試練〕は、殺害の衝動を、気遣いと保護の命令へと変転させるに至る。ところで、レヴィナスの業績の最後の時期において、彼は傷つきやすさを、いわば、死の可能性として提示することで、傷つきやすさに関する考察の最後の結論を得る。同時に、この傷つきやすさが引き起こす保護と気遣いの命令は、「死から保護すること」「他人を死から逃れされること」として明らかにされる。問題になるのは、他人の死そのものを引き受けること、他人の代わりになること（さらに、ただひたすら、他人が構成する命令に応えること）である。「私」は、他人に対して行われた悪を、そしてとりわけ、他人によって犯された悪、彼の諸々の罪を引き受ける。だが、同様に、彼の苦痛を、そして究極的には彼の「死ぬこと」を引き受ける。このことは何を意味しうるだろうか。二つの誤解が避けられなければならない。一方でレヴィナスは、他人を死の可能性から解放することを要求するような無邪気さを装っているのではない。（ハイデガーがいうのはもっともで、もちろん、ある意味、「私」はいつもひとりで死ぬのである。）他方でレヴィナスは、結局のところ相変わらず主体の能力であるような感情移入や同情といった働きのようなものをほのめかしているのでもまったくない。〔仮にそうであれば〕次のような「能力」を所持する「主体」がいることになるだろう。例えば、他人の立場に立ち、彼の苦痛を、彼の不安を、彼の〈死ぬこと〉を引き受ける「能力」や、あるいは、みずからこれらを「真似る」などの「能力」等がそれである。〔実際にはそうではなく〕レヴィナスは、掟に応えよという倫理的命法（他人の経験〔試練〕）は、いかなる点においても、感情移入や共感といった心理学的過程に属していないことをしばしば強調している。[12][13]

では、「他人の代わりに〔ために〕死ぬこと」は何を意味しているのだろうか。それが意味しているのはまさに、絶対的に徹底的な脱‐関心化〔脱‐内‐存在化〕の運動である。すなわち、私は他人の代わりに〔ために〕（君の代わりに〔ために〕、君に対して）自己を犠牲にすることができるということである。まさに他人の代わりに〔ために〕死ぬことこそが、究極的に、倫理の根本的な経験〔試練〕なのである。そしておそらく問題なのは、自己の脱‐関心化〔脱‐内‐存在化〕としての愛そのものである。愛は、～（ある他なる実体）に対して関心をもつこと（intéressement）ですらなく、他人への関わりのなかでおよそあらゆる利害関心（intérêt）の構造から離脱することである。愛は、「〜の代わりに〔ために〕死ぬこと」において成就される。愛は、自己から引き剝がされた自己の徹底的な脱‐関心化〔脱‐内‐存在化〕として「成功」する。たとえそれが必然的に他人の観点から見れば失敗するとしても、である。〔失敗する、というのは〕他人は、遅かれ早かれ、死ぬことになる〔からである〕。確かに、私は、私があれこれの場合に他人に代わって死ぬことができるという意味で、他人の代わりに〔ために〕自分を犠牲にすることができる。だが、もちろん私は、他人の死の可能性、他人の死ぬことを、他人から省くことはできない。「〜の代わりに〔ために〕死ぬこと」は、自己を犠牲にする主体にとって、脱‐関心化〔脱‐内‐存在化〕の構造を成就する。だが、他人の観点から見れば、私の犠牲は常に、構造的に、不十分だということになる。なぜなら、私は必然的かつ不可避的に、他人を絶対的に保護するのを——他人を死の可能性そのものから保護するのを——仕損なうことになるからである。そして、まさに、倫理の「主体」を生き残る者（つまり、他人の死のあとも生き残る者）として形容することは、結局は、この必然的かつ構造的な失敗を表明することと等しい。

ここで、いくつかの考察を述べることができる。

一．倫理的経験〔試練〕の「主体」にとって「倫理」そのものとしての存在からの脱出が成就されるのは、まさに、存在からの特定の種類の脱出の瞬間においてである——というのも、他人の死は他人が存在から「脱出する」ひとつの仕方だからである（だがそのとき、他人は、真に死ななければならない。すなわち、他人は、われわれが強調したように、亡霊たちのように無際限な死ぬことに囚われていてはならない）。だからこそ、レヴィナスは、一方では、もちろん、記述の一定の水準においてハイデガーの明敏な洞察を共有はしているものの、それでも、他人の死の瞬間を他人への関係（*relation*）として、他人への関わり（*rapport*）として考えるようになるのである。というのも、人がいつもひとりで死ぬのは、存在においてなのであり、しかし、もし死が、ある観点から見て、実は「存在の外に（hors être）」の経験〔試練〕の一様態であり得るならば、そのとき他人の死ぬことにおいて、他人への関係そのものが実現されるからである。[14] そういうわけで、レヴィナスは、サウル王と彼の息子ヨナタンの戦死を記述した聖書の一節、「サムエル記下」一章二十三節の独特の解釈を提出する。[15] 彼らは、まさに死において、互いを「再び見出す（retrouver）」。そこでレヴィナスは――（存在の彼方を隠蔽してしまう）あの世での存在のあらゆる形態に向けられた警戒心との一貫性をたもちつつ――魂の不死、そして／あるいは死後の存在という考えを退ける。彼は、王と息子について、彼らが「死によっても離されず、鷲よりも敏捷で、獅子よりも強かった」と語る一節に、以下のようなことばで注釈を与えている。すなわち、まさに、自らを「鷲よりも敏捷に、獅子よりも強く」しながら、すなわち（ここではコナトゥス・エッセンディの典型である）動物性を免れながら、この二人の人間は、互いのために、また他の者たちのために自己を犠牲にし、ある意味で、死に勝利するのである。ここでは、他人の代わりに〔ために〕死ぬこと、自己を犠牲にすることは、最も徹底した脱‐関心化〔脱‐内‐存在化〕に等しい。他人の代わりに〔ために〕死ぬこととしての死は、死後の存在という形で存在を認定するどころか、存在の彼方に突き抜けるのである。倫理の成就としての、～の代わりに〔ために〕‐死ぬこと。

ここでは「～の代わりに〔ために〕死ぬこと」が、いわば実際に成就されている。したがって、倫理的経験〔試練〕が実現されるのは、「世界の地平において」ではなく、「〜を指示する」ことによって意味を得る「諸道具」の間でではない。また、したがって、指標としての痕跡や、遺跡や、記念物の間ででもない――少なくとも、まずはじめは、決してそこにおいてではない。また、それは、「生き残り（survie）」の命法においてでもない。というのも、生き残りは、依然として、主体の観点から見れば自己へ関心をもつこと（intéressement à soi）であり[16]、そして／あるいは、すでに、亡霊の恐ろしい様相だからである。倫理的経験〔試練〕は、自己へ関心をもつ生の彼方へと開かれることで「起こる（avoir lieu）」。他人の経験〔試練〕における存在の彼方への開けは、ある意味、晩年のレヴィナスにおける、他人の代わりの〔ための〕犠牲において、結晶するのである[17]。

二．そこでわれわれの目は、後の時期に行われた、倫理を「生き残る者の有罪性」とみなす倫理の――いくつかの点で驚くべき――再定義へと向けられる[18]。この表現は、非常に用心して取り扱わなければならない。〔『固有名』所収の〕「無名」においてレヴィナスは、自己の経験を振り返るという形で、有罪性の感情と見なしうるようなものを報告している。「おそらく、やがて死が、六百万の死の後に生き残ったという不当な特権を無効にしてくれるだろう[19]」。この、心理学的次元、世界的次元での感情は、疑問の余地なく、人間レヴィナスの人生において、非常に重要であった。しかしながら、この点に関する痕跡は、レヴィナスが書いたもののなかにはほとんどない。われわれはここでは、レヴィナスが私的に体験したことについて詮索はしないでおこう。

哲学的な観点から（人生と哲学の間の相互作用を過小評価するわけではないが、それはここでは探求しないでおく）、以下のような解釈を提出しよう。

なぜ、倫理的経験〔試練〕が、「生き残る者の有罪性」の経験〔試練〕と一致するようになるのだろうか。レヴィナスにとって、生きること、実存すること、存在（l'être）のなかに、存在すること（l'esse）のなかにいることは、すでに、いつもすでに、ある観点から見て、他人に損害を与えることである。というのも、それは自らを脱-関心化〔脱-内-存在化〕しないことだからである。というのも、「ひとつの陽の当たる場所」を占拠することは、いつも、他の者が占拠できたかもしれない場所を占拠することになるからである（彼はそこを、私と同じくらい多くの権利で、あるいは私と同じくらい少ない権利で占拠できた。[20]この場合ひとは、実存の事実の次元に、すなわち、およそあらゆる権利と正当性の手前の原初的な利害の次元にいる）……。したがって、責任は、語の厳密な意味において、レヴィナスにおいては、いつもすでに、有罪性から区別できない（indiscernable）のである。この観点で、われわれにとって意味深いことがある。レヴィナスは、周知のように、『カラマーゾフの兄弟』におけるドストエフスキーの有名な一節、「僕たちは誰でもすべての人に対して、すべてのことについて罪があるのです。そのうちでも僕が一ばん罪が深いのです」[21]を実に頻繁に引用している。そのとき彼は、(1)この一節を、自身の哲学の「核心」を言い表すものとして提示している。(2)〔原文の〕ロシア語を、ときには「責任がある」という語で、ときには「罪がある」という語で――区別せずに――「翻訳」している。思うに、ここでは、概念の揺れがあるとか、概念が不正確であるとかでは全くないし、またこれはロシア語の翻訳の問題でもない。むしろ、レヴィナスの哲学は、いつもすでに、責任を有罪性に変換しているように思われるのである。

そしてまさに、他人の経験が他人の死の可能性の経験へと「集束」され、この「他人の死ぬこと」と「他人の代わりに〔ために〕死ぬこと」の二重の経験〔試練〕へ集約され集中されるやいなや、「〜の代わりに〔ために〕死ぬこと」の別の側面が明らかになる。徹底的な脱‐関心化〔脱‐内‐存在化〕の成就、自己犠牲の成就、「成功」の裏に、避けられない失敗が現れる。すなわち、私は他者の死を、他者の死の可能性を、決して他者から省くことができないのである。私が彼について証言し、私がかつて生ける者であった〈他人〉(Autrui)のために証言するのは、(彼はそうでないのに)私が生ける者だからであり、換言すれば、構造的に(他者の死を)超えて‐生きる者(sur-vivant)だからであり、私が、他者を死から救うことに必然的に失敗し、そのようなものとしての彼の死、彼の死ぬことを引き受けるほどまでに、彼の代わりになること(*substituer*)[22]、このことに失敗しているからである。したがって、(絶対的に彼を救うことができなかったというかどで)有罪だからである。私の責任は、いつもすでに果たされていないことになり、いつもすでに有罪性へと変化してしまっていることになる(私の応答は、この意味で、いつも過ちを犯している[23])。

結びの考察

このようにしてレヴィナスは、いつも、生き残る亡霊たちに警戒心をもっていた。彼らの生き残り(survie)の匿名的なざわめきは、終わりなき断末魔の苦しみにほかならないので、彼は倫理を、このざわめきを終わりにする責務として表明した。また、このようにしてレヴィナスは、絶えず、歴史家としての(他者の死のあとに)生き残る者がそれであるところの、支配力をもつ像——再現前化によって〈世界〉の「現在」に、歴史の流れに統合する支配力と権力をもつ像——に警戒心をもっていた。そして、このようにしてレヴィナスは、「文書」と「遺物」と「記念物」とに、すなわち世界における諸事物、そして生を欠いた諸事物に警戒心をもっていた。倫理的な呼びかけは、保護と守られることとを正当に要求することができる生からしか起こらない。〔そのような生とは〕すなわち、他者の生ける生である。この生こそが、私の生ける生を、私のコナトゥスを、反転させ、そのようにして私を〈世界〉と存在との彼方へと開くのである。明日のために今行動するように命じる、傷つきやすさと死の可能性としての根本的な呼びかけである。

要するに、彼の人生の最後で結晶することになるレヴィナスの究極の教えとは、こうである。すなわち、生き残る者の有罪性の生き生きとした経験は、倫理的経験を、すなわち「肉欲のない愛（amour sans concupiscence）」の経験〔試練〕を、いかなる矛盾もなしに、逸すると同時に成就している。(24)

心理学的経験も生物学的経験も超えた、生き残る者の有罪性の経験〔試練〕は、レヴィナスによれば、いわばひとつの「実存疇」であり、人間の実存をそのようなものとして構成する情調であり、レヴィナスの哲学は、彼に固有の方法によって、これを明らかにする。われわれが示そうと試みたのは、以上のことである。

最後に、紹介したいことがひとつある。それは、〔『固有名』所収の〕「無名」のなかで書かれていることである。〔先ほど引用した〕「六百万の死の後に生き残ったという不当な特権」についての言及は、もうひとつの根本的な経験についての記述のすぐ後に続いている。その経験とは、一九四〇年から四五年にかけて、意味（sens）の、すなわちすべての（社会の、文化の、司法の、法律の、そして正義そのものの）意義

（signification）の根本的な中断として起こった経験である。エポケーの機能をもつ恐るべき凄まじい経験である。「諸制度の不在あるいは終焉、あるいは、あたかも存在そのものが宙づりにされたかのようである」[25]（強調は筆者）。多くの点で、生き残る者の有罪性の経験〔試練〕は、この意味の宙づりに、この意味の恐ろしい中断に呼応している。この宙づり、中断は、あらゆる回復、あらゆる復興にもかかわらず、ある意味では、消去されえず、癒されえない。レヴィナスは、戦争捕虜のユダヤ人たちのための収容所で捕虜生活に留め置かれ、フランス軍の軍服を着ているおかげで最悪の事態からは守られていたその間、この、意味の中断の経験〔試練〕を実際に耐えたのである。

捕虜の倫理／生き残る者の倫理。[26] レヴィナスの哲学することが、（記述、「脱形式化」、論証などの）彼に固有の方法によって、意味の宙づりの経験〔試練〕から生き残る者の有罪性の経験〔試練〕へと「移行」する仕方は、今後明らかにしなければならない。

追記

ここで扱われている問題は非常に微妙である。おそらく不器用な仕方ではあろうが、振り返りながらわれわれの意図を明確にしよう。

われわれは、レヴィナスが「想い出」、世界に属する痕跡、そして世界における記念物に対して、ためらいを示していたこと、そして彼が、「記憶の義務」をあまり、あるいはまったく思考していなかったことを指摘した。そうすることによって、われわれは、もちろん、問題となっているところのものを、彼の哲学が、理論的かつ倫理的に不当に扱っていると言いたかったのではない。むしろわれわれが示したかったのは、彼の哲学が、この深淵で正当な関心事を、最も意義のあるものとして、意味作用の源泉として提示される次元のなかに組み込むようわれわれに促しているということである。その次元とは、記憶にないものの経験〔試練〕の次元であり、世界と歴史との時間を破壊するものの次元である。

われわれは、彼が、生き残るものとしての彼の有罪性を、自らの著作のなかで、あるいは自らの著作として展開していないこと、二十世紀の最後の数十年間で、生き残った者たちによる証言が多く現れ、そして大抵の場合それらは、生き残る者の根元的な有罪性について証言しており、そして続いてこの主題に関し多くの理論が現れたのに対して、レヴィナスはこの有罪性をその種差において（すなわち、ショアーのあとに生き残った人たちの有罪性を）「理論化」していないことを指摘した。こうしたことを指摘することによって、もちろんわれわれは、人間レヴィナスの体験の私的側面について何かを言うつもりはまったくない。われわれはただ、次のことに注目しよう。すなわち、彼の思想は、直接的に「不可能な証言」についての思索（死んだ者たちのためにどのようにして語るべきか、どのような権利で語るべきか、言い表せないものを述べながらどのようにして言い表せないという性格を歪曲しないでいられるか）なのではないということ。そして、彼が晩年のテクストのなかで述べている「生き残る者の有罪性」は、まさに倫理の核心から、そしてある意味で倫理的経験〔試練〕そのものの成就として理解されなければならず、すなわち、ある意味で彼の人生の辛い道のりとは関係なしに理解されなければならないということである（たとえ、当然のことながら、これらの二つの次元の間に密接な繋がりがあるとしても[27]。この密接な繋がりによって、この哲学が、実際に体験された経験から完全に、かつ因果的に派生することは、いかなる場合においてもない）。

われわれは、レヴィナスの諸々の表明を次第にはっきりと彩ることになる自己犠牲的な口調を指摘した。そうすることによって、われわれは、字義どおり人間の生のもっぱらのテロスは、他者に対する、そして他者に代わって〔のため〕の犠牲であり、この目的を持たないならば人間の生は卑しいというのが、レヴィナスの主張の核心だとする考えを裏付けたいのではない。苦痛主義も天使主義も、レヴィナスから遠く隔たっているのである！ レヴィナスは、絶対的に正当な自らの幸福のなかで丸くなっている自我の、利己主義的で「無神論的」な享楽の正当性も称えることができた。それに、パンを他人へと与えるために自分の口からパンをとるというまさにこのことができるためには、自分のパンを持ち、食べなければならないのではないだろうか。いずれにせよ、この自己犠牲的な口調は、次第に深い意味をはらむようになり、ある意味で、レヴィナス的な倫理を成就する。それは、この口調が、すべての倫理的行為が暗黙裡にそれによって評価されるところの、統制的理念を示しているという意味で、そうなのである。そしてこうした倫理的行為は、レヴィナスはいかなる場合もそれを見誤ることがなかったのであるが、多くの場合、ささやかなものであり、そしてまさにそれらのささやかさにおいて貴重なものなのである。

（樋口雄哉・服部敬弘 訳）

注

（1） *Dieu, la mort et le temps*, Le Livre de Poche, p. 49.

（2） 例えば「語の超越」のなかに次の一節がある。「歪曲された言葉、「凍りついた言葉」においては、言語がすでに文書や遺物に変質する。生ける言葉は、このように思考が遺物へと変質するのに対して闘い、誰も聞く者がいないときに現れる文字と闘う」(*Hors Sujet*, Fata Morgana, 1987, p. 221)。

（3） この考えは、レヴィナスの書いたもののなかにしばしば見られる。生ける言葉は、退くや否や、また、もはや書き残された痕跡としてしか残らなくなるや否や、「凍りつき」、死んだものへと変質する。顔が、客観的で世界的な諸性格において考慮されるときに、仮面へと、つねに死者のものである仮面へと変質してしまうように。ここから、まったく同時に、次の二つのことが理解される。レヴィナスが生けるものと生とに特権を与えているということ。そして（顔や言葉を）真に生けるものとするのは、特に、その「客観的な」現前、すなわちその「事物」としての現前ではなく、それとはまったく逆に、そのときに引き起こされる、およそあらゆる現前の彼方への突破、およそあらゆる現前の突破だということである。したがって、彼の書いたもののなかに見出される「遺物と文書に対する」ためらいが、よく理解されるはずである。すなわち、おそらくこれは、死んだもの、生気を欠いたもの、生を欠いた残存物を前にしたためらいなのである。だが、このためらいは、特に、「過去」との対比における「現在」の愛惜の裏返しではないし、また単に、器官的な生や、（自らの流れの伸長のなかでは生けるものであった）意識の「生ける現在」の愛惜の裏返しですらない——これらは依然として現前の諸様態だからである（そしてこの現前が破裂しなければならないのである）。〔顔や言葉を真に生けるものとしていたものは、現前なのではなく、単に現前であるように見えていただけだということになるのだが、この〕現前のように見えたものは、まさに、およそあらゆる現前（少なくとも、「恒常的」で確実なおよそあらゆる「現前」）の彼方への突破口であったことになる。すなわち、存在の彼方への突破、記憶にないもの、隔時性……。ここで問題となるのは、レヴィナスの思想のなかでも、最も豊かではあるが、最もやっかいな両義性の一つである。レヴィナスは、およそあらゆる現前の彼方へと徹底的に突き抜けようとするのであるが、それとまったく同時に、〈世界〉におけるすべての現前の彼方の倫理的経験〔試練〕のこの「現前であるように見えること」に、「現前」という名を与える傾向がある。（最も広い存在論的意味での）根本的な非 - 現前は、それにもかかわらず、確かに、死ぬことのできる生ける顔の傷つきやすさの経験〔試練〕における倫理的経験〔試練〕のまさに「現前」のようなもの、現前であるように見えることであると言われるのである。

（4）«Mourir pour...», conférence de 1987, recueillie dans *Entre nous, Essais sur le penser-à-l'autre*, Grasset, Paris, 1991.〔この箇所を読めば〕「葬儀の感情と諸々の想い出」がもつ、真に重要なものを隠蔽する――忘却させる――という否定的な能力を、あるいはそうでないにしても、「葬儀の感情と諸々の想い出」の不十分さをほのめかす、制限の用法が注目されるであろう。

（5）Cf. «La Séparation», pp. 263-289 in *Parole et Silence et autres conférences inédites au Collège philosophique*, Œuvres 2, sous la responsabilité de Rodolphe Calin et Catherine Chalier, Paris, Grasset/IMEC, 2009. また、対応する一節については、次を参照のこと。*Totalité et Infini*, La Haye, Nijhoff, 1961, p. 23 et suivantes.

（6）したがって、これらのテクストでレヴィナスは、ギュゲースの像に高い評価を与えるのであるが、これはのちに『存在するとは別の仕方で、あるいは存在することの彼方で』（五章二節c項）で見られるものとは異なっている。後者で問題になるのは、反対に、「〈無限〉の証言」としての、「秘密を欠いた」主体性を記述することである。ここでは詳説しないでおくが、次のことだけ指摘しておこう。すなわち、検討される著作の時期に応じた強調点の差異はあるにしても、分離における主体の正当的な秘密〔隔離〕と、〈無限〉への関わりにおける、無限のために証言する――これは無限の証言（この場合「の」は、目的語を示す属格である以上に、主語を示す属格である）以外の何ものでもない――主体性の秘密の根本的な不在とのあいだには、もちろんいかなる矛盾もない、ということである。

（7）この講演では、しばしば、分離されている「精神現象」を「記憶（mémoire）」として記述している。だがこの場合、〈世界〉の現前の構築に寄与する「再現前化」の「記憶」が特に問題になっているのではない。そうではなくて、いわば、反対に、少なくともこの記述において問題になっているのは、誕生を、客観的時間のなかの「生年月日」に結ばれていない根本的な「始まり」へと変換することが唯一可能な、精神現象あるいは内面性の固有の厚みとしての記憶であるのがわかる。

（8）「死ぬことが不安であるのは、死につつ在ることが、終わりつつ、終わらないからである。それ〔死ぬこと〕はもはや時間をもたない。すなわち、それはもはやどこにも歩みを進めることができないが、それでも空虚や無を見ることもできない――それ〔死ぬこと〕はこのようにして人が行くことのできないところへ行き、それでも自らの現在において永遠に窒息し、自らの死を生きる」（«La Séparation», *op. cit.*, p. 288）。

(9) デリダが亡霊と生き残りのモチーフを扱う仕方は、さまざまな点で〔レヴィナスと〕異なっており、さらには対立してもいる。ここではその記述との比較検討には立ち入らないでおこう。

(10) とりわけ、次を参照のこと。*De l'existence à l'existant* (1947), Paris, Vrin, 2004, p. 100 et suivantes.

(11) *Op. cit.*

(12) T・リップス以来、さまざまな現象学者たちが提示し、記述してきたような、感情移入（*Einfühlung*）を参照のこと。

(13) 「死と時間」講義（一九七五／七六年）（*Dieu, la mort et le temps*, Le Livre de Poche, p. 49）で、彼は次のようにさえ書いている——それは、彼が掟への応答を、他人の代わりになることへと先鋭化するからである。「共感と同情、他のために苦痛を覚えること、他者のために「千の死を死ぬ〔くらいひどく苦しむ〕こと」、これらは、より根本的である、他人の代わりになることを条件としている」（強調は筆者）。

(14) 「まるで、ハイデガーの分析とは反対に、死において、他人へのあらゆる関係が解消されるのではないかのように」（« Mourir pour… », *op. cit.*, p. 228）。

(15) *Ibid.*

(16) そうでなければ、〔倫理的経験が実現されるのは〕他者の生き残りにおいてである——この生き残りが、私にとって、私からの脱-関心化〔脱-内-存在化〕である限りで。だがこの場合——もし生き残りが亡霊の様態であるならば——守られなければならないのは、他者の生き残りではないし、ある意味で、とりわけそれではない。守られなければならないのは、他者の生ける生そのものなのである。（もし「survie〔生き残り〕」という語を、保護すべき他者の傷つきやすい生を言い表すのに残しておこうとするなら、その場合、「survie」の「sur」は強調として理解しなければならない。しかしレヴィナスは、デリダとは違い、そうはしなかったように思われる）。

(17) David Brezis のすぐれた著作、*Levinas et le tournant sacrificiel*, Paris, Hermann, 2012 を参照されたい。この著作は、人間レヴィナスの経験である、生き残る者の経験（彼の家族のうち、リトアニアに住んでいた者たちは皆殺しにされた）が、哲学的著作そのものの形成において、決定的な重要性を持っていたとしている。この著作は、レヴィナスの哲学的著作のさまざまな契機のつながりが、レヴィナスが亡霊たちと絶えずもがき戦った仕方を表現するものとして読めるという仮説を立てているように思われる。すなわち、（例えば『実存から実存者へ』において）こうした亡霊が再び現れないように要求し、『全体性と無限』でそれを果たし、最後にそれらの綱を緩め、ついに、彼の倫理が生き残る者の有罪性であり、彼の著作がこの有罪性についての証言であることを容認した、という仮説である。これから続いて見るように、われわれは、解釈上の別の仮説を提出する。この仮説でわれわれは、人間レヴィナスによって体験された経験〔試練〕を過小評価するのではまったくないが、レヴィナスの哲学することそのものに厳密に内在的な仕方で、晩年のテクストにおいて彼の倫理がもった自己犠牲的色彩の地位について思考しようと試みる。

(18) 「死と時間」講義（一九七五／七六年）(in *Dieu, la mort et le temps, op. cit.*) でレヴィナスはこう書いている。「それが、他人の死による私の触発〔情感〕であり、彼の死との私の関係である。この触発〔情感〕は、私の関係において、もはや返事をすることのない誰かに対する私の敬意であり、すでに一つの有罪性——生き残る者の有罪性である」(p. 21)。また、「他人は隣人として私に関わる。およそあらゆる死において、隣人の近さが、生き残る者の責任が、近さの接近が動かし揺さぶる責任が、あらわれてくる」(p. 26)。こうした表明は、最後期のレヴィナスにおいて、倫理的経験〔試練〕が展開され、ある意味で先鋭化されていく仕方を象徴している。また、これらの表明は、われわれが傍点で示した「揺れ」においてでさえ、意味深い。この「揺れ」は、「有罪性」と「責任」を同等のものとしているように思われるからである。これについては、すぐあとで詳説しよう。

(19) In *Noms propres* (1976), Le Livre de Poche, p. 142.

(20) あるいはむしろ、いつも絶対的に、私よりも多くの権利で。というのも、私の観点からすれば、すなわち倫理的経験〔試練〕の主体の観点からすれば、他人の実存には、他人の生きることには、絶対的な優先権があるからである。

(21) 〔訳注〕この引用文の翻訳に際しては、ドストエーフスキイ『カラマーゾフの兄弟』上、米川正夫訳、平凡社、一九六四年、三二四頁を参照した。ただし、一部文言を変更。

(22) これは、キリストがなすことである——キリストは、自分自身の復活から死者たちの復活を約束する。〔キリストの〕問題系はこの次元にあるので、したがって、レヴィナスの身代わりの問題系——まさに他人の死ぬことにおいてまで、他人の代わりになることとしての倫理——をまるごとキリストのモデルに重ね合わせることはできない。

(23) こうしてわかったように、他人によって私の存在が「問いただされること」という倫理的経験〔試練〕が、他人の代わりになることへと先鋭化されていくにしたがって、他人の傷つきやすさの保護の要求は、彼の死ぬことにおいてまで他人の代わりになることの要求へと、すなわち犠牲の要求へと先鋭化されていくことになる。そして、私は他者の死を他者から省くことができない以上、この死は私の過ちである。しかしながら、ときとしてレヴィナスは次のように書いている（強調は筆者）。「（…）〔先反省的な自我は〕他人の兄弟であり、そして、兄弟性において、直ちに他人について責任をもっており、他者の死の可能性に無関心ではおらず、あらゆるかどで咎められている。だが、記憶にあるような有罪性なしに、またどんな決定もする前に、どんな自由な活動もする前に、したがって、どんな過ちも犯す前に、そうなのである。〔仮に過ちを犯した後であるとすれば〕責任、すなわち他の人間の身代わりになることにまで至る人質の責任は、過ちから生じたことになるだろう」（« Notes sur le sens » (1979), p. 255 de *De Dieu qui vient à l'idée*, Vrin, 1986）。この講演もまた、彼の業績の最後の時期に属しており、ここでレヴィナスは、同じ主題を同じ言葉で扱っている——彼が有罪性の不在と過ちの不在とを強調していることを除いては。しかしながら、ここにはいかなる矛盾もない。当然、こうした表明のなかで強調しなければならないのは、「記憶にあるような有罪性なしに」と犯された過ちなしに、である。もしひとが、法廷の裁判のように、自由で責任能力があって、ひとが彼に認めるかもしれない有罪性よりも先も存在している主体に、「客観的な」過ちを負わせようとするのであれば、〔この引用箇所で〕問題となっている責任は、「過ちなしに」また「有罪性なしに」である。だが、まさにレヴィナスにとって重要であるのは、倫理的経験〔試練〕をする自己をいつもすでに構成している、客観的な仕方で〔自己に〕帰すことができない過ちを記述することであり、この経験〔試練〕においてあらわれる、自己にとって本源的でまたこの自己を構造化する、消すことのできない負債のようなものを、記述することなのである。私はいつもすでに、構造的に、他人を死から、死ぬことから救い損なってしまっていることになる（しかも、「客観的」過ちを作り出しうるようなこれこれの場合においてそうである、というのではない）。有罪性の感情、「後ろめたさ (mauvaise conscience)」とレヴィナスは書いているが、こうした表現は、件の有罪性へとすでに変化した責任が、〔自己に〕帰すことのできる客観的過ちを欠いており、「これ」や「あれ」についての有罪性ではないことを、よく言い表している。だが、ここでは、ある意味では、ひとつの感情が問題となっているということから、実生活上の結論が少しでも得られるというようなことは、いかなる場合においてもない——まるで、たとえば、実は他人に対して「客観的」過ちを犯さなかったということに気づくことで、私は「癒される」ことができ、元気になることができる、というように！　反対に、レヴィナスによれば、この「病」は人間的実存の最も根本的な次元としての倫理そのものであり、自己の自己性を構成する「死ぬことにいたるほどの、他人の‐代わりに〔ために〕」なのである。

(24) これは、フロイトのいう意味での喪の作業から最も隔たっている。喪の作業において、自己へと関心をもつ主体にとって重要であるのは、「癒されること」であり、生に固執することだからである（これは正当で必要な作業である！）。死去した他者の想い出についての「作業」が重要なのであり、この「作業」のおかげで、まさにひとは、生き続けるために、彼の死去から離れて情熱を傾けるべき他の「諸対象」を見つけることができるように、彼の死去を受け入れ、また彼の死去を成就しさえするのである（このことは、私の衝動が注がれる「対象」としての、あるいは、欲望の働きによってですら私の衝動を促すものとしての他者へのこの愛着の、エゴイスティックな性格を露呈させ、表している）。確かにレヴィナスは、ある意味で、（死者を亡霊たちの今際から引き離すために）死者の死去を成就すべきだとも説明しているが、それは死者のためであって、私のためではないのであり、しかもそうするのは、特に、諸々の「想い出」についての作業のなかに身を置くことによってではない。

(25) *Noms propres*, *op. cit.*, p. 142.

(26) 「捕虜の哲学」に関しては、*Carnets de captivité suivi des Ecrits sur la captivité et Notes philosophiques diverses*（= Œuvres 1), R. Calin et C. Chalier (éd.), Paris, Grasset/IMEC, 2009 所収の、*Carnets de captivité* と«la spiritualité chez le prisonnier israélite»と«l'expérience juive du prisonnier»、および拙論«La débâcle ou le réel sous réduction. La 'scène d'Alençon'»（in *Cahiers de philosophie de l'université de Caen*, *Levinas: au-delà du visible*, Presses Universitaires de Caen, 2012, pp. 181-196）を参照のこと。

(27) 周知のように、レヴィナスは『存在するとは別の仕方で』を「同じ他人への憎悪の犠牲者、同じ反ユダヤ主義の犠牲者である、すべての宗派とすべての国家の、何百万、何千万という人々に加えて、国家社会主義者たちによって殺された六〇〇万の人々、彼らのうち最も近しかったものたちの記憶へ」捧げており、さらにこのフランス語の献辞に続くヘブライ語の文字には、殺された人々のうち最も近しかった者たちの名が表され、彼らの名が保存されている。

あとがき

本書の企画が芽生えたのは二〇一四年の春頃だった。翌年にディディエ・フランク氏を関西学院大学の客員教授として日本に招聘することになり、せっかくの機会なので、二ヶ月半のフランク氏の滞在中に、氏を中心としたグループによる共同研究を企て、その成果を何らかの形にしようという話になったのが出発点である。フランク氏は二〇一三年にも日本学術振興会外国人招聘研究者として来日し、およそ七ヶ月にわたりセミネールを行なったが、その時の主な参加者である服部敬弘、樋口雄哉、池田裕輔、落合芳、ヴァンサン・ジローー、そして米虫のあいだでそのように話がまとまった。フランク氏とも相談した上で、旧知のセバー氏やカタン氏、杉村靖彦氏などにも声をかけて参加を要請し、手始めとして二〇一五年四月に大阪で三日間にわたるシンポジウムを開催することにした。その時のフランス語での発表が本書の元となっている。[*1]

ただし本書は単にシンポジウムでの発表を日本語に翻訳してまとめたものではない。ご覧いただければ分かるように、「フランス現象学の現在」の地図を描き出すため、明確なテーマをパートごとに設定し、それぞれのパートに属する論文がそのテーマを各々の観点から一つの章として掘り下げると同時に、各々の章も各々のパートも互いに少しずつ連関し合うように本書は構成されている。そうした全体の構成のために、池田論文、落合論文、服部論文などでは当初の原稿に加筆修正や削除など大幅なバージョンアップを施してもらったし、米虫論文は完全に別のものに差し替えた。フランク論文なども内容・分量ともに発表時からは大幅に加筆されている。

フランス人の執筆者六名について、本書収録の論文が初めて日本語に翻訳されたテクストとなる場合もあるので、それぞれ執筆順に紹介しておこう。

ディディエ・フランク（Didier Franck）については、すでに三冊の著書が日本語に翻訳されているので、ここで多くを説明する必要はないだろう。一九四七年生まれで、パリ第十大学ナンテール校（現在はパリ西大学ナンテール／ラ・デファンス）で長らく教授を務めてきたが、昨年度末をもって定年退官し、二〇一五年九月より名誉教授となった。ジャン＝リュック・マリオン（一九四六年生まれ）、ジャン＝フランソワ・クルティヌ（一九四四年生まれ）、ジャン＝ルイ・クレティアン（一九五二年生まれ）、フランソワーズ・ダスチュール（一九四二年生まれ）らとともに、一九八〇年代以降のフランスでの現象学研究を今日まで牽引してきた一人である。より詳しくは『他者のための一者――レヴィナスと意義』（米虫正巳・服部敬弘訳、法政大学出版局、二〇一五年）や『現象学を超えて』（本郷均・米虫正巳・河合孝昭・久保田淳訳、萌書房、二〇〇三年）、『ハイデッガーとキリスト教』（中敬夫訳、萌書房、二〇〇七年）の解説や訳者あとがきを参照されたい。これら三冊を含めこれまで六つの単著が出版されており、さらに神の死をめぐるニーチェ論と、Ereignis と言語の問題をめぐる後期ハイデガー論（大部の著作になるとのこと）の二冊の著作を準備している。また二〇一七年も同志社大学の客員教授として来日予定である。

本書収録の「真理のための呼び名」のフランス語バージョンは、ミニュイ社から刊行されている『哲学』誌の昨年秋季号に掲載された（Didier Franck, « Le prénom de la vérité », in *Philosophie*, nº 127, Minuit, 2015）。

ドミニク・プラデル（Dominique Pradelle）。一九六四年生まれ。ユルム街の高等師範学校入学時に同校で教鞭を執っていたのがフランクである。アグレガシオンを取得した後、一九九六年に「フッサールの空間の現象学の根本諸問題」（後に『世界の始源学』として刊行）で博士号、二〇〇九年に「反コペルニクス的転回——超越論的主体、諸能力、歴史性（カント、フッサール、カヴァイエス、ハイデガー）」（後に『コペルニクス的転回を越えて』及び『理性の系譜＝発生学』として刊行）で研究指導資格（habilitation à diriger des recherches）を取得（いずれも指導教授はクルティヌ）。ボルドー大学准教授、ソルボンヌ大学准教授、クレルモン＝フェラン大学教授を経て、クルティヌの後を継ぎ二〇一三年よりソルボンヌ大学教授。専門は現象学（フッサール、ハイデガー）、ドイツ哲学（カントとポスト・カント主義）、数学の哲学などで、エピステモロジーにも造詣が深い。フッサール、ハイデガー、ライナッハ、ラスクのフランス語訳なども手がけ、一九八四年にフランクがピエール・ゲナンシアとともに創刊した『哲学』誌の編集委員長を二〇〇四年から務めている。コペルニクス的転回の転倒（プトレマイオス的転回ならぬ反コペルニクス的転回）という形で現象学の可能性を拓こうとしているプラデルは、高等師範学校に設置されているパリ・フッサール文庫の所長を二〇一三年より務めていることからも分かるように、現在のフランスにおける現象学研究の中心に位置する人物である。現在まで次の三冊の単著があり、さらに何冊かの著作を準備中である。

L'archéologie du monde. Constitution de l'espace, idéalisme et intuitionnisme chez Husserl, Kluwer

Academic Publishers, 2000.（『世界の始源学――フッサールにおける空間構成、観念論、直観主義』）

Par-delà la révolution copernicienne. Sujet transcendantal et facultés chez Kant et Husserl, PUF, 2012.（『コペルニクス的転回を越えて――カントとフッサールにおける超越論的主体と諸能力』）

Généalogie de la raison. Essai sur l'historicité du sujet transcendantal de Kant à Heidegger, PUF, 2013.（『理性の系譜＝発生学――カントからハイデガーに至る超越論的主体の歴史性についての試論』）

本書に収録した「数学の現象学――理念性と歴史性」(Dominique Pradelle, « Phénoménologie des mathématiques : idéalité et historicité ») はフランスでは未公刊である。

ヴァンサン・ジロー (Vincent Giraud)。一九七七年生まれ。アグレガシオンを取得し、二〇一〇年に「解釈学的状況――聖アウグスティヌスの思想における意味と顕現」（後に『アウグスティヌス、記号と顕現』として刊行）で博士号を取得（指導教授はクロディ・ラヴォー）。二〇一一年に日本学術振興会外国人特別研究員として来日し、京都大学白眉センター助教を経て、二〇一六年より同志社大学文学部助教。メルロ＝ポンティ、レヴィナス、アンリ、マリオンやリクールなど、フランスにおける現象学や解釈学の流れを受け継ぎつつ、それをベースとして中世哲学の研究を行なっている。さらに西谷啓治や西田幾多郎など、いわゆる京都学派の哲学の研究も新プラトン主義との関係から進めつつある。博士論文を元にした次の単著がマリオンの監修するPUFのエピメテ叢書から出版されている。

Augustin, les signes et la manifestation, PUF, 2013.（『アウグスティヌス、記号と顕現』）

なお現在まで次の二編のテクストが日本語に翻訳されている。

「知覚と如実性――メルロ＝ポンティと西谷」澤田哲生訳、『現象学年報』第二八号、日本現象学会、二〇一二年
「第一哲学としての美学」樋口雄哉・落合芳訳、『ミシェル・アンリ研究』第六号、日本ミシェル・アンリ哲学会、二〇一六年
本書収録の「「全体的時間」の概念を哲学のなかで維持するための試み」（Vincent Giraud, « Essai pour maintenir en philosophie le concept de "temps total" »）はフランスでは未公刊である。

ミカエル・フェッセル（Michaël Fœssel）。一九七四年生まれ。アグレガシオンを取得後、二〇〇二年に「世界の両義性――カントの批判哲学における宇宙論的審級」（後に『カントと世界の両義性』として刊行）で博士号取得（指導教授はミリアム・ルヴォーダロンヌ）。ブルゴーニュ大学准教授を経て、二〇一三年にパリ理工科学校（École polytechnique）教授に就任。主に近現代ドイツ哲学（特にカント、フッサール、ハイデガーなど）と政治哲学を専門としており、リクールのアンソロジーの編集や、最近ではスイユ社の叢書「哲学的次元（Ordre philosophique）」の監修も行なっている（かつてはリクールやバディウなどが監修していた）。ラジオ、インターネット等のメディアにも積極的に登場するなど、フランスで精力的な活動を続けている若い世代の哲学者の一人である。現在まで次の六冊の単著がある。
Kant et l'équivoque du monde, CNRS, 2008.（『カントと世界の両義性』）
La privation de l'intime. Mises en scène politiques des sentiments, Seuil, 2008.（『親密なものの喪失――感情の政治的演出』）
État de vigilance. Critique de la banalité sécuritaire, Le Bord de l'eau, 2010.（『警戒状態――安全日常性

批判』)

Le Scandale de la raison. Kant et le problème du mal, Honoré Champion, 2010.(『理性のスキャンダル――カントと悪の問題』)

Après la fin du monde. Critique de la raison apocalyptique, Seuil, 2012.(『世界の終焉の後で――黙示録的理性批判』)

Le temps de la consolation, Seuil, 2015.(『慰めの時代』)

本書収録の「テクストの世界と生の世界　矛盾する二つのパラダイム?――ポール・リクールと〈読むこと〉の現象学」のフランス語バージョン(Michaël Fœssel, «Monde du texte et monde de la vie : deux paradigmes contradictoires? Paul Ricœur et la phénoménologie de la lecture»)は昨年刊行された次の論集に収録されている。Marc-Antoine Vallée (dir.), *Du texte au phénomène : parcours de Paul Ricœur*, Mimesis, 2015.

エマニュエル・カタン(Emmanuel Cattin)。一九六六年生まれ。高等師範学校ではプラデルの同級生であり、ともにフランクの指導を受ける。哲学のアグレガシオンを取得後、一九九六年にスピノザ、カント、フィヒテとの関係から前期シェリング哲学の形成を解明する博士論文「形而上学の諸変化――シェリングの超越論哲学についての試論」(後に副題を少し変更して刊行)とシェリングの著作(Schelling, *Darstellung meines Systems der Philosophie*)のフランス語訳で博士号(指導教授はベルナール・ブルジョワ)、二〇〇三年に「理性の肯定――ドイツ思想における諸々の道」(後に『哲学する決断』として刊行)で研究指導資格(指導教授はクルティヌ)を取得。クレルモン=フェラン大学准教授、同大学教授を経て、二〇一五年よりソルボンヌ大学教授。近現代ドイツ哲学、特にドイツ観念論（フィヒテ、シェリング、ヘーゲル）、ハイデガー、ローゼンツヴァイク、さらに宗教哲学（キリスト教哲学、エックハルト）を専門としており、フィヒテ、ニーチェ、ライプニッツなどのフランス語訳も手がけている。また現在はヴラン社のいくつかの哲学叢書の監修者でもある。これまで次の五つの単著がある。

Transformations de la métaphysique. Commentaires sur la philosophie transcendantale de Schelling, Vrin, 2001.（『形而上学の諸変化――シェリングの超越論哲学についての注釈』）

Schelling, Ellipses, 2003.（『シェリング』）

La décision de philosopher, Georg Olms, 2005.（『哲学する決断』）

Vers la simplicité. Phénoménologie hégélienne, Vrin, 2010.（『単純性の方へ――ヘーゲルの現象学』）

Sérénité. Eckhart, Schelling, Heidegger, Vrin, 2012.（『放下＝平静さ――エックハルト、シェリング、ハイデガー』）

何度も来日しており、日本哲学にも関心を持つ。日本語に翻訳されたテクストとしては次のものがある。エマニュエル・カタン「マイスター・エックハルト――離脱、放棄、平静さ」高橋若木訳、お茶の水女子大学「魅力ある大学院教育」イニシアティブ人社系事務局編『「対話と深化」の次世代女性リーダーの育成：「魅力ある大学院教育」イニシアティブ Vol. 平成十七年度活動報告書：シンポジウム編』、二〇〇六年（このテクストは二〇一二年刊行の『放下＝平静さ』第二章に対応している）。

本書に収録した「いまだかつて見た者なき神」（Emmanuel Cattin, «Le Dieu que personne n'a jamais vu»）はフランスでは未公刊である。

フランソワ＝ダヴィッド・セバー（François-David Sebbah）。一九六七年生まれ。アグレガシオン取得後、一九九八年に「志向性から主体性の試練へ——現代フランス現象学の諸限界にて」（後に『限界の試練』として刊行）で博士号（指導教授はジャック・コレット）、二〇〇九年に「フランス現象学からテクノサイエンスへ——現代性を横断することのもつ認知的・倫理的・感性的争点」（後に『テクノサイエンスとは何か』として刊行）で研究指導資格（指導教授はフランク）を取得。リセ・カルノー、リセ・ジョルジュ・サンドなどで教鞭を執り、コンピエーニュ大学准教授、同大学教授を経て、二〇一四年よりパリ西大学教授。レヴィナス、デリダ、アンリなどの研究で知られており、『限界の試練』がすでに邦訳されている。これまで次の四冊の単著がある。

Levinas, ambiguïtés de l'altérité, Les Belles Lettres, 2000.（『レヴィナス——他性の曖昧さ』）

L'épreuve de la limite. Derrida, Henry, Levinas et la phénoménologie. PUF, 2001.（邦訳『限界の試練——デリダ、アンリ、レヴィナスと現象学』合田正人訳、法政大学出版局、二〇一三年）

Lévinas et le contemporain. Les préoccupations de l'heure, Les Solitaires Intempestifs, 2009.（『レヴィナスと現代——現下の急務』）

Qu'est-ce que la technoscience ? Une thèse épistémologique ou la fille du diable ?, Encre Marine/Les Belles Lettres, 2010.（『テクノサイエンスとは何か——一つの認識論的テーゼか、悪魔の産物か』）

二〇一三年に最初に来日して講演やシンポジウムを行なっており、その一つが次のものとして日本語に翻訳されている。フランソワ＝ダヴィッド・セバー「ミシェル・アンリの現象学は何への欲望を有しているのか？　あるいはフランス現象学の中のミシェル・アンリ」米虫正巳訳、『ミシェル・アンリ研究』第四号、日本ミシェル・アンリ哲学会、二〇一四年所収。

本書収録の「生き残る者の有罪性としての倫理」（François-David Sebbah, « L'éthique comme culpabilité de survivant »）はイタリア語訳が昨年出ているが（« L'etica comme colpa del sopravvissuto », in *Levinas Inedito, studi critici*, a cura di Silvano Facioni, Sergio Labate, Mario Vergani, Mimesis, 2015）、フランスでは未公刊である。

最後に編者として御礼を申し上げねばならない方々の名前を挙げておきたい。

まずディディエ・フランク氏。「はじめに」でも記したように、われわれ執筆者は何か共通の学派や党派のようなものに属しているわけでは決してない。しかし、もしフランク氏の存在がなければ、われわれ全員がこのような形で集うこともまた決してあり得なかっただろう。本書をまとめることができたのは、われわれ全員をさまざまな形でつなげてくれたフランク氏のおかげである。

次にフランク氏をはじめ、本書のためにテクストを寄せて下さった執筆者のみなさん。多忙な中来日したフランス人たちは編者にそのテクストを快く委ねてくれたし、その翻訳に際してもいろいろな教示や助言を与えてくれた。また日本人執筆者のうち、服部・池田・落合の三名は、自身の執筆に加えて、フランス語テクストの翻訳も引き受けてくれた。そして樋口雄哉氏も、自身の博士論文の準備もある中で翻訳を数多く引き受けてくれた。本書はまさに彼ら全員との共同作業となったが、みなで過ごしたシンポジウムの三日間（とその前後一週間ほどの日々）も含め、本書のための作業期間はハードでありながらも充実して楽しいものであった。

そして法政大学出版局編集部の郷間雅俊氏。郷間氏は、本書の企画を提案した米虫に対して理解を示され、出版を引き受けて下さった。編集作業においても困難がさまざまに生じたが、その編集者としての的確な判断力と誠実さのおかげで何とか切り抜けることができた。先ほど本書の作業を共同作業と述べたが、それは同時に執筆者と編集者との共同作業でもあり、郷間氏のような編集者の存在が我々研究者にとって重要であることを何度も実感することになった。この場を借りて心よりお礼申し上げたい。

二〇一六年八月

米虫正巳

＊1 Colloque « Phénoménologies à l'œuvre : Allemagne – France – Japon », organisé par Didier Franck, Vincent Giraud et Masami Komemushi, avec le concours de l'Institut universitaire de France (24, 25 et 26 avril 2015)。発表者は十三名であったが、そのうちジョセフ・オリアリー氏とミシェル・ダリシエ氏のテクストは事情により本書には収録されていない。前者のテクストは以下のものに掲載された。ジョセフ・S・オリアリー「エルアイクニスにおいて存在はどうなってしまうのか?」小田切建太郎訳、『立命館大学人文科学研究所紀要』No. 107、二〇一六年。また後者のテクストも別の所で掲載予定とのことである。

マ 行

ヤ 行

ラ 行

タ 行

ナ 行

ハ 行

人名索引

ア 行

カ 行

サ 行

ミカエル・フェッセル（Michaël Foessel）
1974年生まれ。ブルゴーニュ大学准教授を経て，パリ理工科学校教授。専門は近現代ドイツ哲学，政治哲学。リクールのアンソロジーの編集や，スイユ社の叢書「哲学的次元」の監修も行なう。著書に *Kant et l'équivoque du monde*（博士論文，CNRS, 2008），*Après la fin du monde. Critique de la raison apocalyptique*（Seuil, 2012）ほか。

落合　芳（おちあい・かおり）
1975年生まれ。関西学院大学大学院文学研究科博士課程単位取得退学。同志社大学嘱託講師，龍谷大学非常勤講師。専門はフランス哲学。論文に「幼少期・身体・環境――イディス・コッブとメルロ＝ポンティ現象学」（『メルロ＝ポンティ研究』第12号），「注意，憤慨，根をもつこと」（『ヒューマンセキュリティ・サイエンス』第7号）ほか，共訳書にクルティーヌ＝ドゥナミ『シモーヌ・ヴェイユ』（萌書房）。

服部敬弘（はっとり・ゆきひろ）
1981年生まれ。パリ西大学大学院博士課程修了。博士（同志社大学・パリ西大学）。同志社大学文学部助教。専門は現代フランス哲学。論文に，«De l'affect de la loi au commandement de la Vie»（*Revue internationale de Michel Henry*, n° 7），共訳書にフランク『他者のための一者』（法政大学出版局）ほか。

エマニュエル・カタン（Emmanuel Cattin）
1966年生まれ。高等師範学校でフランクの指導を受ける。クレルモン＝フェラン大学准教授，同大学教授を経て，ソルボンヌ大学教授。専門は近現代ドイツ哲学，宗教哲学。著書に *Transformations de la métaphysique*（博士論文，Vrin, 2001），*La décision de philosopher*（Olms），*Sérénité. Eckhart, Schelling, Heidegger*（Vrin, 2012）ほか。

フランソワ＝ダヴィッド・セバー（François-David Sebbah）
1967年生まれ。リセ・カルノー，リセ・ジュルジュ・サンドなどで教鞭を執り，コンピエーニュ工科大学教授を経て，現在はパリ西大学教授。著書に『限界の試練――デリダ，アンリ，レヴィナスと現象学』（法政大学出版局），『レヴィナス――他性の曖昧さ』『テクノサイエンスとは何か』『レヴィナスと現代――現下の急務』ほか。

樋口雄哉（ひぐち・ゆうや）
1984年生まれ。同志社大学大学院文学研究科博士課程在学中。滋賀大学非常勤講師。専門はE. レヴィナスの哲学。論文に，「レヴィナスにおける倫理と公正」（『倫理学研究』第44号），「レヴィナスにおける存在論の問題と他人への関係としての言葉の問題」（『同志社哲学年報』第35号）ほか。

◉編 者

米虫正巳（こめむし・まさみ）

1967年生まれ。大阪大学大学院文学研究科博士課程中退。博士（大阪大学）。関西学院大学文学部教授。専門はフランス哲学。論文に「出来事と存在——ドゥルーズとハイデガー」（『アルケー』第23号），共著に『ドゥルーズ／ガタリの現在』（平凡社），『エピステモロジー』（慶應義塾大学出版会），共訳書にフランク『現象学を超えて』（萌書房），フランク『他者のための一者』（法政大学出版局）ほか。

◉著者・訳者

ディディエ・フランク（Didier Franck）

1947年生まれ。高等師範学校講師，トゥール大学教授，パリ第十大学ナンテール校教授を務め，現在はパリ西大学名誉教授。近年は同志社大学客員教授，日本学術振興会外国人招聘研究者，関西学院大学客員教授として来日。著書に『現象学を超えて』『ハイデッガーとキリスト教』（萌書房），『他者のための一者』（法政大学出版局）ほか。

池田裕輔（いけだ・ゆうすけ）

1983年生まれ。立命館大学大学院文学研究科博士課程修了。博士（立命館大学）。日本学術振興会特別研究員（PD）。専門は現象学。論文に，「フィンクの世界根源の現象学」（『現象学年報』第32号），“Eugen Finks Kant-Interpretation”（*Horizon* 4（2）），« L'événementialité du phénomène selon *Neue Phänomenologie in Frankreich* »（*Revue internationale de Michel Henry*, n° 6）ほか。

ドミニク・プラデル（Dominique Pradelle）

1964年生まれ。高等師範学校でフランクの指導を受ける。ボルドー大学准教授，ソルボンヌ大学准教授，クレルモン＝フェラン大学教授を経て，2013年よりソルボンヌ大学教授。専門は現象学，ドイツ哲学，数学の哲学。パリ・フッサール文庫所長。著書に *L'archéologie du monde*（博士論文，Kluwer Academic Publishers, 2000），*Généalogie de la raison*（PUF, 2013）ほか。

ヴァンサン・ジロー（Vincent Giraud）

1977年生まれ。2011年に日本学術振興会外国人特別研究員として来日，京都大学白眉センター助教を経て，16年より同志社大学文学部助教。専門は現象学，解釈学，中世哲学，日本哲学。著書に *Augustin, les signes et la manifestation*（博士論文，PUF, 2013），「第一哲学としての美学」（『ミシェル・アンリ研究』第6号，2016年）ほか。

杉村靖彦（すぎむら・やすひこ）

1965年生まれ。京都大学大学院文学研究科准教授。専門は現代フランス哲学・宗教哲学。著書に『ポール・リクールの思想——意味の探索』（創文社。日本宗教学会賞受賞），編著に *Philosophie japonaise: le néant, le monde et le corps*（Vrin, 2013），共訳書にJ. グレーシュ『『存在と時間』講義——統合的解釈の試み』（法政大学出版局）ほか。

フランス現象学の現在

2016年9月20日　初版第1刷発行

編　者　米虫正巳

発行所　一般財団法人　法政大学出版局

〒102-0071　東京都千代田区富士見2-17-1

電話03（5214）5540　振替00160-6-95814

組版：HUP　印刷：三和印刷　製本：誠製本

ISBN978-4-588-13021-2